JIYU BIANLIANG LEIXING
ZUOHAO TONGJI FENXI
SPSS SHILI SHIFAN

SPSS

基于变量类型
做好统计分析
——SPSS实例示范

蓝石 编著

重庆大学出版社

图书在版编目(CIP)数据

基于变量类型做好统计分析:SPSS 实例示范/蓝石
编著.—重庆:重庆大学出版社,2014.10
(万卷方法)
ISBN 978-7-5624-8494-3

Ⅰ.①基…　Ⅱ.①蓝…　Ⅲ.①统计分析—软件包
Ⅳ.①C819

中国版本图书馆 CIP 数据核字(2014)第 177201 号

基于变量类型做好统计分析:SPSS 实例示范
蓝　石　编　著

策划编辑　雷少波　林佳木　邹　荣
责任编辑:林佳木　版式设计:林佳木
责任校对:关德强　责任印制:赵　晟

*

重庆大学出版社出版发行
出版人:邓晓益
社址:重庆市沙坪坝区大学城西路 21 号
邮编:401331
电话:(023)88617190　88617185(中小学)
传真:(023)88617186　88617166
网址:http://www.cqup.com.cn
邮箱:fxk@cqup.com.cn(营销中心)
全国新华书店经销
重庆升光电力印务有限公司印刷

*

开本:787×1092　1/16　印张:18.25　字数:367 千
2014 年 10 月第 1 版　2014 年 10 月第 1 次印刷
印数:1—4 000
ISBN 978-7-5624-8494-3　定价:37.00 元

增订版前言

本书第一版书名为《社会科学定量研究的变量类型、方法选择及范例解析》。自第一版发行后,颇受读者好评。在过去的几年中,国内社会科学界在运用量化方法方面加快了步伐,使我由衷地感到鼓舞。

本书第一版所述的研究变量多为可直接观测的变量,因此,统计分析方法与研究工具的选择大都是基于可观测变量的类型以及研究问题的性质与特点来确定。然而,相比传统自然科学的研究方法,社会科学量化研究更为复杂。与自然科学研究中的变量不同,社会科学研究变量和研究对象的“质”含量很高。例如,在社会科学、行为科学和心理学研究过程中,通常需要处理一些难以直接观测的变量,如智力倾向、逻辑能力、认知意识、社会理念、职业潜力、生活满足感等等;这些变量往往难以直接、准确地加以量化与观测。这些不可直接观测的变量即为所谓的“潜变量”。增订版的主要目的在于帮助社会科学研究人员应付处理比较复杂的变量在不确定性和模糊性方面的挑战。

针对社会科学、行为科学诸多研究领域涉及大量不可直接观测的潜变量,以及涉及的变量具有极高“质”含量的棘手难题,而传统统计分析方法不能妥善处理的症结,结构方程模型方法以其独特的优势为现代社会科学领域提供了有效的研究工具良方。结构方程模型是对传统社会科学量化研究方法的重要补充和发展,是现代社会科学与行为科学研究多元因果关系、预测模型、潜变量分析模型、质化因素的必备手段,也是处理多元数据和进行多维数据分析的重要途径。

结构方程模型分析的主要目的在于探索、分析、判断和验证多重变量间的因果关系和预测关系。结构方程模型中既包含可直接观测的“显变量”,也包含无法直接观测的“潜变量”。结构方程模型可以用于多重回归、路径分析、因子分析、协方差分析等在社会科学、行为科学领域中普遍运用的传统量化研究,并可以用于进一步导出阐明,单项指标对总体的作用和单项指标间的相互关系。

结构方程模型亦可用于同步分析及对多个因变量的预测,并且可以对多个含有潜变量的不同假设模型结构进行交互和比较研究,从而对多个模型进行评价与优劣比较。结构方程模型可用于对预定的因子结构和预拟模型进行数据吻合与数据检验。

结构方程模型中所含的主要变量概念为:1) 外生变量(exogenous variables),其变量特点与传统研究中的"自变量"概念相似;2)内生变量(endogenous variables),其变量特点与传统研究中的"因变量"概念相似;3)显变量(manifest or observed variables),即可以直接观测的变量;4)隐变量或潜变量(latent or unobserved variables),即不可以直接观测的变量。这些变量的概念和基于这些变量类型而采用的研究方法的例子是本书增订版中第 12 章和第 13 章的讨论重点。

作者对重庆大学出版社林佳木编缉在增订版的编写过程中给予的支持和帮助再次深表谢意。

蓝石

二〇一四年夏于芝加哥西山市

前　言

2009 年 6 月,我应邀去重庆大学和重庆师范大学作关于量化方法的讲学,得到了当地同行和师生的热情接待。在渝期间,与重庆大学出版社"万卷方法"总策划雷少波先生同车去参访了大足石刻。大足石刻融入了中国佛教、道教和儒教"三教"造像艺术的精华,刻艺精湛,内容丰富,不愧为国内外享有盛誉的灿烂艺术明珠。在同去大足数小时的往返途中,我与少波畅谈,对国内社会科学方法学界的现状颇得共识。

近年来,在社会科学应用方法领域引进了不少西方著作。然而,从西方引进的著作不免在论述、举例和思维方式等方面带入了浓重的西方色彩,若是译者在方法论方面背景有局限,则不仅给国内的读者带来了阅读上的极大困惑,也影响了原著作者的学术初衷和原著的理论质量。在本土语言的氛围中全面地解析社会科学量化研究方法、研究思维、规范写作及研究实例,名符其实、保质保量地做到"洋为中用",将西方成熟的研究方法理论和撰写规范本土化,使中国社会科学界的量化研究尽早与国际接轨,并争取在短期内与国际一流研究并驾齐驱,已成为当前方法学界的当务之急。

基于以上的共识,并针对中国内地社会科学方法论学界尚且缺乏门类兼容、内容俱全、具体操作性较强的出版物的情况,本书应运而生。本书由浅入深,不仅对运用定量研究方法的研究人员有系统性的指导作用,并且借助实例将在社会科学研究中常用的多数量化方法作了详尽的解剖和消化。本书的每个案例首先阐述研究问题的中英文规范表述、变量特点、变量关系的图示、研究设计类型,然后详细说明运用 SPSS 软件进行分析的具体步骤,并对软件生成结果加以分析与解释。每一实例都详细阐明了如何按照国际标准格式(APA)用中英文来撰写研究的发现与结论。本书适合作为研究生方法课程的教科书或教学参考书,及科研人员的工具书。

本书的第 1 章提供了社会科学定量研究规范方法的概论,讨论了定量研究方法的定义、研究变量的类型,并概述了单一自变量的研究方法特点和统计工具、多自变量的研究方法特点和统计工具,和相关关系研究的统计工具。由于在本书的案例中多处用到"混合教学模式"的概念,第 1 章第 4 节专门对这个概念进行了讨论。

第 2 章详细讨论单自变量拥有两大类值的参数分析方法。实例类型包括独立样本 T 检验法和配对 T 检验法 (Paired T-tests)。对于每个实例的解析都包括了实例背景、研究变量关系的图示、研究问题的中英文规范写法、输入 SPSS 后的具体数据、具体操作过程、对于统计结果的解释和研究结果的中英文规范表达。

第 3 章讨论单自变量拥有两大类值的非参数分析方法,包括曼恩-惠特尼 U 检验(Mann Whitney U)方法、卡方分析法(Chi-square 或 χ^2)、威斯康星检验法(Wilcoxon),以及麦克尼马尔分析法(Mcnemar)。

第 4 章讨论单自变量拥有三个或三个以上类值的参数分析方法,包括单因素方差分析法(Oneway ANOVA)、单因素方差分析"续后分析法"(Post Hoc Analysis)和一般线性模型重复测量方差法(GLM Repeated Measures ANOVA)。

第 5 章讨论了单自变量拥有三个或三个以上类值的非参数分析方法实例,包括克鲁斯卡尔-华利斯检验法(Kruskal-wallis)、对于单自变量含有三个以上组间类值的卡方分析法、弗里德曼检验法(Friedman Test)、考克然-Q 检验法(Cochran-Q test)。

第 6 章讨论多自变量、单因变量无交互性比较研究。实例类型包括所有的自变量均是"组间变量",因变量为单一变量且为正态分布、因变量为单一变量且为有序变量、因变量为单一变量且为名义变量或两分变量[即多维列联表通用模型(LOG-LINEAR)]方法;所有的自变量是"组内变量",因变量为有序变量或名义变量;以及多个自变量是"混合变量",即若干为"组间变量",若干为"组内变量",因变量为单一变量且为正态分布等各种不同的研究情况。

第 7 章讨论自变量为混合变量的比较研究步骤和"包含析因方差分析的一般线性模型重复测量分析法"(GLM Repeated Measures with Factorial ANOVA)的具体操作过程及对其统计结果的解释,以及研究结果的中英文规范表达。

第 8 章讨论多自变量、单因变量有显著交互性比较研究实例,包括详细的"具有显著统计交互性案例的操作流程图"、有显著交互性析因方差分析法(Factorial ANOVA)的具体操作过程、对于显著交互性统计结果的解释、对于重新组合后的"单体"变值的单一自变量的单因素方差分析的统计结果的解释、对于交互性续后单因素方差分析的"续后分析"的具体操作步骤,以及以上各个步骤撰写研究结论的中英文正式规范。

本书的第 9 章讨论多自变量、多因变量有显著交互性比较研究,给出了作者近年来根据研究心得设计的具有显著统计交互性的多变量析因分析案例的详细操作流程图。该章介绍了有显著交互性多变量析因方差分析法(Factorial MANOVA)的具体操作过程、分析多因变量之间相关性的步骤、分析总体交互性的步骤、显著交互性续后分析的具体操作过程、交互性续后单因素方差分析的"续后分析"的具体操作步骤,并总结了多变量析因总体交互性的结果。

本书的第 10 章讨论了两个变量的相关分析,包括皮尔逊系数法(Pearson-r)、斯皮尔曼-RHO 检验法(Spearman RHO)、艾塔法(ETA),以及 PHI 方法(PHI Test)。第 11 章讨论了多个自变量(多维变量)的相关分析,包括多元回归法(Multiple Regression)、判别分析法(Discriminant Analysis),以及 Logistic 回归法(Logistic Regression)。附录 1 是对本书提及的统计方法的全面总结。

　　本书参考了大量在美国社会科学定量研究方法研究生课程中使用的畅销教科书和辅助资料,集其精华、弃其糟粕,详细讨论了在不同的具体条件下如何正确选择最恰当的定量研究方法,并对于研究中的细节问题和具体操作步骤作了全面的解释。本书的另外一个重要特点在于为具有社会科学和教育科学背景的读者提供现实的"临场感"和"下水感"("学研究方法如学游泳,必须下水才能摸索体会");并尽量消除社会科学人员的数学障碍和认为自己数学功底不过硬的盲目畏惧感,以切实理解本书所表达的方法内涵。本书的最终目的在于为中国社会科学研究与国际接轨铸建平台,加快国内社会科学定量方法学界完善学科建构的步伐,使中国的社会科学量化研究能够尽早进入全球对话。

　　在本书的编写过程中,重庆大学出版社林佳木编辑提出了许多宝贵意见,作者在此深表谢意。

蓝石
二〇一〇年冬于芝加哥西山市

目　录

1 概　论

1.1　定量研究方法

　　根据葛林纳尔、摩根和克雷斯威尔的定义,定量研究方法主要应用于相对比较成熟的社会科学研究领域,旨在进一步推进研究领域有关主题的细化和深入。定量研究方法的最大特点在于它们具有极强的客观性。定量研究方法的主要特征为:①主要应用于检验现已成立的由变量和可测量数值组成的定理或法则;②主要依赖统计学方法、步骤和计算工具;③其目的在于预测结果,确定定理或法则的可推广性(蓝石,周海涛,2009;Gliner & Morgan,2006;Creswell,1994)。

　　定量研究属于"实证主义方法"(Positivisim)。即在研究的初始阶段或形成概念之前,其研究步骤就已经明确确定。定量研究在很大程度上依赖于检测手段、量表,以及统计推理(蓝石,周海涛,2009;Gliner & Morgan,2006;Creswell,1994)。

1.2　研究变量

　　在每一项社会科学研究中,都会涉及多种研究因素。这些研究因素常可分成两大类:不变因素与变化因素。变化因素亦称变量,即有一个以上不同值的因素。

　　变量是可以通过两个或多个范畴(因素)来衡量或形容的具体现象。正由于变量具有一个以上不同的值,而且变化的因素之间会发生相互影响、相互作用,因而科学研究往往借助变量概念,分析两个或多个范畴(因素)间的互动关系,解释社会科学中的具体现象。变量可以是性别(男与女不同两大范畴)、年龄(不同年龄或不同年龄段)、社会/经济地位、态度(积极与消极)、行为,等等。此外,在研究领域的不同变化过程中,常量、变量、自变量、因变量不是一成不变的。

1.2.1　变量的类型

研究变量的类型对于正确选择研究方法具有决定性的作用。研究变量类型包括:①二分变量(Dichotomous Variables);②名义变量(Nominal Variables);③有序变量(Ordinal variables);④正态变量[Normal(Scale)Variables]。

二分变量,是指将整个研究对象样本中的所有元素精确地分为互相排斥、互不兼容的两大部分,其中的任何元素不能同时属于两个部分,只能属于其中的一部分或是另一部分。两分变量常常是两个不同的"组间变量",例如男性与女性,甲班与乙班,等等。

名义变量是将数据分成各种类别,并给每个类别冠以名称。例如,如果研究者想要比较清华大学、重庆大学、复旦大学、北京大学的毕业生的就业率,编辑表格便可将毕业生分为"清华大学毕业生""重庆大学毕业生""复旦大学毕业生""北京大学毕业生"这些不同类别。这些不同类别就是名义变量。这些类别本身是非量化的(它们跟数值没有关系)。

有序变量是按照数序惯例标准对数据进行排序的变量。有序变量并不在变值之间确立特定的量差,它显示的只是变值之间的位置高低。例如,研究者可能想分析学生论文的字母等级。A 的等级高于 B,B 的等级高于 C,然而这些数点之间的差异之间的准确距离并没有界定,数据等级就是序数变量的一个典型例子(蓝石,周海涛,2009)。

正态变量是呈现正态分布的变量,是不间断概率分布的集合。正态变量在社会科学和自然科学的很多领域中使用广泛。如果变量值的分布呈现正态曲线的形态或接近于正态曲线的形态,该变量即为正态分布变量。正态分布曲线的特征完全由它的均值和标准偏差决定。因而,均值和标准偏差被称作正态分布曲线的参数。正态曲线是对称的,以均值为中轴,标准偏差决定曲线离开中轴的分布差距。

1.2.2　自变量、因变量与外部变量

在社会科学研究项目中,多数系统(或模型)是由各种变量构成的,当我们分析这些系统或模型时,通常选择研究系统中的一些变量对另一些变量的影响。自变量定义为某种关系的原因或影响。自变量是能引起其他量变化而不受其他量约束的量,作为研究对象的反应形式、特征、目的是独立的,是某种具体现象产生的原因。自变量作为变量的一种,它不同于常量,是变化的,表现为不同的值(虽然有时只有两个值)。自变量分为动态变量和属性变量。

动态变量(Active Variables)是能够加以控制或操纵的变量。如果被试的不同反应

是由刺激的不同特性,如灯光的强度、声音的大小等引起的,我们就把引起因变量变化的这类自变量称为刺激性动态变量。如果进行研究时环境的各种特点,如温度、是否有观众在场、是否有噪音、白天或夜晚等引起被试的反应,则是环境性动态变量。病理疗程、心理咨询、干预力量、课程、培训等,通常都是能控制的动态变量。

属性变量(Attribute Variables)是不能被控制或操纵的变量。自变量中的属性变量,是不能被控制的。例如研究样本的属性特点,即年龄、性别、职业、族裔、文化程度、内外倾个性特征、自我评价高或低等,都可以作为属性自变量,这些变量通常不能被控制或被操纵。

在社会科学研究项目中,因变量是被测定或被记录的变量,是被影响的量,因而被称为因变量。因变量常常是某一过程的成果或检验的标准,或是受自变量影响的结果。在应用研究中,因变量值常常表现为因自变量的变化和影响而产生的结果值。因变量在评价自变量的效果方面是可测量的。研究中的因变量的特征之一,是它所受到的影响可以被测定并记录下来,可测定与记录是设定量化研究变量的基本条件(蓝石,周海涛,2009;Gliner & Morgan,2006)。

在设定研究变量时,必须搞清自变量的变动是否是因变量变化的原因。实际上,明确研究变量的过程,也是辨明自变量的变动是否是因变量变化原因的过程,是确认无关变量的过程。对于无关变量,不仅要认真分析哪些无关变量可能对研究结果无影响、哪些可能有影响。对那些有影响的无关变量,还要考虑有效措施在研究过程中加以限制。

不同的研究项目所含的变量数目是不同的,一般来说,问卷法、观察法、访谈法所探讨的变量数目比实验研究的多。但是,即使在实验研究中,也包含了多种变量和有关的因素。选择研究变量时,需要根据研究目标和研究条件,客观地确定研究变量的数目。选定的变量则为内部变量,其他变量为外部变量。某一研究项目的外部变量,一般是该项目的非控制变量。外部变量的特点有:①不属于研究项目的关注点,但可能影响因变量,需要在统计分析中尽可能加以限制;②外部变量既可能是自变量,也可能是因变量;③尽管外部变量不属于研究项目所选定的研究因素,但就其本身的特性和对所研究现象的作用来看,既可能是影响因素,也可能是被影响因素(蓝石,周海涛,2009;Gliner & Morgan,2006)。

1.2.3 "组间变量"与"组内变量"

"组间变量"为具有不同类别组值的变量,包括单自变量和多自变量。例如,假设"教学方式"为研究项目的单一变量,该单一变量可拥有"传统教学方式"和"混合教学方式"两大类别组值;再如,假设"学校类型"为研究项目的单一变量,该单一变量可拥有"全国重点大学""地方重点大学"和"非重点大学"三大类别组值。本书的后续章节将运用以上概念。

"组内变量"为同一组类中的不同变量值,其变化值为同一组类在接受了一定的经历之前与之后的变化。例如,假设同一组高血压病人为同组变量,在服用一定剂量药品之前与服用药品之后的血压参数为变值。再如,同一班级的研究生为同组变量,在参加关于方法论的研究学习班之前与之后对研究方法论的理解为变值。"组内变量"的定义与概念亦可扩展到多自变量分析。

在许多统计文献中,"组间变量"亦称"异组变量","组内变量"亦称"同组变量"。对于变量特点的详细讨论可参见有关书籍(蓝石,周海涛,2009;Gliner & Morgan,2006;Creswell,1994)。

1.3 社会科学定量研究方法

克雷斯威尔(1994)将人文科学和社会科学的研究设计分为两大类型,调查设计类和实验设计类。调查设计定义为通过向群体中的部分被试样本发放问卷提出问题来采集数据,提交量化或有关样本的数量描述报告。实验设计定义为研究者通过随机安排被试群体来测试因果关系,调节自变量值来判定自变量的调节与变换是否会引发结果变量(因变量)的相应变化。

葛林纳尔和摩根(2006)则将研究设计定义为如下三大范畴:①实验类研究设计;②个体差异比较类研究设计;③描述类研究设计。

他们还进一步将研究方法分成为五大类型:①随机实验法;②准随机实验法;③比较研究法;④相关研究法;⑤描述研究法。随机实验法的主要特点在于其具有可调节与变换的自变量(active independent variables),即非属性变量,如室内温度,是否给病人样本用药,学生在上某一课程之前与之后,等等。研究的被试样本是通过随机分配到不同的研究变量组。准随机实验法的主要特点在于其具有可调节与变换的自变量(active independent variables),即非属性变量。准随机实验法与随机实验法的主要区别在于准随机实验法研究的被试样本并非随机分配到不同的研究变量组。比较研究法的主要特点在于其具有不可调节与变换的自变量(inactive independent variables),即属性变量,如性别、年龄组、样本的教育程度等。相关研究法的主要特点在于其具有多重不可调节与变换的自变量与因变量(multiple inactive independent and dependent variables),即属性变量。描述研究法的主要特点在于研究的主要目的为描述频率、比例、统计描述值,等等。

1.3.1 单一自变量的研究方法的特点和统计工具

单一自变量的研究方法包括随机实验法、准随机实验法、比较研究法。所有这些方法所使用的统计步骤、工具、过程均非常类似。一般说来,对于统计工具与步骤的选择基于不同的研究背景,以及自变量和因变量的类型特点。

(1)如果单自变量的两大类值是"组间变量",而因变量是正态分布的,正确的方法是参数分析的 T 检验(T Test)或非参数分析的单因素方差分析(One-way ANOVA)方法。

（2）如果单自变量的两大类值是"组间变量"，而因变量是有序变量，正确的方法是非参数分析法的曼恩-惠特尼 U 检验（Mann Whitney U）法。

（3）如果单自变量的两大类值是"组间变量"，而因变量是名义变量，正确的方法是非参数分析法的卡方（X^2 或 CHI-squire）检验法。

（4）如果单自变量的两大类值是"组内变量"，而因变量是正态分布的，正确的方法是参数分析法的配对 T 检验（Paired T Tests）法。

（5）如果单自变量的两大类值是"组内变量"，而因变量是有序变量，正确的方法是非参数分析法的威斯康星（Wilcoxon）或 SIGN 检验法。

（6）如果单自变量的两大类值—是"组内变量"，而因变量是名义变量，正确的方法是非参数分析法的麦克尼马尔（McNemar—"相关比率或百分比之间的差异"公式）法。

1.3.2 多自变量的研究方法特点和统计工具

增加自变量的目的通常是给研究者提供更多的信息，同时让研究者决定每一个自变量自身和多个自变量之整体是如何共同起作用的，以及多个自变量之间存在着怎样的交互作用（Interaction）。然而，增加变量的结果将使研究变得非常复杂，耗时也将更多。在研究实践中，考虑增加变量时必须经过周密的可行性分析，包括使用层次分析流程来辅助是否要增加变量的决策（蓝石，周海涛，2009）。

选择多自变量的研究方法和统计工具将会是一个复杂繁琐的过程。下面仅对不同情形作一个概述。本书后续章节将对每一种方法作详细的介绍。

1）所有的自变量均是"组间变量"：

（1）如果因变量为单一变量且为正态分布的，我们应当使用析因方差分析法（Factorial ANOVA）；

（2）如果因变量为单一变量且为名义变量，我们应当使用多维列联表通用模型法（Log-Linear method）；

（3）如果有多个因变量且均为正态分布，我们应该使用多因素方差分析（MANOVA）法。

2）所有的自变量是"组内变量"，因变量为正态分布，正确的分析方法应选用一般线性模型重复测量方差法（GLM Repeated Measures ANOVA）。

3）如果在社会科学的具体研究中，研究中的多个自变量是"混合变量"，即一部分为"组间变量"，另一部分为"组内变量"，因变量为单一变量且为正态分布，正确的分析方法应选用"包含对某些因子重复测量的析因方差分析法"（Factorial ANOVA with Repeated Measures on Some Factors）。

1.3.3 相关关系研究的统计工具

1）如果在社会科学的具体研究中，两个变量均为正态分布，正确的参数分析方法应选用皮尔逊系数法(Pearson-r)或二元回归法(Bivariate Regression)。

2)如果研究对象的两个变量均为有序变量,正确的非参数分析法应选用堪代尔-陶(Kendall-Tau)或斯皮尔曼-RHO 检验法(Spearman RHO)。

3)如果研究对象的两个变量中的一个为正态分布,另一个为名义变量,正确的非参数分析法应选用艾塔法(ETA)。

4)如果研究对象的两个变量均为名义变量或两分变量,正确的非参数分析法应选用PHI,或者克雷默尔-V 法(PHI 或 Cramer's V)。

5)如果多个自变量均为正态分布,或为正态分布与名义变量的混合,或均为名义变量或两分变量,而因变量为正态分布,正确的分析方法应选用多元回归法(Multiple Regression)。

6)如果多个自变量均为正态分布,因变量为名义变量或两分变量,正确的分析方法应选用判别分析法(Discriminant Analysis)。

7)如果多个自变量为正态分布与名义变量的混合,或均为名义变量或两分变量,而因变量为名义变量或两分变量,正确的分析方法应选择 Logistic 回归法(Logistic Regression)。

本书的第 2 章至第 11 章将对以上各种研究方法的具体案例和研究步骤一一详细介绍。正确地选择统计手段和统计工具将直接影响研究的质量,从而影响研究结果是否会被"匿名评审"的国际会议或是学术期刊所接受或采纳。

研究结果的报告必须采用科学的、客观的、"统一的"格式。严谨遵循国际认可与通行的规范格式,是撰写与发表研究报告的必备条件。研究结果必须根据出版物指南里的规则,可选用标准格式(APA 格式、芝加哥格式,会议程序格式)等来撰写与发表报告。

第 12 章与第 13 章两个章节针对社会科学、行为科学中诸多研究领域大量涉及的不可直接观测的潜变量,以及变量具有极高"质"含量的棘手难题,而传统统计分析方法不能妥善处理的症结,介绍结构方程模型方法,以帮助研究人员应付处理复杂性变量的不确定性和模糊性时所面临的挑战。

1.4 混合教学模式

由于在本书中的案例中多处引用"混合教学模式"的概念,以下对这个概念作一个简单的介绍(杨柳,2009)。

混合教学模式亦称"混合学习模式"(Blended Learning),是近年来在国际上兴起的一种新的教学(学习)形式。所谓混合教学模式,就是将多种学习方式进行最佳组合,以取得最佳的学习效果。混合教学模式的主要特点是将课堂教学(Classroom Teaching)与在线学习(Online Learning)相结合。

纯课堂教学(100% Classroom Teaching)与纯在线学习(100% Online Learning)均存在

着各自的优缺点。传统的课堂教学的优点在于教授可以与学生面对面的交流,从而激发学生的积极性与参与性,通过小组讨论、角色演练、案例分析促发学生的思考和参与意识。但是课堂教学的内容和形式往往比较单一,学员难以对其加以选择,课程的质量在很大的程度上取决于教师本身的授课质量与教学素质。

纯在线学习的优点在于课程内容丰富,学员可以摆脱时间和空间的限制,按需选择学习课程,并可多次重复学习,学习成果比较容易量化与监督。但课程的学习要求学生有较强的自学能力。由于没有教师的面对面指引,互动性较差,学员永远与电脑系统打交道,不利于增强学生的学习主动性。

课堂教育与在线学习各有所长,如果将两者有效结合,就可扬其所长、避其所短,从而使学习达到最佳效果。

混合学习模式(Blended Learning)包含了四个应用的层次(杨柳,2009):

(1)线上与线下的混合。线上与线下的混合,即“Online Learning + Classroom Teaching”的混合模式。混合式学习概念的提出最早就是指线上与线下的混合。

(2)基于学习目标的混合。基于学习目标的混合式学习,不再单一考虑线上与线下的因素,在“混合”策略的设计上以“达成学习目标”为最终目标,混合的学习内容和方式更为广泛。混合教学模式汇集了各种媒体技术、资源,并将这些媒体技术与资源合理地加以组合,使教授与学生随时随地(无论在何时何地)都能够充分地使用这些媒体与资源,保质保量地达到最佳学习目的。

(3)混合教学模式使教授与学生在“教”与“学”的过程中均能达到最高效率。学生能够在学习的过程中选择最适合自己的节奏、形式,并适当调节学习的进度与难度。这样,既增强了学生对于学习的自我责任心,也增强了他们在学习中的独立性、创造性,以及解决问题的能力。同时,教授也能够选择最佳的教学手段来支持与组织整个教与学的过程。

(4)混合学习模式提供了最佳的互动条件、社会支持系统,并极大地促成了学习与社会实践的组合。这种组合被称为“嵌入式”的学习或“行动学习”。在集中的课堂面授后,学生可以融入社会实践中去,使学习的过程升成到一种学习就是实践、实践就是学习的最高境界。

2 单自变量拥有两大类值的参数分析方法实例

2.1 独立样本 T 检验实例

如果在社会科学的具体研究中,研究的单自变量的两大类值是"组间变量",而因变量是正态分布的,正确的参数分析方法应选用独立样本 T 检验方法。

2.1.1 实例背景

本研究是一项关于学习理论和教学方法论的大型研究中的一个部分。研究用随机分配方式将同一专业的大学本科学生分为两个班级:班级 A 与班级 B。两个班级学生的年龄、学术背景和其他背景均在统计意义上相同。研究对班级 A 实施"混合教学模式"(50%课堂教学结合 50%网上教学),对班级 B 实施"传统教学模式"(100%传统课堂教学)。两个班级的相同课程均由同一教授执教。研究记录了两个班级学生在实验类、心理类、统计类、社会科学类,以及微积分类课程中的学习成绩(基于百分制)的综合值。

2.1.2 研究变量关系的图示

图 2.1.1　独立样本 T 检验分析法 (Independent T Test) 变量图

2.1.3 研究问题的中英文规范写法

比较与分析学生在实验类、心理类、统计类、社会科学类和微积分类课程中的学习成绩，接受"混合教学模式"（50%课堂教学，结合50%网上教学）与接受"传统教学模式"（100%传统课堂教学）的学生在基于百分制的学习成绩上是否存在显著的统计差异？

Do two types of teaching methods, Type A: Blended Learning and Type B: Traditional Classroom Learning, have significantly different effects upon university students' academic performance in their courses such as lab experiment, psychology, statistics, social sciences, and calculus?

2.1.4 本研究输入 SPSS 后的具体数据

本研究输入 SPSS 后的具体数据如图 2.1.2 所示。

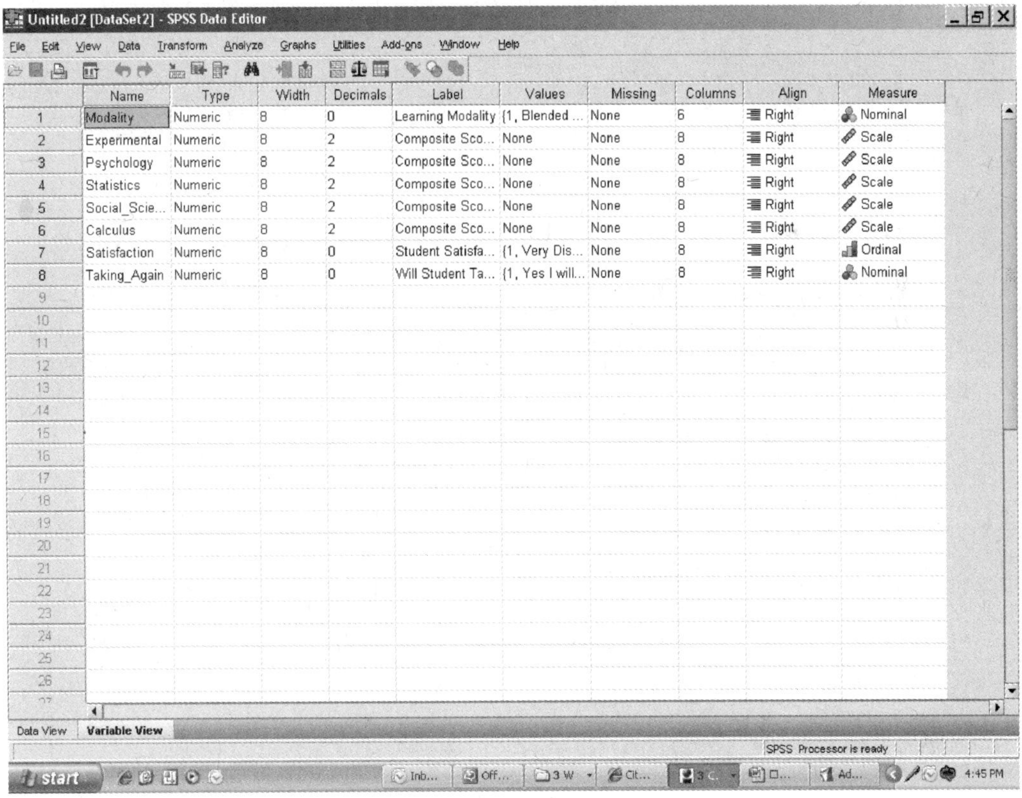

	Name	Type	Width	Decimals	Label	Values	Missing	Columns	Align	Measure
1	Modality	Numeric	8	0	Learning Modality	{1, Blended ...	None	6	Right	Nominal
2	Experimental	Numeric	8	2	Composite Sco...	None	None	8	Right	Scale
3	Psychology	Numeric	8	2	Composite Sco...	None	None	8	Right	Scale
4	Statistics	Numeric	8	2	Composite Sco...	None	None	8	Right	Scale
5	Social_Scie...	Numeric	8	2	Composite Sco...	None	None	8	Right	Scale
6	Calculus	Numeric	8	2	Composite Sco...	None	None	8	Right	Scale
7	Satisfaction	Numeric	8	0	Student Satisfa...	{1, Very Dis...	None	8	Right	Ordinal
8	Taking_Again	Numeric	8	0	Will Student Ta...	{1, Yes I will...	None	8	Right	Nominal

图 2.1.2a SPSS 的 Variable View

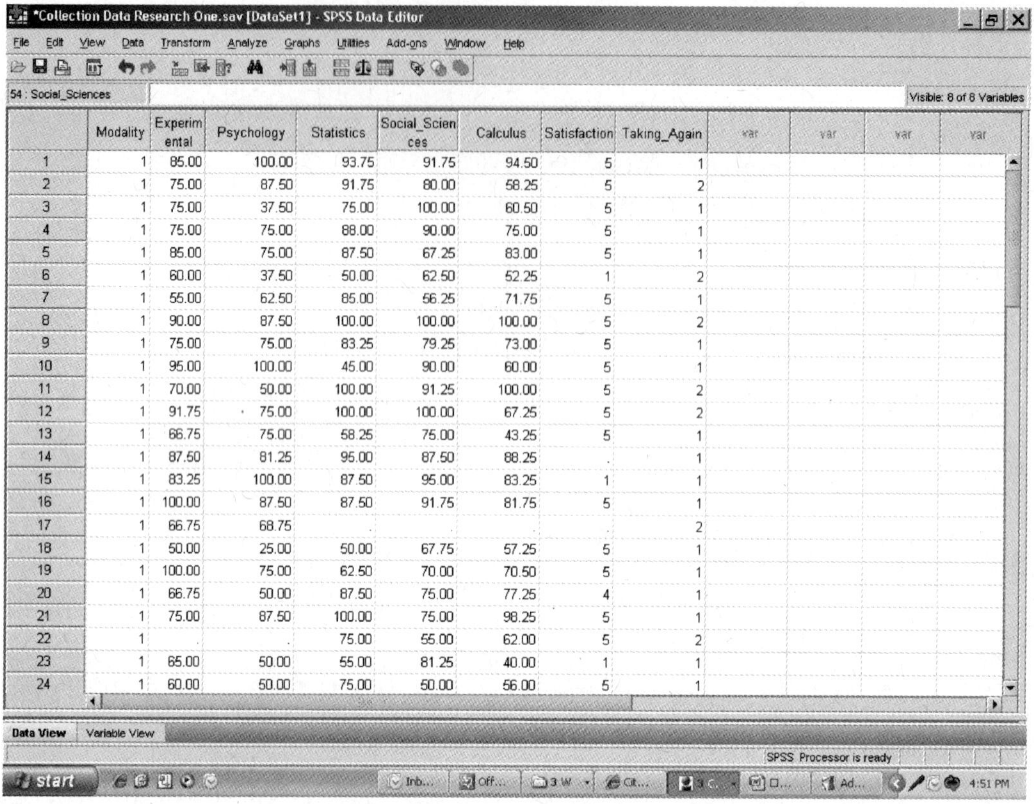

	Modality	Experimental	Psychology	Statistics	Social_Sciences	Calculus	Satisfaction	Taking_Again	var	var	var	var
1	1	85.00	100.00	93.75	91.75	94.50	5	1				
2	1	75.00	87.50	91.75	80.00	58.25	5	2				
3	1	75.00	37.50	75.00	100.00	60.50	5	1				
4	1	75.00	75.00	88.00	90.00	75.00	5	1				
5	1	85.00	75.00	87.50	67.25	83.00	5	1				
6	1	60.00	37.50	50.00	62.50	52.25	1	2				
7	1	55.00	62.50	85.00	56.25	71.75	5	1				
8	1	90.00	87.50	100.00	100.00	100.00	5	2				
9	1	75.00	75.00	83.25	79.25	73.00	5	1				
10	1	95.00	100.00	45.00	90.00	60.00	5	1				
11	1	70.00	50.00	100.00	91.25	100.00	5	2				
12	1	91.75	75.00	100.00	100.00	67.25	5	2				
13	1	66.75	75.00	58.25	75.00	43.25	5	1				
14	1	87.50	81.25	95.00	87.50	88.25	.	1				
15	1	83.25	100.00	87.50	95.00	83.25	1	1				
16	1	100.00	87.50	87.50	91.75	81.75	5	1				
17	1	66.75	68.75	.	.	.	.	2				
18	1	50.00	25.00	50.00	67.75	57.25	5	1				
19	1	100.00	75.00	62.50	70.00	70.50	5	1				
20	1	66.75	50.00	87.50	75.00	77.25	4	1				
21	1	75.00	87.50	100.00	75.00	98.25	5	1				
22	1	.	.	75.00	55.00	62.00	5	2				
23	1	65.00	50.00	55.00	81.25	40.00	1	1				
24	1	60.00	50.00	75.00	50.00	56.00	5	1				

图 2.1.2b SPSS 的 Data View

以下步骤显示 SPSS 生成的数据菜单(Codebook)。进入 SPSS 界面后,点击:

- **File**
- **Display Data File Information**
- **Working File**

2.1.5 独立样本 T 检验方法的具体操作过程

由于本研究的单自变量的两大类值是"组间变量",而因变量是正态分布的,正确的参数分析法应为独立样本 T 检验方法。

以下步骤显示在 SPSS 中采用独立样本 T 检验方法的具体操作过程。输入数据文件后,点击:

- **Analyze**
- **Compare means**
- **Independent T test**

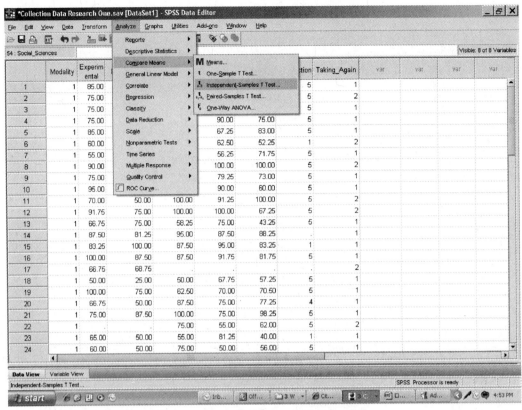

选择：Modality（教学模式）… => **Grouping Variable(s)**：

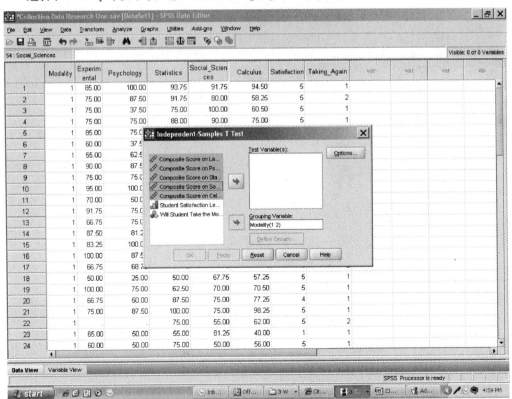

选择:Composite Scores…(综合成绩值)=> **Test Variable**(s):

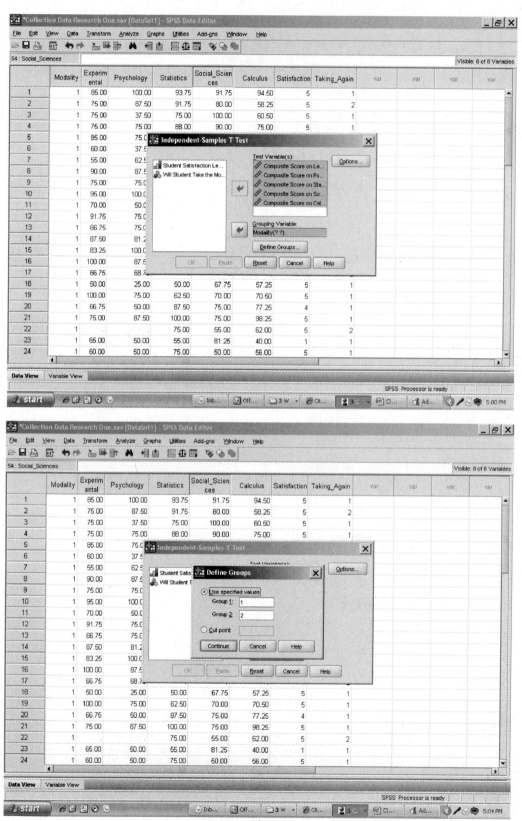

定义不同的组值(Define Groups a 1 and 2)。1 为"混合教学模式"(Blended Learning Modality),2 为"传统教学模式"(Traditional Learning Modality)。

点击 **Continue**,然后 **OK**。

SPSS 对于独立样本 T 检验生成的结果如表 2.1.1 与表 2.1.2 所示。

表 2.1.1 独立样本 T 检验生成的统计数据——Group Statistics

	Learning Modality	N	Mean	Std. Deviation	Std. Error Mean
Composite Score on Lab Competency	Blended Learning Modality	25	76.7100	14.48557	2.89711
	Traditional Classroom Modality	25	70.5200	19.14608	3.82922
Composite Score on Statistics Subject	Blended Learning Modality	25	80.6300	17.53763	3.50753
	Traditional Classroom Modality	24	78.9167	15.72776	3.21041
Composite Score on Psychology Subject	Blended Learning Modality	25	69.5000	20.83229	4.16646
	Traditional Classroom Modality	25	60.8000	20.71282	4.14256
Composite Score on Calculus Subject	Blended Learning Modality	25	72.3600	17.97772	3.59554
	Traditional Classroom Modality	24	75.4167	16.16872	3.30043
Composite Score on Social Science Subject	Blended Learning Modality	25	80.0100	15.13214	3.02643
	Traditional Classroom Modality	24	66.9688	15.91610	3.24886

2.1.6 对于统计结果的解释

这部分内容为那些没有统计学背景的社会科学研究人员在撰写规范结论之前理解 SPSS 生成的统计结果提供基础。

表 2.1.2 中的左边的第二与第三列,"Levene's Test for Equality of Variances",并不是 T 检验的结果,而是对于方差齐性假设的检验。如果该检验的 F 值不显著的话,方差齐性假设成立,我们则在数据分布均匀一致的假定下进行 T 检验结果分析(即用表 2.1.2 中的 "Equal Variances Assumed"一行中的 t, df, 以及 p 等数据进行分析)。换言之,如果该检验的 F 值是显著的话(表 2.1.2 中第三列的 Sig.<0.05),方差齐性假设不成立,我们则在推翻方差齐性的假定下进行 T 检验结果分析(即用表 2.1.2 中的"Equal Variances Not

Assumed"一行中的 t，df，以及 p 等数据进行分析)[1]。在表 2.1.2 中，第三列的 Sig.值均大于 0.05，所有数据分布的均匀一致性假设均成立。

表 2.1.2　独立样本 T 检验生成的统计结果——Independent Samples Test

| | | Levene's Test for Equality of Variances | | t-test for Equality of Means | | | | | | |
| | | F | Sig. | t | df | Sig.(2-tailed) | Mean Difference | Std. Error Difference | 95% Confidence Interval of the Difference | |
									Lower	Upper
Composite Score on Lab Competency	Equal variances assumed	.078	.781	1.289	48	.204	6.19000	4.80168	−3.46443	15.84443
	Equal variances not assumed			1.289	44.695	.204	6.19000	4.80168	−3.48291	15.86291
Composite Score on Statistics Subject	Equal variances assumed	.178	.675	.360	47	.721	1.71333	4.76571	−7.87403	11.30070
	Equal variances not assumed			.360	46.790	.720	1.71333	4.75494	−7.85352	11.28018
Composite Score on Psychology Subject	Equal variances assumed	.408	.526	1.481	48	.145	8.70000	5.87539	−3.11326	20.51326
	Equal variances not assumed			1.481	47.998	.145	8.70000	5.87539	−3.11327	20.51327
Composite Score on Calculus Subject	Equal variances assumed	.851	.361	−.625	47	.535	−3.05667	4.89141	−12.89691	6.78358
	Equal variances not assumed			−.626	46.807	.534	−3.05667	4.88065	−12.87634	6.76300
Composite Score on Social Science Subject	Equal variances assumed	.000	.988	2.940	47	.005	13.04125	4.43542	4.11834	21.96416
	Equal variances not assumed			2.937	46.605	.005	13.04125	4.44009	4.10695	21.97555

　　根据 SPSS 生成的表 2.1.2 所示，"社会科学类学习成绩综合值"(Composite Score on Social Science Subject)的 t 值为 2.94，$df = 47$，$p = 0.005$ [详见上表中的 Sig.(2-tailed)一列]。因为 $p < 0.05$，t 值为统计显著。所以可得结论，比较学生的学习成绩，接受"混合教学模式"与接受"传统教学模式"的学生在社会科学类学习成绩综合均值上存在显著的统计差异。在混合教育模式下学习的本科大学生的社会科学类学习成绩综合均值高于在传统教育模式下学习的本科大学生的社会科学类的学习成绩综合均值。表 2.1.2 同时表明，接受"混合教学模式"与接受"传统教学模式"的学生在其他类学科的学习成绩综合均值上不存在显著统计差异(所有其他的 p 值均大于 0.05)。

　　表 2.1.2 中的右边两列为 95% 置信区间(95% Confidence Interval of the Difference)。95% 置信区间表明，如果同样的研究重复 100 次的话，其中 95 次的均值差(MD)将落在置信区间的上下限之间。例如，对于"社会科学类学习成绩综合均值"而言，置信区间在 4.12(下限)与 21.96(上限)之间。同时，如果上限与下限的数值为同样的符号(同为正

---

[1]　方差不齐时也有学者建议使用非参数检验，读者可查阅其他有关书籍。

值或同为负值），其均值差异一般为统计显著。反之，如果置信区间的上限与下限的数值为不同的符号（如表 2.1.5 中的 Composite Score on Lab Competency、Composite Score on Statistics Subject、Composite Score on Psychology Subject，以及 Composite Score on Calculus Subject 的置信区间），其均值差异一般为非统计显著。

在得到统计结果之后，研究结论必须讨论"效应尺度"（effect size）。效应尺度反映了自变量与因变量关系的强弱程度。效应尺度一般不在 SPSS 的打印结果中直接显示出来，但估计过程十分容易。其估算式为

$$d = \frac{\text{MD}}{Pooled\ SD}$$

式中的 MD 为均差值，Pooled SD 为标准偏差集合值。根据数据结果，社会科学类学习成绩综合均值的均差值 MD = 80.01 − 66.97 = 13.04，标准偏差集合值 Pooled SD 约为 (15.13 + 15.92)/2 = 15.53。因此，d = 13.04/15.53 = 0.84。根据科恩（Cohen，1988）的定义，这是比较大的"效应尺度"。对于置信区间与效应尺度的讨论避免了根据统计结果得出"否定一切"或是"肯定一切"的结论。研究结论还必须阐明统计结果的差异方向以及相关性方向。在阐明统计结果的差异方向以及相关性方向时，一般可以用"大于""优于""高于"等比较语句。例如："在混合教育模式下学习的本科大学生的社会科学类学习成绩综合均值高于在传统教育模式下学习的本科大学生的社会科学类的学习成绩综合均值"。

2.1.7 撰写研究结果的中英文正式规范

表 2.1.3 为根据统计数据结果而制作的 APA 规范表格。作为例子，表 2.1.3 仅列举了实验类学习成绩综合值、心理类学习成绩综合值，以及社会科学类学习成绩综合均值。

表 2.1.3　不同教学模式对于学生成绩值影响的比较分析

Variable	M	SD	t	df	p
实验类学习成绩综合均值			1.29	48	0.20
混合教学	76.71	14.49			
传统教学	70.52	19.15			
心理类学习成绩综合均值			1.48	48	0.15
混合教学	69.5	20.83			
传统教学	60.8	20.71			
社会科学类学习成绩综合均值			2.94	47	0.005*
混合教学	80.01	15.13			
传统教学	66.97	15.92			

*p<.05

根据表 2.1.3，对于统计结果的规范写法如下：

本研究使用了独立样本 T 检验法对不同教学模式对于学生的成绩综合值的影响是否存在显著统计差异进行了分析。表 2.1.4 表明，不同教学模式对于

学生的实验类学习成绩综合均值和心理类学习成绩综合均值的影响不存在显著差异。然而,T检验表明混合教育模式与传统教育模式对于本科大学生的社会科学类学习成绩综均合值的影响具有显著差异。总体而言,在混合教育模式下学习的本科大学生的社会科学类学习成绩综合值高于在传统教育模式下学习的本科大学生的社会科学类的学习成绩综合值,$t(47) = 2.94, p < 0.05$。由于均差值(MD)是 13.04,标准偏差集合值约为 15.53,$d = 0.84$,根据科恩(1988)的定义,这是比较大的"效应尺度"。

表 2.1.4 为根据统计数据结果所制作的 APA 规范表格的英文格式。根据表 2.1.4,对于统计结果的英文规范写法如下:

Table 2.1.4

Comparison of the Effect of Learning Modality on Academic Performance in Different Subjects

Variable	M	SD	t	df	p
Experiment Subjects			1.29	48	0.20
Blended	76.71	14.49			
Traditional	70.52	19.15			
Psychology Subjects			1.48	48	0.15
Blended	69.5	20.83			
Traditional	60.8	20.71			
Social Science Subjects			2.94	47	0.005 *
Blended	80.01	15.13			
Traditional	66.97	15.92			

* $p<.05$

Independent Ttests were performed to identify if there were significant differences between different learning modalities (Blended Learning Modality versus Traditional Learning Modality) for university students in regard to their composite scores in different learning subjects. Table 2.1.4. indicates that there was not a significant difference between learning modalities for the sampled university students in regard to their composite scores in Experiment Subjects or in Psychology Subjects. However, there was a significant difference between the learning modality for the university students sampled, in regard to their composite scores in Social Science Subjects, $t(47) = 2.94, p<0.05$. On average, students taking classes in the Blended Learning Modality performed better than students taking classes in the Traditional Learning Modality. Since the mean difference (MD) was 13.04 and the pooled standard deviation was approximately 15.53, $d = 0.84$, according to Cohen (1988) indicated the large effect size.

2.2 配对 T 检验法实例

如果研究对象的单自变量的两大类值是"组内变量",而因变量是正态分布的,正确的参数分析方法应选用配对 T 检验法。实例如下。

2.2.1　实例背景

本研究对同一组学生关于量化研究统计方法论的应用分类理解的评估测验值(基于百分制)进行了比较研究。这组学生在不同的时间参加了两次关于"量化研究统计方法论的应用分类理解"的测验。第一次测验在他们参加"量化研究统计方法论的应用分类系列讲座"之前,第二次测验在他们参加了讲座之后。两次测验的内容大致相同,但测验题的形式却不尽相同。所有的测验题目都是由计算机软件从大型题库中随机生成的。

2.2.2　研究变量关系的图示

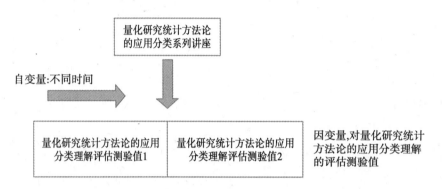

图 2.2.1　配对 T 检验法研究变量关系的图示

2.2.3　研究问题的中英文规范写法

比较同一组学生在不同的时间参加的两次关于"量化研究统计方法论的应用分类理解"的测验结果(第一次测验在他们参加"量化研究统计方法论的应用分类系列讲座"之前,第二次测验在他们参加了"量化研究统计方法论的应用分类系列讲座"之后),不同测验均值之间是否存在显著的统计差异?

For the same group of students, two tests on the "Applied Categorizations of Quantitative Statistical Research Methodology" were given. Test 1 was given prior to the Quantitative Methodology Training Seminar Series; Test 2 was given after the Quantitative Methodology Training Seminar Series. Was there significant difference between the average test scores of the two tests given at different points of time?

2.2.4　本研究输入 SPSS 后的具体数据

本研究输入 SPSS 后的具体数据如图 2.2.2 所示。

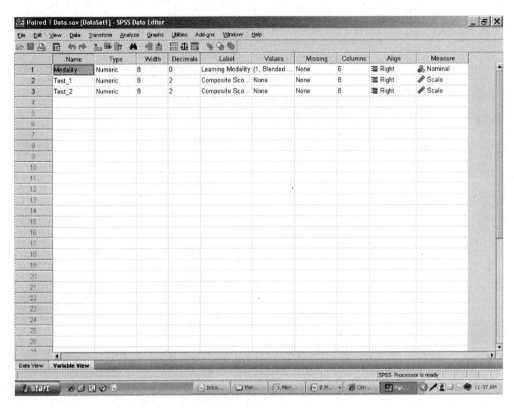

图 2.2.2a   SPSS 的 Variable View

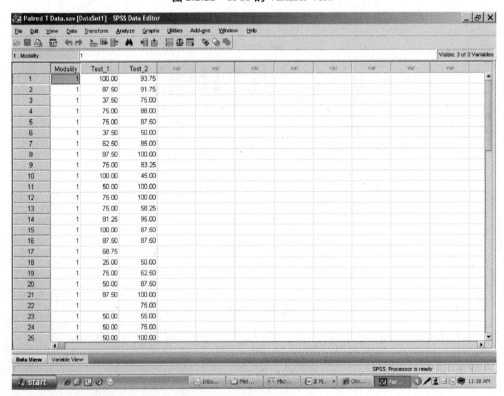

图 2.2.2b   SPSS 的 Data View

2.2.5　配对 T 检验法的具体操作过程

由于本研究的单自变量的两大类值是"组内变量",而因变量是正态分布的,正确的参数分析方法为配对 T 检验法。

以下步骤显示 SPSS 对于配对 T 检验法的具体操作过程。输入数据文件后,点击:

➤ **Analyze**

➤ **Compare means**

➤ **Paired T test**

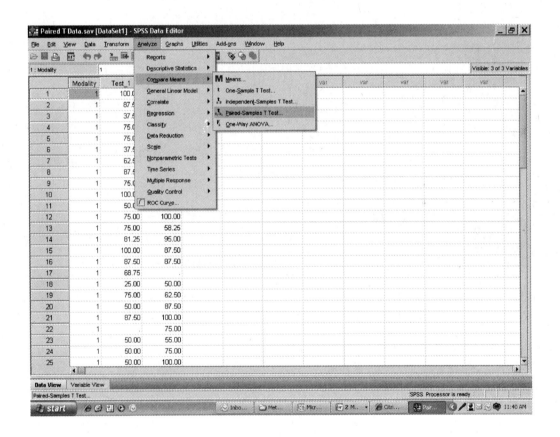

选择:Test 1 Scores, 和 Test 2 Scores => **Paired Variable**(s):

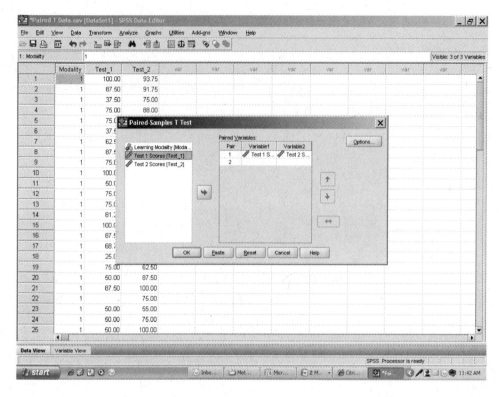

点击 **OK**。

SPSS 对于配对 T 检验法生成的结果如表 2.2.1 所示。

表 2.2.1 配对 T 检验法生成的统计数据

Paired Samples Statistics

		Mean	N	Std. Deviation	Std. Error Mean
Pair 1	Test 1 Scores	65.6510	48	21.07167	3.04143
	Test 2 Scores	79.8906	48	16.68449	2.40820

Paired Samples Correlations

		N	Correlation	Sig.
Pair 1	Test 1 Scores & Test 2 Scores	48	.274	.059

Paired Samples Test

	Paired Differences					t	df	Sig. (2-tailed)
	Mean	Std. Deviation	Std. Error Mean	95% Confidence Interval of the Difference				
				Lower	Upper			
Pair 1 Test 1 Scores- Test 2 Scores	−14.23958	23.01439	3.32184	−20.92227	−7.55690	−4.287	47	.000

2.2.6 对于统计结果的解释

这部分内容为没有统计学背景的社会科学研究人员在撰写规范结论之前理解 SPSS 生成的统计结果提供基础。根据 SPSS 生成的表 2.2.1 所示，t 值为 -4.29，$df=47$，$p=0.000$［详见上表中的 Sig.（2-tailed）］。因为 $p<0.05$，t 值为统计显著。所以可得结论，这组学生在不同的时间参加的两次关于"量化研究统计方法论的应用分类理解"的测验的成绩的综合均值存在显著差异。

表中的 95% 置信区间表明，如果同样的研究重复 100 次的话，其中 95 次的均值差（MD）将落在置信区间的上下限之间（$-20.92227 \rightarrow -7.55690$）。效应尺度为

$$d = \frac{MD}{Pooled\ SD}$$

式中的 MD 均差值约为 14.24，标准偏差集合值（Pooled SD）约为 23.01。因此，$d=14.24/23.01=0.62$。根据科恩（1988）的定义，这是中等效应尺度。统计结果的差异方向可以表述为：对于同一组学生，他们在参加了"量化研究统计方法论的应用分类系列讲座"之后的第二次测验的综合均值优于他们在参加"量化研究统计方法论的应用分类系列讲座"之前的第一次测验的综合均值。其均差值（MD）约为 14.24。

2.2.7 撰写研究结果的中英文正式规范

表 2.2.2 为根据统计数据结果而制作的 APA 规范表格。根据表 2.2.2，对于统计结果的规范写法如下：

> 本研究使用了配对 T 检验法对同一组学生在不同时间参加的两次关于"量化研究统计方法论的应用分类理解"的测验结果的综合均值之间是否存在显著统计差异进行了分析。检验表明这一组学生在不同时间参加的两次关于"量化研究统计方法论的应用分类理解"的测验结果的综合均值之间存在显著统计差异，t 值为 -4.29，$df=47$，$p=0.000$。因为 $p<0.05$，对于这一组学生，他们的第二次测验的综合均值优于他们的第一次测验的综合均值。因为均差值（MD）约为 14.24，标准偏差集合值（Pooled SD）约为 23.01，因此，$d=0.62$。根据科恩（1988）的定义，这是中等效应尺度。

表 2.2.2　同组学生在不同时间参加的两次关于"量化研究统计方法论的应用分类理解"的测验的成绩综合均值的比较分析

变量	M	SD	t	df	p
同组学生综合均值比较分析			-4.29	47	.00*
第一次成绩均值	65.65	21.08			
第二次成绩均值	79.89	16.68			

* $p<.05$

表 2.2.3 为根据统计数据结果而制成的 APA 规范表格的英文格式。根据表 2.2.3，

对于统计结果的英文规范写法如下:

For the same group of students, a paired Ttest was performed to identify if there was a significant difference between the average test scores of the two tests given at different points of time. The paired Ttest result in Table 2.2.3 indicates that there was a significant difference between their scores on two different tests, $t(47)=$ 4.28, $p<$ 0.05. On average, students' second test scores were better than their first test scores. Since the mean difference (MD) was 14.24 and the pooled standard deviation was approximately 23.01, $d=0.62$, which according to Cohen (1988) indicated the medium effect size.

Table 2.2.3 Comparison of the Difference Test Scores between The First Test and The Second Test

Variable	M	SD	t	df	p
Students' Scores in Different Tests			−4.29	47	.00*
Test One	65.65	21.08			
Test Two	79.89	16.68			

* $p<.05$

3 单自变量拥有两大类值的非参数分析方法实例

3.1 曼恩-惠特尼 U 检验实例

如果在社会科学的具体研究中,研究的单自变量的两大类值是"组间变量",而因变量是有序变量,并假设各有序变量之间的差值为非等距的,正确的非参数分析法应选用曼恩-惠特尼 U 检验方法。曼恩-惠特尼 U 检验方法在社会科学研究中用得相当普遍,其理论基础也相当成熟,读者可以参考有关文献以加深理解(Colman & Pulford, 2006; Field, 2009; Morgan, Leech, Gloeckner, & Barrett, 2004)。

3.1.1 实例背景

本实例为第 2 章中关于学习理论和教学方法论的大型研究的那个部分的延续。研究用随机分配方式将同一专业的大学本科学生分为两个班级:班级 A 与班级 B。两个班级学生的年龄、学术背景和其他背景均在统计意义上相同。研究对班级 A 实施"混合教学模式",对班级 B 实施"传统教学模式"。两个班级的相同课程均由同一教授执教。研究记录了两个班级学生在实验类、心理类、统计类、社会科学类、微积分类课程中的学习成绩(基于 A,B,C,D,F)的有序值,而在 A 与 B、B 与 C、C 与 D 等变量之间的差值是非等距的。

3.1.2 研究变量关系的图示

单一自变量(教学模式)拥有两值:

图 3.1.1 曼恩-惠特尼 U 检验变量图

3.1.3 研究问题的中英文规范写法

比较与分析学生在实验类、心理类、统计类、社会科学类、微积分类课程中的学习成绩,接受"混合教学模式"与接受"传统教学模式"的学生在基于 A, B, C, D, F 制的学习成绩有序值上是否存在显著的统计差异?

Do two types of teaching methods, Type A: Blended Learning and Type B: Traditional Classroom Learning, have significantly different effects upon university students' academic performance in their courses as lab experiment, psychology, statistics, social sciences, and calculus subjects, based on the ordinal grading scales of A, B, C, D, and F(assuming the intervals between two consecutive ordinal ratings are not equal)?

3.1.4 本研究输入 SPSS 后的具体数据

本研究输入 SPSS 后的具体数据如图 3.1.2 所示。

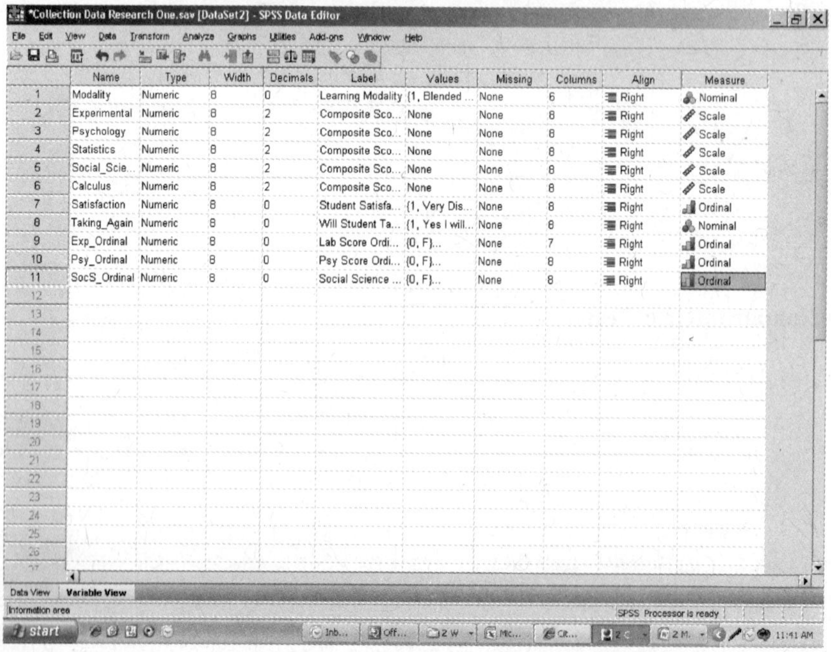

图 3.1.2a SPSS 的 Variable View

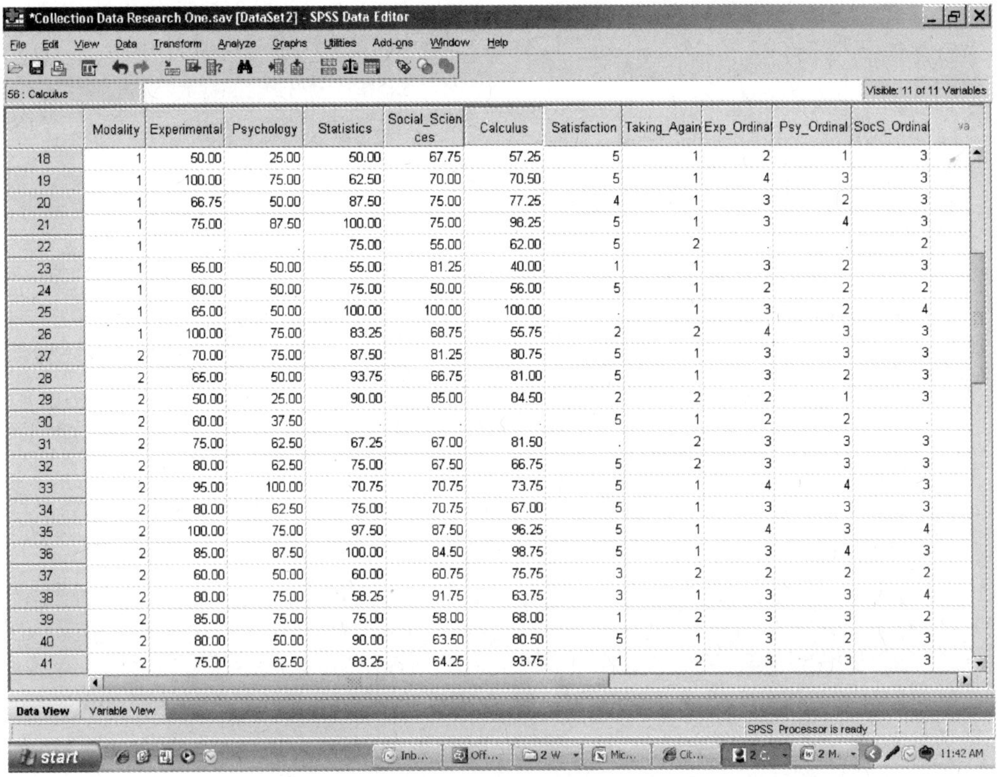

	Modality	Experimental	Psychology	Statistics	Social_Sciences	Calculus	Satisfaction	Taking_Again	Exp_Ordinal	Psy_Ordinal	SocS_Ordinal
18	1	50.00	25.00	50.00	67.75	57.25	5	1	2	1	3
19	1	100.00	75.00	62.50	70.00	70.50	5	1	4	3	3
20	1	66.75	50.00	87.50	75.00	77.25	4	1	3	2	3
21	1	75.00	87.50	100.00	75.00	98.25	5	1	3	4	3
22	1	.	.	75.00	55.00	62.00	5	2	.	.	2
23	1	65.00	50.00	55.00	81.25	40.00	1	1	3	2	3
24	1	60.00	50.00	75.00	50.00	56.00	5	1	2	2	2
25	1	65.00	50.00	100.00	100.00	100.00	.	1	3	2	4
26	1	100.00	75.00	83.25	68.75	55.75	2	2	4	3	3
27	2	70.00	75.00	87.50	81.25	80.75	5	1	3	3	3
28	2	65.00	50.00	93.75	66.75	81.00	5	1	3	2	3
29	2	50.00	25.00	90.00	85.00	84.50	2	2	2	1	3
30	2	60.00	37.50	.	.	.	5	1	2	2	.
31	2	75.00	62.50	67.25	67.00	81.50	.	2	3	3	3
32	2	80.00	62.50	75.00	67.50	66.75	5	2	3	3	3
33	2	95.00	100.00	70.75	70.75	73.75	5	1	4	4	3
34	2	80.00	62.50	75.00	70.75	67.00	5	1	3	3	3
35	2	100.00	75.00	97.50	87.50	96.25	5	1	4	3	4
36	2	85.00	87.50	100.00	84.50	98.75	5	1	3	4	3
37	2	60.00	50.00	60.00	60.75	75.75	3	2	2	2	2
38	2	80.00	75.00	58.25	91.75	63.75	3	1	3	3	4
39	2	85.00	75.00	75.00	58.00	68.00	1	2	3	3	2
40	2	80.00	50.00	90.00	63.50	80.50	5	1	3	2	3
41	2	75.00	62.50	83.25	64.25	93.75	1	2	3	3	3

图 3.1.2b SPSS 的 Data View

3.1.5 曼恩-惠特尼 U 检验的具体操作过程

由于单自变量的两大类值是“组间变量”，而因变量是有序变量，正确的非参数分析法应选用曼恩-惠特尼 U 检验方法。

以下步骤显示 SPSS 中进行曼恩-惠特尼 U 检验方法的具体操作过程。输入数据文件后，点击：

- ➢ **Analyze**
- ➢ **Nonparametric Tests**
- ➢ **2 Independent Samples**

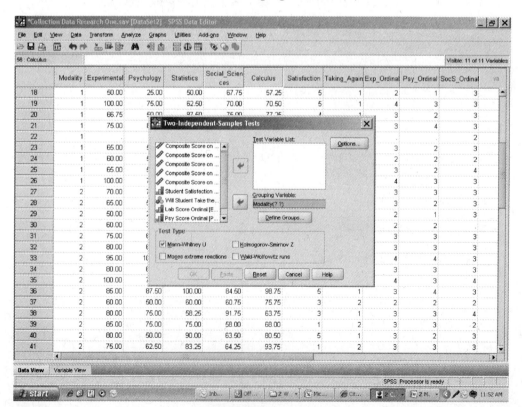

选择：Modality（教学模式）… => **Grouping Variable(s):**

定义不同的组值(Define Groups 1 and 2)。1 为"混合教学模式"(Blended Learning Modality),2 为"传统教学模式"(Traditional Learning Modality), => **Continue**

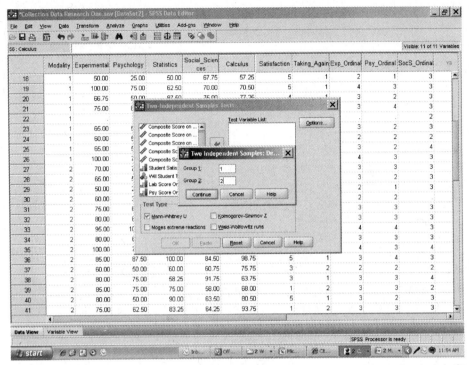

选择:Lab Score Ordinal, Psy Score Ordinal, Social Science Score Ordinal (有序成绩值)=> **Test Variable(s):**

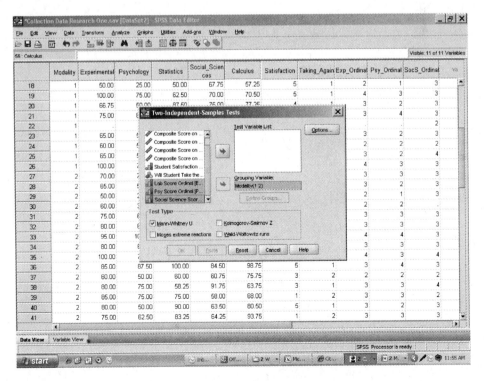

点击 **Continue**,然后 **OK**。

SPSS 对于曼恩-惠特尼 U 检验生成的结果如表 3.1.1 所示。

表 3.1.1 曼恩-惠特尼 U 检验生成的统计数据

Ranks

	Learning Modality	N	Mean Rank	Sum of Ranks
Lab Score Ordinal	Blended Learning Modality	25	27.40	685.00
	Traditional Classroom Modality	24	22.50	540.00
	Total	49		
Psy Score Ordinal	Blended Learning Modality	25	26.38	659.50
	Traditional Classroom Modality	24	23.56	565.50
	Total	49		
Social Science Score Ordinal	Blended Learning Modality	25	30.04	751.00
	Traditional Classroom Modality	24	19.75	474.00
	Total	49		

Test Statistics[a]

	Lab Score Ordinal	Psy Score Ordinal	Social Science Score Ordinal
Mann-Whitney U	240.000	265.500	174.000
Wilcoxon W	540.000	565.500	474.000
Z	−1.400	−.742	−2.719
Asymp. Sig. (2-tailed)	.162	.458	.007

a. Grouping Variable:Learning Modality

3.1.6 对于统计结果的解释

这部分内容为没有统计学背景的社会科学研究人员在撰写规范结论之前理解 SPSS 生成的统计结果提供基础。

根据 SPSS 生成的表 3.1.1 中的 Test Statistics 所示,"社会科学类学习成绩有序值"(Social Science Score Ordinal)的 U 值为 174,$p=0.007$(详见 Asymp Sig.(2-tailed)]。因为 $p<0.05$,U 值为统计显著。所以可得结论,比较学生在实验类、心理类、统计类、社会科学类、微积分类课程中的学习成绩,接受"混合教学模式"与接受"传统教学模式"的学生在社会科学类学习成绩有序值上存在显著的统计差异。在混合教育模式下学习的本科大学生的社会科学类学习成绩有序值(均值排序 = 30.04)优于在传统教育模式下学习的本科大学生的社会科学类的学习成绩有序值(均值排序 = 19.75)。表 3.1.1 同时表明,接受"混合教学模式"与接受"传统教学模式"的学生在其他类学科的学习成绩有序值上不存

在显著统计差异(所有其他的 p 值均大于 0.05)。在这种情况下,如果需要,统计研究可以同时使用 T 检验来证实或支持曼恩-惠特尼 U 检验的结果,并计算效应尺度的大概值。读者可以参照第 2 章中的例子求算效应尺度。

研究结论必须阐明统计结果的差异方向以及相关性方向。例如:"在混合教育模式下学习的本科大学生的社会科学类学习成绩有序值(均值排序 = 30.04)优于在传统教育模式下学习的本科大学生的社会科学类的学习成绩有序值(均值排序 = 19.75)"。

3.1.7 撰写研究结果的中英文正式规范

表 3.1.2 为根据统计数据结果而制成的 APA 规范表格。作为例子,表 3.1.2 仅列举了实验类学习成绩有序值、心理类学习成绩有序值和社会科学类学习成绩有序值。

表 3.1.2 不同教学模式对于学生成绩有序值影响的比较分析

Variable	M	U	$\sum N$	p
实验类学习成绩有序均值		240	49	0.16
混合教学	27.40			
传统教学	22.50			
心理类学习成绩有序均值		265.5	49	0.46
混合教学	26.38			
传统教学	23.56			
社会科学类学习成绩有序均值		174	49	0.007*
混合教学	30.04			
传统教学	19.75			

*$p<.05$

根据表 3.1.2,对于统计结果的规范写法如下:

本研究使用了曼恩-惠特尼 U 检验法对不同教学模式对于学生的成绩有序值的影响是否存在显著统计差异进行了分析。表 3.1.2 表明,不同教学模式对于学生的实验类学习成绩有序值和心理类学习成绩有序值的影响不存在显著差异。然而,曼恩-惠特尼 U 检验法表明混合教育模式与传统教育模式对于本科大学生的社会科学类学习成绩有序值的影响具有显著差异,U = 174,$p<0.05$。在混合教育模式下学习的本科大学生的社会科学类学习成绩有序值(均值排序 = 30.04)优于在传统教育模式下学习的本科大学生的社会科学类的学习成绩有序值(均值排序 = 19.75)。本研究同时使用 T 检验来证实或支持曼恩-惠特尼 U 检验的结果,所得到的效应尺度较高。

表 3.1.3 为根据统计数据结果而制成的 APA 规范表格的英文格式。根据表 3.1.3,对于统计结果的英文规范写法如下:

Mann-Whitney U tests were performed to identify if there were significant differences between different learning modalities (Blended Learning Modality versus Traditional Learning Modality) for university students in regard to their ordinal scores in different learning subjects. Table 3.1.3 indicates that there was no significant difference between learning modalities for the sampled university students in regard to their ordinal scores in Experiment Subjects or in Psychology Subjects. However, there was a significant difference between the learning modalities for the university students sampled, in regard to their ordinal scores in Social Science Subjects, U = 174, $p<0.05$. On average, students taking classes in the Blended Learning Modality performed better than students taking classes in the Traditional Learning Modality, with a Mean Rank difference equal to 10.29. To support the result observed, the T-test was also run and indicated a large effect size according to Cohen (1988).

Table 3.1.3 Mann-Whitney U Test Comparison of the Effect of Learning Modality On Academic Performance in Different Subjects

Variable	M	U	$\sum N$	p
Lab Score Ordinal		240	49	0.16
Blended	27.40			
Traditional	22.50			
Psychology Subjects		265.5	49	0.46
Blended	26.38			
Traditional	23.56			
Social Science Subjects		174	49	0.007*
Blended	30.04			
Traditional	19.75			

* $p<.05$

3.2 卡方分析法实例

如果在具体研究中,研究的单自变量的两大类值是"组间变量",而因变量是名义变量或两分变量,正确的统计分析方法应选择卡方分析法。

3.2.1 实例背景

本研究用随机分配方式将同一专业的大学本科学生分为两个班级:班级 A 与班级 B。两个班级学生的年龄、学术背景和其他背景均在统计意义上相同。研究对班级 A 实施"混合教学模式",对班级 B 实施"传统教学模式"。两个班级的相同课程均由同一教授执教。研究实录了教授根据两个班级的每个学生在不同教学模式下的学习表现,而决定是否向研究生院推荐该学生。因此,因变量是名义变量或两分变量(即推荐或不推荐)。

3.2.2　研究变量关系的图示

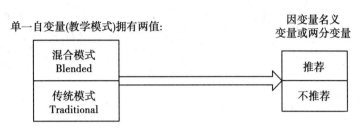

图 3.2.1　卡方分析法变量图

3.2.3　研究问题的中英文规范写法

根据比较与分析每个学生在接受"混合教学模式"与接受"传统教学模式"下的学习表现,不同教学模式对于教授是否决定向研究生院推荐该学生("推荐"与"不推荐")是否存在显著差异?

Based on the academic performance observed by the professor in different teaching modalities, do two types of teaching methods, Type A: Blended Learning and Type B: Traditional Classroom Learning, have significantly different effects upon the professor's decision regarding whether the professor would recommend a student for graduate school?

3.2.4　本研究输入 SPSS 后的具体数据

本研究输入 SPSS 后的具体数据如图 3.2.2 所示。

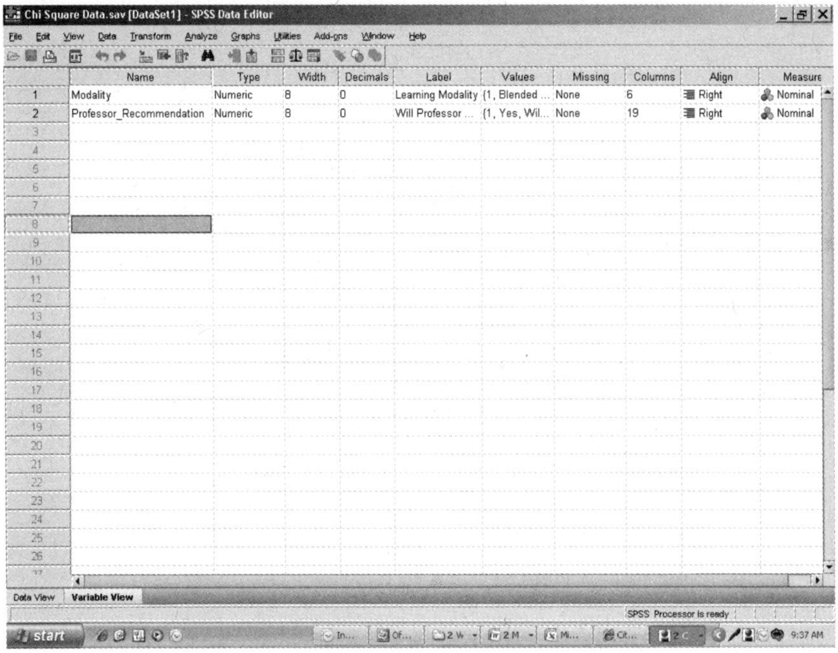

图 3.2.2a　SPSS 的 Variable View

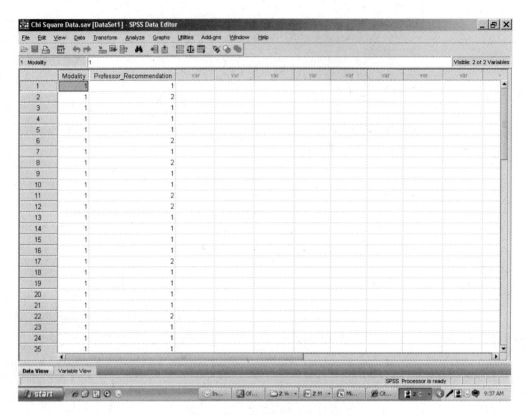

图 3.2.2b SPSS 的 Data View

3.2.5 卡方分析法的具体操作过程

由于单自变量的两大类值是"组间变量",而因变量是名义变量或两分变量,正确的分析法应为卡方分析法。

以下步骤显示 SPSS 对于卡方分析法(χ^2)的具体操作过程。输入数据文件后,点击:

➢ **Analyze**

➢ **Descriptive Statistics**

➢ **Crosstabs**

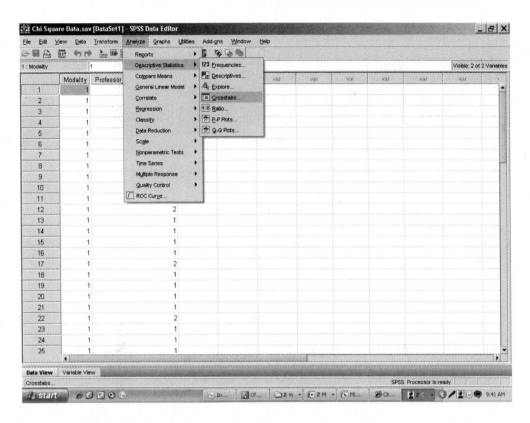

选择：Modality（教学模式）... => **Columns**；

选择：Will Professor Recommend（教授推荐与否）... => **Rows**；

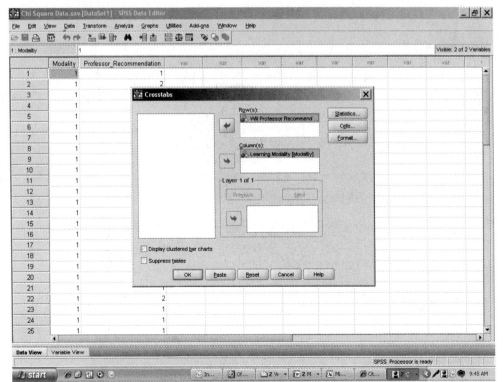

点击: **Statistics**; 选择: **Chi-Square, Phi and Cramer's V, => Continue**

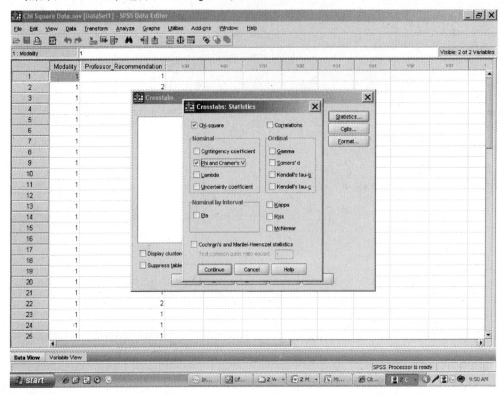

点击: **Cells**; 选择: **Observed, Expected, and Total**

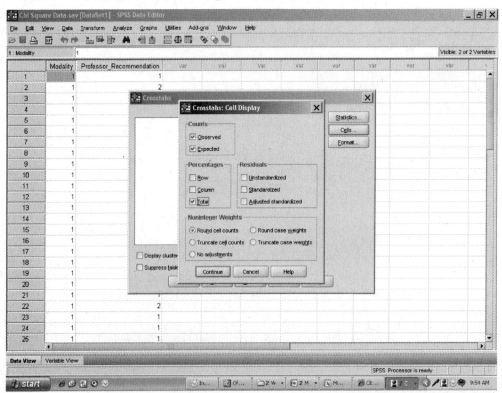

点击 **Continue**,然后 **OK**。

SPSS 对于卡方分析法生成的结果如表 3.2.1 所示。

表 3.2.1 **卡方分析法生成的统计数据**

Case Processing Summary

	Cases					
	Valid		Missing		Total	
	N	Percent	N	Percent	N	Percent
Will Professor Recommend to Graduate Studies * Learning Modality	51	100.0%	0	.0%	51	100.0%

Will Professor Recommend to Graduate Studies * Learning Modality Crosstabulation

			Learning Modality		
			Blended Learning Modality	Traditional Classroom Modality	Total
Will Professor Recommend to Graduate Studies	Yes, Will recommend	Count	18	16	34
		Expected Count	17.3	16.7	34.0
		% of Total	35.3%	31.4%	66.7%
	No, Will NOT recommend	Count	8	9	17
		Expected Count	8.7	8.3	17.0
		% of Total	15.7%	17.6%	33.3%
Total		Count	26	25	51
		Expected Count	26.0	25.0	51.0
		% of Total	51.0%	49.0%	100.0%

Chi-Square Tests

	Value	df	Asymp. Sig. (2-sided)	Exact Sig. (2-sided)	Exact Sig. (1-sided)
Pearson Chi-Square	.157[a]	1	.692		
Continuity Correction[b]	.010	1	.921		
Likelihood Ratio	.157	1	.692		
Fisher's Exact Test				.771	.460
Linear-by-Linear Association	.154	1	.695		
N of Valid Cases	51				

a. 0 cells (.0%) have expected count less than 5. The minimum expected count is 8.33.

b. Computed only for a 2×2 table.

Symmetric Measures

		Value	Approx. Sig.
Nominal by Nominal	Phi	.055	.692
	Cramer's V	.055	.692
	N of Valid Cases	51	

3.2.6 对于统计结果的解释

这部分内容为没有统计学背景的社会科学研究人员在撰写规范结论之前理解 SPSS 生成的统计结果提供基础。

根据 SPSS 生成的表 3.2.1 中的 Chi-Square Tests 所示,"教授是否向研究生院推荐" (Will Professor Recommend to Graduate Studies) 的 χ^2 值为 0.157, $p = 0.692$ [详见 Asymp Sig. (2-sided)]。因为 $p > 0.05$, χ^2 值为非统计显著。根据比较与分析每个学生在接受"混合教学模式"或接受"传统教学模式"下的学习表现,不同教学模式对于教授是否决定向研究生院推荐该学生不存在显著差异。如果本研究的样本很小的话,也可以用 Fisher's Exact Test 值来确定统计结果的显著性。

3.2.7 撰写研究结果的中英文正式规范

统计结果的规范写法和规范表格的生成与在第 2 章所讨论的独立样本 T 检验和第 3 章中的曼恩-惠特尼的 U 检验法的实例十分相似。

对于统计结果的规范写法举例如下:

本研究使用了卡方分析法 (χ^2) 对不同教学模式对于教授在是否向研究生院推荐该学生的决定间是否存在显著差异进行了分析。研究结果表明,不同教学模式对于教授是否决定向研究生院推荐该学生不存在显著差异,$\chi^2 = 0.157$, $p > 0.05$。教授对在不同教学模式下学生的学习表现评价相似,在对决定是否向研究生院推荐学生时不受学生所经历的不同教学模式的影响。

对于统计结果的英文规范写法如下:

Chi-Square (χ^2) tests were performed to identify if two types of teaching methods have significantly different effects upon the professor's decision regarding whether the professor would recommend a student for the graduate school. The test results indicated that two types of teaching methods had *NO* significantly different effects upon the professor's decision regarding whether the professor would recommend a student for graduate school, $\chi^2 = 0.157$, $p > 0.05$. The professor would recommend students to graduate school in the same way based on their performance in both teaching and learning modalities.

3.3 威斯康星检验法实例

如果研究中的单自变量的两大类值是"组内变量",而因变量是有序变量,并设各有序变量之间的差值为非等距的,正确的非参数分析方法应选择威斯康星检验法。实例如下。

3.3.1 实例背景

本研究对于同一组学生对于量化研究统计方法论的应用分类理解的测验评估有序值进行了比较研究。这组学生在不同的时间参加了两次关于"量化研究统计方法论的应用分类理解"的测验。第一次测验在他们参加"量化研究统计方法论的应用分类系列讲座"之前,第二次测验在他们参加了讲座之后。两次测验的内容大致相同,但测验题的形式却不尽相同。

3.3.2 研究变量关系的图示

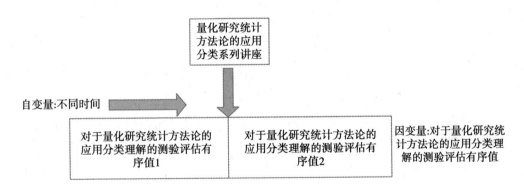

图 3.3.1 威斯康星检验法变量关系

3.3.3 研究问题的中英文规范写法

对于同一组学生,他们在不同的时间参加了两次关于"量化研究统计方法论的应用分类理解"的测验。第一次测验在他们参加了"量化研究统计方法论的应用分类系列讲座"之前,第二次测验在他们参加了"量化研究统计方法论的应用分类系列讲座"之后。在他们的两次测验的评估有序值之间是否存在显著差异?

For the same group of students, two tests on quantitative research methodology were given. The first test was given prior to their attending the Quantitative Research Methodology Seminar; the second test was given after their attending the Quantitative Research Methodology Seminar. The content of the two tests was similar but with different test questions. Was there a significant difference between their ordinal scores on two different tests on quantitative research methodology given at two different times?

3.3.4 本研究输入 SPSS 后的具体数据

本研究输入 SPSS 后的具体数据如图 3.3.2 所示。

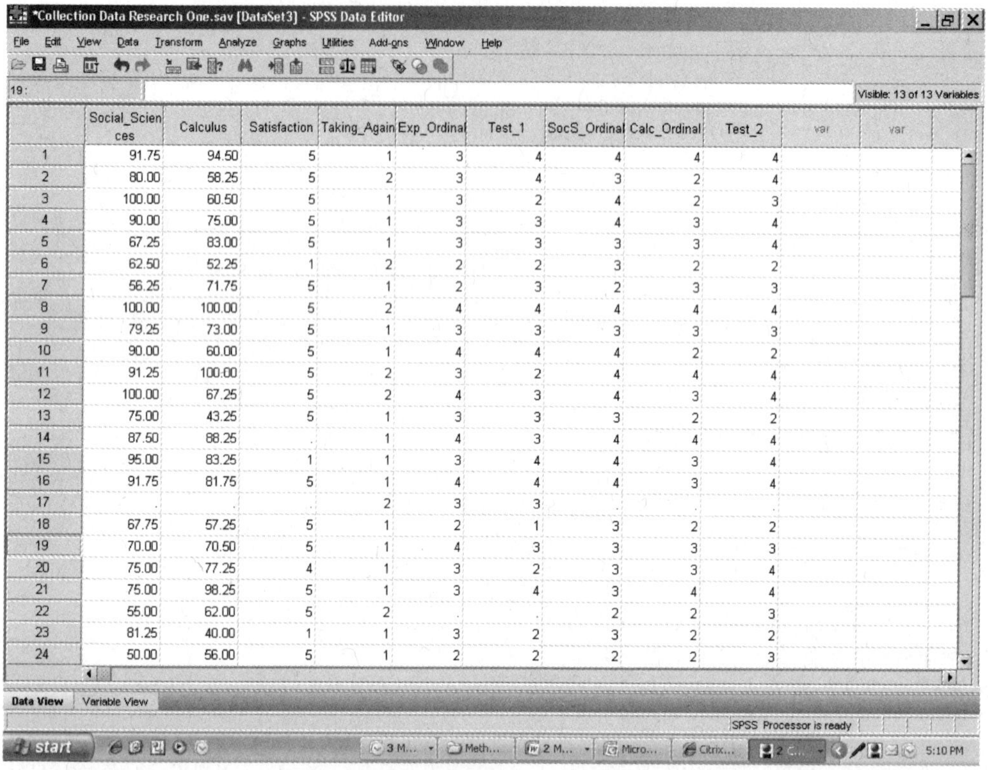

	Social_Sciences	Calculus	Satisfaction	Taking_Again	Exp_Ordinal	Test_1	SocS_Ordinal	Calc_Ordinal	Test_2	var	var
1	91.75	94.50	5	1	3	4	4	4	4		
2	80.00	58.25	5	2	3	4	3	2	4		
3	100.00	60.50	5	1	3	2	4	2	3		
4	90.00	75.00	5	1	3	3	4	3	4		
5	67.25	83.00	5	1	3	3	3	3	4		
6	62.50	52.25	1	2	2	2	3	2	2		
7	56.25	71.75	5	1	2	3	2	3	3		
8	100.00	100.00	5	2	4	4	4	4	4		
9	79.25	73.00	5	1	3	3	3	3	3		
10	90.00	60.00	5	1	4	4	4	2	2		
11	91.25	100.00	5	2	3	2	4	4	4		
12	100.00	67.25	5	2	4	3	4	3	4		
13	75.00	43.25	5	1	3	3	3	2	2		
14	87.50	88.25	.	1	4	3	4	4	4		
15	95.00	83.25	1	1	3	4	4	3	4		
16	91.75	81.75	5	1	4	4	4	3	4		
17	.	.	.	2	3	3	.	.	.		
18	67.75	57.25	5	1	2	1	3	2	2		
19	70.00	70.50	5	1	4	3	3	3	3		
20	75.00	77.25	4	1	3	2	3	3	4		
21	75.00	98.25	5	1	3	4	3	4	4		
22	55.00	62.00	5	2	.	.	2	2	3		
23	81.25	40.00	1	1	3	2	3	2	2		
24	50.00	56.00	5	1	2	2	2	2	3		

图 3.3.2 输入 SPSS 后的具体数据

3.3.5 威斯康星检验法的具体操作过程

由于本研究的单自变量的两大类值是“组内变量”,而因变量是有序分布的,因此正确的非参数分析方法选择威斯康星检验法。

以下步骤显示 SPSS 中进行威斯康星检验法的具体操作过程。输入数据文件后,点击:

- **Analyze**
- **Nonparametric**
- 2 **Related Samples**

选择:Test 1 Ordinal、Test 2 Ordinal ⇒ **Test Paire(s)**; 选择 **Wilcoxon**:

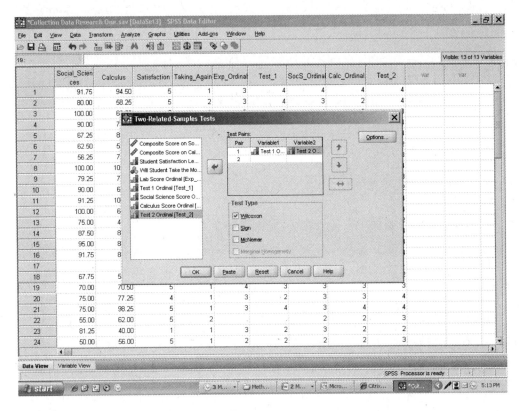

点击 **OK**。

SPSS 对于威斯康星检验法生成的结果如表 3.3.1 所示。

表 3.3.1　威斯康星检验法生成的统计数据

Ranks

		N	Mean Rank	Sum of Ranks
Test 2 Ordinal-Test 1 Ordinal	Negative Ranks	5ᵃ	12.00	60.00
	Positive Ranks	21ᵇ	13.86	291.00
	Ties	21ᶜ		
	Total	47		

a. Test 2 Ordinal < Test 1 Ordinal

b. Test 2 Ordinal > Test 1 Ordinal

c. Test 2 Ordinal = Test 1 Ordinal

Test Statistics[b]

	Test 2 Ordinal-Test 1 Ordinal
Z	−3.063ᵃ
Asymp. Sig. (2-tailed)	.002

a. Based on negative ranks.

b. Wilcoxon Signed Ranks Test.

3.3.6　对于统计结果的解释

威斯康星检验法生成结果的解释与配对（伴侣）T 检验法生成的结果的解释非常相

似。根据 SPSS 生成的表 3.3.1 中的 Ranks 表所示,对于这一组学生,其中的 5 例在第一次测验有序值上优于他们在第二次测验的有序值,而其中的 21 例在第二次测验有序值上优于他们在第一次测验的有序值。研究中的其他 21 例中的有序值相等。根据 SPSS 生成的表 3.3.1 的 Test Statistics 所示,$p<0.05$。所以可得结论:对于同一组学生,他们在两次测验的有序值上存在显著差异。根据均值排列,这组学生在第二次测验的有序值上优于他们在第一次测验的有序值。其他解释与配对(伴偶)T 检验法生成的结果的解释相同。

3.3.7　撰写研究结果的中英文正式规范

本研究使用了威斯康星检验法,对于同一组学生,在他们对于量化研究统计方法论的应用分类理解的两次测验评估有序值之间是否存在显著差异进行了分析。统计结果表明,对于这一组学生,其中的 5 例在第一次对于量化研究统计方法论的应用分类理解的测验评估有序值上优于他们在第二次测验评估的有序值,而其中的 21 例在第二次对于量化研究统计方法论的应用分类理解的测验评估有序值上优于他们在第一次测验的评估有序值。研究中的其他 21 对之间的有序值相等。根据 SPSS 生成的结果,$p<0.05$。所以可得结论,对于这组学生,他们在对于量化研究统计方法论的应用分类理解的两次测验评估有序值之间存在显著差异。根据均值排列,这组学生在第二次测验评估的有序值优于他们的第一次测验评估的有序值。

For the same group of students, a Wilcoxon test was performed to identify if there was a significant difference between their ordinal scores on two different tests on quantitative research methodology given at two different times. The test results indicated that there was a significant difference between the two ordinal scores of the first test and the second test, $p<0.05$. On average, students' performance in the second test was better than their performance in the first test, as measured by their ordinal scores. For the students sampled, there were 21 students whose performance in the second test was better than their performance in the first test, and five (5) students whose performance in the second test was worse than their performance in the first test. There were 21 pairs of students whose scores were equal in both tests.

3.4　麦克尼马尔分析法实例

如果研究中的单自变量的两大类值是是"组内变量",而因变量是名义变量或两分变量,正确的非参数分析法应选择麦克尼马尔分析法。麦克尼马尔分析法亦称"相关比率或百分比之间的差异"公式。实例如下。

3.4.1　实例背景

本研究对同一组学生、同一门课程内容先实施"混合教学模式",然后实施"传统教学模式"。课程均由同一教授执教。研究实录了教授根据这个班级的每个学生在不同教学模式下的学习表现,从而决定是否向研究生院推荐该学生。因此,因变量是名义变量或两分变量(即推荐或不推荐)。

3.4.2　研究变量关系的图示

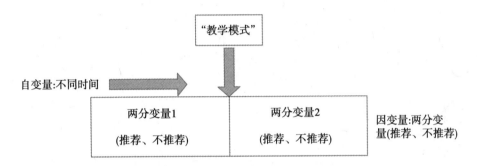

图 3.4.1　麦克尼马尔分析法变量关系

3.4.3　研究问题的中英文规范写法

对于同一组学生施行同样的教学内容,根据比较与分析每个学生在接受"混合教学模式"与接受"传统教学模式"下的学习表现,不同教学模式对于教授决定向研究生院推荐该学生("是"与"否")是否存在显著差异?

For the same group of students taking the same course contents, do two types of teaching methods, Type A: Blended Learning and Type B: Traditional Classroom Learning), have significantly different effects upon the professor's decision regarding whether the professor would recommend a student for graduate school?

3.4.4　本研究输入 SPSS 后的具体数据

本研究输入 SPSS 后的具体数据与在第 2 节中所讨论一致。读者可以参照第 2 节中的卡方分析法实例中的具体数据以及数据菜单。

3.4.5　麦克尼马尔分析法的具体操作过程

由于本研究的单自变量的两大类值是"组内变量",而因变量是名义变量或两分变量,正确的非参数分析法应为麦克尼马尔分析法。

以下步骤显示 SPSS 中麦克尼马尔分析法的具体操作过程。输入数据文件后,点击:

➢ **Analyze**

➢ **Nonparametric**

➢ **2 Related Samples**

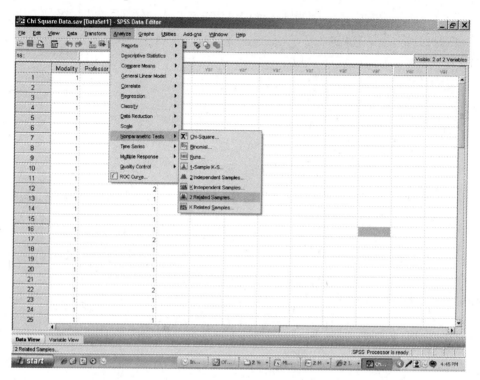

选择：Modality（教学模式）、Will Professor Recommend（教授推荐与否）… => **Test Paire(s)**；选择 **McNemar**：

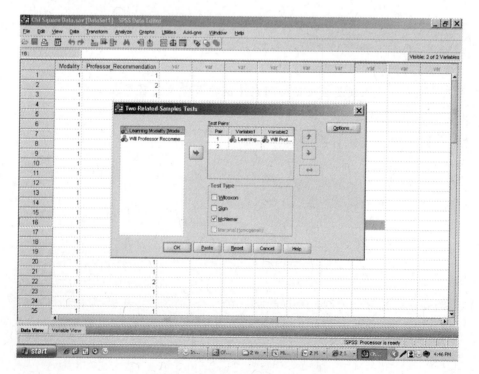

点击 **OK**。

SPSS 中麦克尼马尔分析法生成的结果如表 3.4.1 所示。

表 3.4.1 **麦克尼马尔分析法生成的统计数据**

Learning Modality & Will Professor Recommend to Graduate Studies

Learning Modality	Will Professor Recommend to Graduate Studies	
	Yes, Will recommend	No, Will NOT recommend
Blended Learning Modality	18	8
Traditional Classroom Modality	16	9

Test Statistics[b]

	Learning Modality & Will Professor Recommend to Graduate Studies
N	51
Exact Sig. (2-tailed)	.152[a]

a. Binomial distribution used.

b. McNemar Test

3.4.6 对于统计结果的解释

麦克尼马尔分析法生成结果的解释与卡方分析法(x^2)生成的结果的解释非常相似。根据 SPSS 生成的表 3.4.1 所示,对于这一组学生,因为 $p>0.05$,"相关比率或百分比之间的差异"值为非统计显著。根据比较与分析每个学生在接受"混合教学模式"与接受"传统教学模式"下的学习表现,不同教学模式对于教授是否决定向研究生院推荐学生<u>不存在显著差异</u>。

3.4.7 撰写研究结果的中英文正式规范

对于同一组学生和同样的教学内容,本研究使用了麦克尼马尔分析法对不同教学模式对于教授是否决定向研究生院推荐学生是否存在显著差异进行了分析。研究结果表明,不同教学模式对于教授是否决定向研究生院推荐学生不存在显著差异,$p>0.05$。教授对接受不同教学模式学生的学习表现评价相似,在决定是否向研究生院推荐学生时不受学生所经历的不同教学模式的影响。

For the same group of students taking the same course contents, the McNemar test was performed to identify if two types of teaching methods have significantly different effects upon professor's decision regarding whether the professor would recommend a student for graduate school. The test results indicated that two types of teaching methods have NO significantly different effects upon the professor's decision regarding whether the professor will recommend student for the graduate school, $p > 0.05$. Professor will recommend students to the graduate school in the same way based on their performance in both teaching modalities.

4 单自变量拥有三个或三个以上类值的参数分析方法实例

4.1 单因素方差分析法实例

如果在社会科学的具体研究中,研究的单自变量拥有三个或三个以上类值,且这些类值均为"组间变量",而因变量是正态分布的,正确的参数分析方法应选用单因素方差分析法。单因素方差分析法在社会科学研究中用得相当普遍与成熟,读者可以参考有关文献以对其理论基础加深理解(Cortina & Nouri, 1999; Field, 2009; Morgan, Leech, Gloeckner, & Barrett, 2004)。本节的实例如下。

4.1.1 实例背景

本研究是第 2 章所讨论的大型研究项目中的另一个部分。研究将样本院校分为三大类:全国重点大学、地方重点大学、非重点大学。研究实录了这三大类院校学生在实验类、心理类、统计类、社会科学类、微积分类课程中的学习成绩(基于百分制)的综合值。

4.1.2　单因素方差分析法研究变量关系的图示

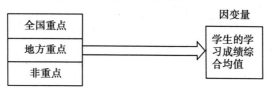

单一自变量(院校类型)拥有两个以上值

图 4.1.1　单向方差分析法变量图

4.1.3　研究问题的中英文规范写法

　　比较与分析学生在实验类、心理类、统计类、社会科学类、微积分类课程中的学习成绩,不同类院校(全国重点大学、地方重点大学和非重点大学)的学生在基于百分制的各类学科的学习成绩上是否存在显著的统计差异?

　　Do different school types (Research One, Research Two, and Local University), have significantly different effects upon university students' composite scores in their courses such as lab experiment, psychology, statistics, social sciences, and calculus?

4.1.4　本研究输入 SPSS 后的具体数据

　　本研究输入 SPSS 后的具体数据如图 4.1.2 所示。

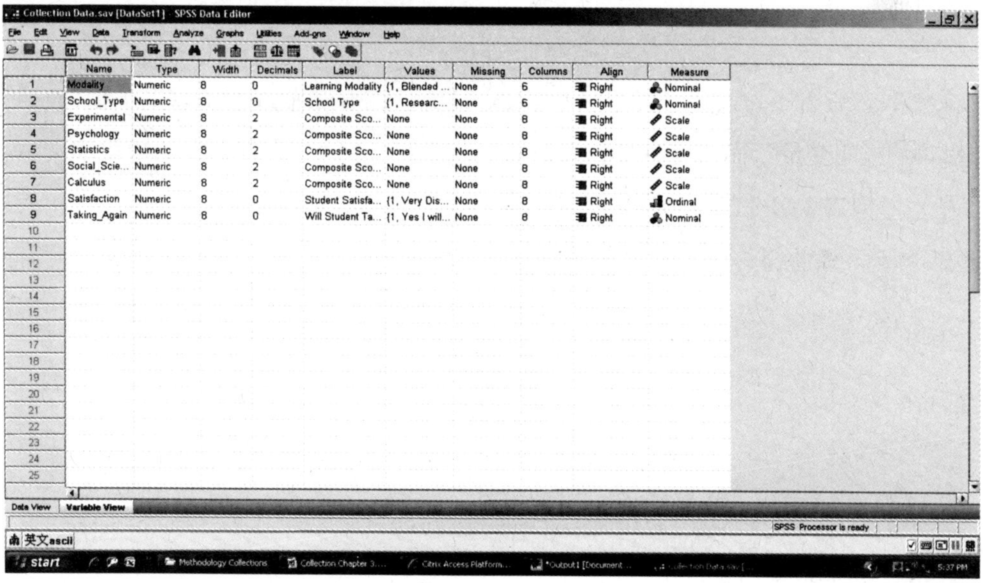

图 4.1.2a　SPSS 的 Variable View

图 4.1.2b　SPSS 的 Data View

以下步骤显示 SPSS 生成的数据菜单(Codebook)。进入 SPSS 界面后,点击:

➢ **File**

➢ **Display Data File Information**

➢ **Working File**

SPSS 生成的数据菜单如表 4.1.1 所示。

表 4.1.1　SPSS 生成的数据菜单
Variable Information

Variable	Position	Label	Measurement Level	Column Width	Alignment	Print Format	Write Format
Modality	1	Learning Modality	Nominal	6	Right	F8	F8.2
School_Type	2	School Type	Nominal	6	Right	F8	F8.2
Experimental	3	Composite Score on Lab Competency	Scale	8	Right	F8.2	F8.2
Psychology	4	Composite Score on Psychology Subject	Scale	8	Right	F8.2	F8.2
Statistics	5	Composite Score on Statistics Subject	Scale	8	Right	F8.2	F8.2
Social _Sciences	6	Composite Score on Social Science Subject	Scale	8	Right	F8.2	F8.2

续表

Variable	Position	Label	Measurement Level	Column Width	Alignment	Print Format	Write Format
Calculus	7	Composite Score on Calculus Subject	Scale	8	Right	F8.2	F8.2
Satisfaction	8	Student Satisfaction Level with the Class	Ordinal	8	Right	F8	F8.2
Taking_Again	9	Will Student Take the Modality Again?	Nominal	8	Right	F8	F8.2

Variables in the working file

Variable Values

Value		Label
Modality	1	Blended Learning Modality
	2	Traditional Classroom Modality
School_Type	1	Research One（National Leading）
	2	Research Two（Local Leading）
	3	Local Applicational（Non-Leading）
Satisfaction	1	Very Dis-satisfied
	2	Dis-satisfied
	3	Neutral
	4	Satisfied
	5	Very Satisfied
Taking_Again	1	Yes I will take the modality again
	2	No,I will NOT take the modality again

4.1.5 单因素方差分析方法的具体操作过程

由于本研究的单自变量的三个（或三个以上）类值均为"组间变量"，且因变量是正态分布的，正确的参数分析方法应为单因素方差分析法。

以下步骤显示 SPSS 中单因素方差分析法的具体操作过程。输入数据文件后，点击：

➢ **Analyze**

➢ **Compare means**

➢ **Oneway Anova**

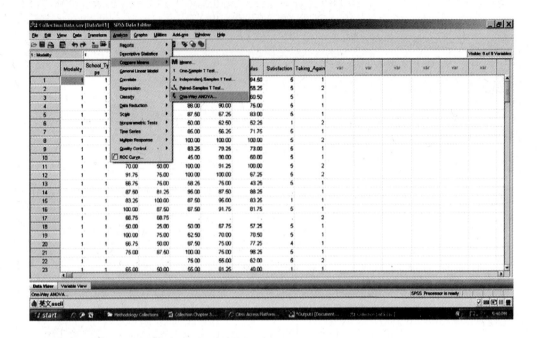

选择:Composite Scores…(各类综合成绩值)=> **Dependent List**:

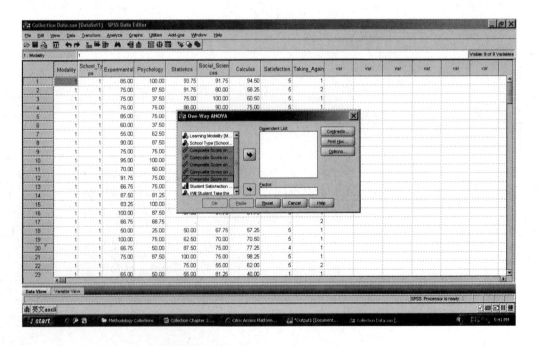

选择:School Type（院校类型）=> **Factor**:

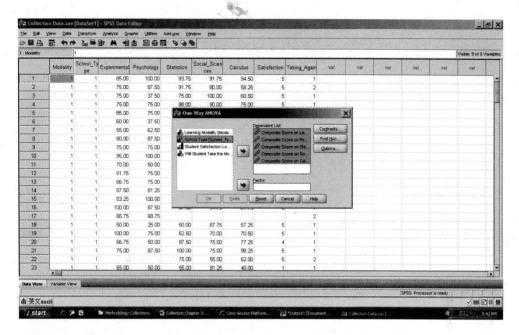

选择：**Options** ⇒ **Descriptive**, **Homogeneity of Variance Test**

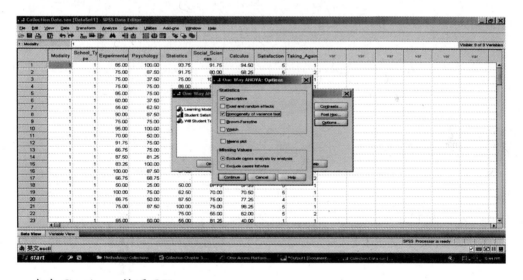

点击 **Continue**，然后 **OK**。

SPSS 中单因素方差分析法生成的结果如表 4.1.2(a,b,c) 所示。

4.1.6 对于统计结果的解释

这一部分内容为没有统计学背景的社会科学研究人员在撰写规范结论之前理解 SPSS 生成的统计结果提供基础。

表 4.1.2a Descriptives 提供了三类不同院校(全国重点大学、地方重点大学、非重点大学)的学生在实验类、心理类、统计类、社会科学类、微积分类课程中的学习综合成绩均值与其他相关数据。

表 4.1.2a 对于单因素方差分析法生成的统计数据——**Descriptives**

		N	Mean	Std. Deviation	Std. Error	95% Confidence Interval for Mean		Minimum	Maximum
						Lower Bound	Upper Bound		
Composite Score on Lab Competency	Research One (National Leading)	50	73.6150	17.09078	2.41700	68.7579	78.4721	.00	100.00
	Research Two (Local Leading)	52	72.2500	19.11235	2.65041	66.9291	77.5709	.00	100.00
	Local Applicational (Non-Leading)	57	67.6316	23.41598	3.10152	61.4185	73.8447	.00	100.00
	Total	159	71.0236	20.23862	1.60503	67.8535	74.1937	.00	100.00
Composite Score on Psychology Subject	Research One (National Leading)	50	65.1500	21.02392	2.97323	59.1751	71.1249	.00	100.00
	Research Two (Local Leading)	52	72.4760	19.96702	2.76893	66.9171	78.0348	.00	100.00
	Local Applicational (Non-Leading)	57	70.8333	21.56455	2.85629	65.1115	76.5552	.00	100.00
	Total	159	69.5833	20.97913	1.66375	66.2973	72.8694	.00	100.00
Composite Score on Statistics Subject	Research One (National Leading)	49	79.7908	16.52455	2.36065	75.0444	84.5372	41.75	100.00
	Research Two (Local Leading)	48	77.0156	21.11099	3.04711	70.8856	83.1456	.00	100.00
	Local Applicational (Non-Leading)	52	83.2885	14.36792	1.99247	79.2884	87.2885	50.00	100.00
	Total	149	80.1174	17.54758	1.43755	77.2767	82.9582	.00	100.00
Composite Score on Social Science Subject	Research One (National Leading)	49	73.6224	16.71110	2.38730	68.8225	78.4224	40.50	100.00
	Research Two (Local Leading)	48	69.3802	21.51818	3.10588	63.1320	75.6284	.00	100.00
	Local Applicational (Non-Leading)	52	76.3125	18.38897	2.55009	71.1930	81.4320	25.00	100.00
	Total	149	73.1946	19.03513	1.55942	70.1130	76.2762	.00	100.00
Composite Score on Calculus Subject	Research One (National Leading)	49	73.8571	17.00735	2.42962	68.9721	78.7422	38.00	100.00
	Research Two (Local Leading)	48	73.0260	21.29911	3.07426	66.8414	79.2107	.00	100.00
	Local Applicational (Non-Leading)	57	62.8934	22.69232	3.00567	56.8723	68.9145	.00	90.00
	Total	154	69.5401	21.09069	1.69954	66.1825	72.8977	.00	100.00

表 4.1.2b,"Test of Homogeneity of Variances,"并不是单因素方差分析法的结果,而是对于方差齐性假设的检验。如果对于各类成绩值检验的 Sig. 值不显著的话,方差齐性假设成立,我们则在数据分布均匀一致的假定下进行单因素方差分析法结果分析(即用表 4.1.2 中的 ANOVA 表中的 F,df,以及 p 等数据进行分析)。然而,如果对于各类成绩值检验的 Sig. 值是显著的话(即表 4.1.2b "Test of Homogeneity of Variances" 中任意一行的

Sig.<0.05),方差齐性假设不成立,我们则在推翻方差齐性假定下进行单因素方差分析法结果分析,即用相应的非参数检验法克鲁斯卡尔-华利斯检验法(KRUSKAL-WALLIS)进行分析(克鲁斯卡尔-华利斯检验法的实例将在第 5 章第 1 节中详细介绍)。在表 4.1.2b 中,"Test of Homogeneity of Variances" 中所有的 Sig.值均大于 0.05,方差齐性假设均成立。

表 4.1.2b 单因素方差分析法生成的统计数据——Test of Homogeneity of Variances

	Levene Statistic	df1	df2	Sig.
Composite Score on Lab Competency	2.070	2	156	.130
Composite Score on Psychology Subject	.699	2	156	.499
Composite Score on Statistics Subject	.790	2	146	.456
Composite Score on Social Science Subject	.564	2	146	.570
Composite Score on Calculus Subject	.639	2	151	.529

SPSS 生成的表 4.1.2c,ANOVA 表,是整个数据结果的关键。如表 4.1.2c 所示,"微积分类学习成绩综合值"(Composite Score on Calculus Subject)的 F 值为 4.73,$df = (2, 151)$,$p = 0.01$。因为 $p<0.05$,F 值为统计显著。所以可得结论,比较学生在实验类、心理类、统计类、社会科学类、微积分类课程中的学习成绩,三类不同院校(全国重点大学、地方重点大学、非重点大学)的学生在微积分类课程中的学习综合成绩均值上存在显著的统计差异,$F(2, 151) = 4.73$,$p = 0.01$。表 4.1.2c 同时表明,三类不同院校(全国重点大学、地方重点大学、非重点大学)的学生在其他类学科的学习成绩综合均值上不存在显著统计差异(所有其他的 p 值均大于 0.05)。表中的 Between Groups 和 Within Groups 分别表明"组间效应自由度"与"组内误差自由度"。

表 4.1.2c 单因素方差分析法生成的统计数据——ANOVA

		Sum of Squares	df	Mean Square	F	Sig.
Composite Score on Lab Competency	Between Groups	1069.810	2	534.905	1.311	.272
	Within Groups	63647.289	156	407.995		
	Total	64717.099	158			
Composite Score on Psychology Subject	Between Groups	1506.884	2	753.442	1.728	.181
	Within Groups	68032.699	156	436.107		
	Total	69539.583	158			
Composite Score on Statistics Subject	Between Groups	989.927	2	494.964	1.621	.201
	Within Groups	44581.892	146	305.355		
	Total	45571.820	148			
Composite Score on Social Science Subject	Between Groups	1212.857	2	606.429	1.689	.188
	Within Groups	52412.873	146	358.992		
	Total	53625.731	148			
Composite Score on Calculus Subject	Between Groups	4014.657	2	2007.329	4.733	.010
	Within Groups	64042.374	151	424.122		
	Total	68057.032	153			

由于 ANOVA 表仅仅给出了三个或三个以上变量间是否存在总体显著差异,因此,仅

根据 ANOVA 表无法确定究竟在哪一对,或几对变量之间存在单对显著差异。所以,如果总体 F 值存在显著差异的话,必须进一步用"续后分析法"来确定究竟在哪一对,或几对变量之间可能存在单对显著差异。

4.1.7 单因素方差分析"续后分析法"的具体操作步骤

以下步骤显示 SPSS 中单因素方差分析"续后分析法"的具体操作步骤。

输入数据文件后,点击:

➢ **Analyze**

➢ **Compare means**

➢ **Oneway Anova**

1.选择: Composite Score on Calculus Subject (微积分类学习成绩综合值) =>

   Dependent List:

2.选择:School Type (院校类型) => **Factor**:

3.选择:**Options** =>Descriptive,**Homogeneity of Variance Test**

4.选择:School Type (院校类型) => **Factor**:

5.点击 **Continue**

6.选择:**Post Hoc**

7.选择:**Tukey**

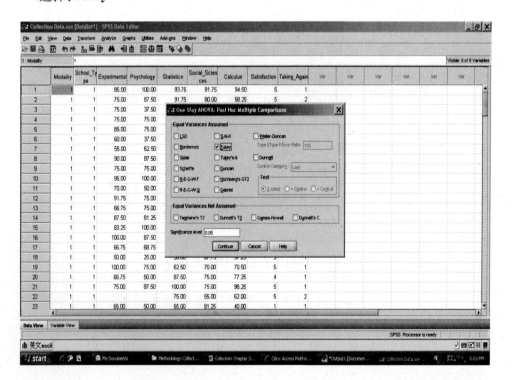

点击 **Continue**,然后 **OK**。SPSS 中单因素方差分析的"续后分析法"生成的结果如表 4.1.3(a,b,c,d) 所示。

由于 ANOVA 表仅仅给出了三个或三个以上变量间是否存在总体显著差异,因此,仅根据 ANOVA 表无法确定究竟在哪一对、或多对变量之间存在单对显著差异。所以,如果总体 F 值存在显著差异的话,必须进一步用"续后分析法"来确定究竟在哪一对、或多对变量之间可能存在的单对显著差异。一般而言,对于选择哪类"续后分析"方法并未严格规定。在 ANOVA 研究中,较普遍的是选用 TUKEY 或 SCHEFFE 方法。然而,对于组对比较研究(pairwise comparisons),大多数统计学家倾向于选用 TUKEY 方法,因为 TUKEY 方法得出的结果更为严谨与全面。

4.1.8 单因素方差分析的"续后分析"生成结果的解释

对 4.1.3a,4.1.3b,4.1.3c 三个数据表的解释请详见 4.1.7 中的讨论。

表 4.1.3a 单因素方差分析的"续后分析"生成的结果——**Descriptives**

Composite Score on Calculus Subject

	N	Mean	Std. Deviation	Std. Error	95% Confidence Interval for Mean		Minimum	Maximum
					Lower Bound	Upper Bound		
Research One (National Leading)	49	73.8571	17.00735	2.42962	68.9721	78.7422	38.00	100.00
Research Two (Local Leading)	48	73.0260	21.29911	3.07426	66.8414	79.2107	.00	100.00
Local Applicational (Non-Leading)	57	62.8934	22.69232	3.00567	56.8723	68.9145	.00	90.00
Total	154	69.5401	21.09069	1.69954	66.1825	72.8977	.00	100.00

表 4.1.3b 单因素方差分析的"续后分析"生成的结果——**Test of Homogeneity of Variances**

Composite Score on Calculus Subject

Levene Statistic	df1	df2	Sig.
.639	2	151	.529

表 4.1.3c 单因素方差分析的"续后分析"生成的结果——**ANOVA**

Composite Score on Calculus Subject

	Sum of Squares	df	Mean Square	F	Sig.
Between Groups	4014.657	2	2007.329	4.733	.010
Within Groups	64042.374	151	424.122		
Total	68057.032	153			

表 4.1.3d　单因素方差分析的"续后分析"生成的结果——Multiple Comparisons

Composite Score on Calculus Subject Tukey HSD

(I) School Type	(J) School Type	ean Difference (I–J)	Std. Error	Sig.	95% Confidence Interval	
					Lower Bound	Upper Bound
Research One (National Leading)	Research Two (Local Leading)	.83110	4.18227	.978	−9.0686	10.7308
	Local Applicational (Non-Leading)	10.96372 *	4.01202	.019	1.4671	24.4604
Research Two (Local Leading)	Research One (National Leading)	−.83110	4.18227	.978	−10.7308	9.0686
	Local Applicational (Non-Leading)	10.13262 *	4.03443	.035	.5829	19.6823
Local Applicational (Non-Leading)	Research One (National Leading)	−10.96372 *	4.01202	.019	−20.4604	−1.4671
	Research Two (Local Leading)	−10.13262 *	4.03443	.035	−19.6823	−.5829

*The mean difference is significant at the 0.05 level.

　　"续后分析"的主要结论来自于对于表 4.1.3d(Multiple Comparisons)的分析。Multiple Comparisons 表对于每个变量所有可能的组合进行了比较分析。

　　根据表 4.1.3d(Multiple Comparisons)中的第二、第三和第四行所示,比较学生在微积分类课程中的学习成绩综合均值可做出如下结论:①在全国重点大学(National Leading)和地方重点大学(Local Leading)的学生之间不存在显著统计差异(Sig. = 0.978);②在全国重点大学(National Leading)和非重点大学(Non-Leading)的学生之间存在显著统计差异(Sig. = 0.019);③在地方重点大学和非重点大学的学生之间存在显著统计差异(Sig. = 0.035)。上表中含有重复比较。进一步的结论为:比较学生在微积分类课程中的学习成绩综合均值,全国重点大学的学生和非重点大学的学生之间存在的均差值为 10.96,全国重点大学学生的均值优于非重点大学学生;同时,地方重点大学的学生和非重点大学的学生之间存在的均差值为 10.13,地方重点大学学生的均值优于非重点大学学生。

　　表 4.1.3d(Multiple Comparisons)中的右边两列为 95% 置信区间。95% 置信区间表明,如果同样的研究重复 100 次的话,其中 95 次的均值差(MD)将落在置信区间的上下限之间。

　　在得到以上统计结果之后,研究结论必须对于每对具有显著差异的效应尺度进行讨论,以表明自变量与因变量关系的强弱程度。读者可以参照第 2 章,第 1 节对于效应尺度进行估算的步骤的详细讨论。效应尺度的估算式为

$$d = \frac{\text{MD}}{pooled\ \text{SD}}$$

式中的 MD 为均差值,Pooled SD 为标准偏差集合值。根据续后分析的结果,全国重点大学的学生和非重点大学的学生之间存在的均差值为 10.96,标准偏差集合值(Pooled SD)约为 $[17.00+22.69]/2=19.85$,因此,$d=10.96/19.85=0.55$。根据科恩(1988)的定义,这是接近中等程度的效应尺度。同理,地方重点大学的学生和非重点大学的学生之间存在的均差值为 10.13,标准偏差集合值约为 $[21.30+22.69]/2=22$,因此,$d=10.13/22=0.46$。根据科恩(1988)的定义,这是中偏低的效应尺度。

4.1.9 撰写单因素方差分析和"续后分析"研究结果的中英文正式规范

表 4.1.4 为根据统计数据结果而制成的 APA 规范表格。作为例子,表 4.1.4 仅列举了微积分类课程的学习成绩综合均值。

表 4.1.4a 不同院校学生在微积分类课程中成绩的均值与标准偏差值比较

不同类院校	n	M	SD
全国重点	49	73.86	17.00
地方重点	48	73.03	21.30
非重点	57	62.89	22.70

表 4.1.4b 不同类院校学生在微积分类课程中学习成绩的单因素方差分析表

Source	df	SS	MS	F	p
微积分类课程中学习成绩综合均值					
组间	2	4014.66	2007.33	4.73	.01 *
组内	151	64042.374	424.122		
总计	153	68057.032			

* $p<.05$

根据表 4.1.4,对于统计结果的规范写法如下:

基于单因素方差分析的结果,不同类院校(全国重点大学、地方重点大学、非重点大学)的学生,他们在微积分类课程中的学习成绩的综合均值上存在显著统计差异,$F(1,151)=4.73,p=0.01$。表 4.1.4 表明,全国重点大学学生的微积分类课程的学习成绩的综合均值为 73.86;地方重点大学学生的微积分类课程的学习成绩的综合均值为 73.03;非重点大学学生的微积分类课程的学习成绩的综合均值为 62.90。单因素方差分析的"续后分析"(Post Hoc Analysis)的结果表明,就微积分类课程中的学习成绩的综合均值而论,在全国重点大学(National Leading)和非重点大学(Non-Leading)的学生之间存在显著统计差异($p<0.05,d=0.55$)。同时,在地方重点大学和非重点大学的学生之间存在显著统计差异($p<0.05,d=0.46$)。

表 4.1.5 为根据统计数据结果而制成的 APA 规范表格的英文格式。

Table 4.1.5a   Means and Standard Deviations Comparing Different School Types in Regard to Composite Scores in Calculus

Different School Types	n	M	SD
National Leading	49	73.86	17.00
Local Leading	48	73.03	21.30
Non-leading	57	62.89	22.70

Table 4.1.5b   One-Way Analysis of Variance Summary Table Comparing Different School Types in Regard to Composite Scores in Calculus

Source	df	SS	MS	F	p
Composite Score on Calculus Subject					
Between groups	2	4014.66	2007.33	4.73	.01*
Within groups	151	64042.374	424.122		
Total	153	68057.032			

*$p<.05$

根据表 4.1.5，对于统计结果的英文规范写法如下：

A statistically significant difference was found among the three school types (National Leading, Local Leading, and Non-leading Universities) in regard to students' Composite Scores on Calculus, $F(1,151) = 4.73, p = 0.01$. Table 4.1.5 indicates that the mean Composite Score on Calculus is 73.86 for National Leading university students, 73.03 for Local Leading university students, and 62.90 for Non-leading university students. Post hoc Tukey HSD Tests indicated that there was a significant difference between National Leading university students and Non-leading university students ($p<0.05, d = 0.55$), in regard to their Composite Scores on Calculus. Also, there was a significant difference between Local Leading university students and Non-leading university students ($p<0.05, d = 0.46$), in regard to their Composite Scores on Calculus.

4.2   一般线性模型重复测量方差法实例

如果研究对象的单自变量的三个或三个以上类值均为"组内变量"，而因变量是正态分布的，正确的参数分析方法应选用一般线性模型重复测量方差法。读者可以进一步参考有关文献以加深对一般线性模型重复测量方差法的理论理解（Bryman & Cramer, 2008; Dunteman & Ho, 2006; Gill & Laughton, 2000; Leech, Barrett, & Morgan, 2004）。本节的实例如下。

4.2.1   实例背景

本研究对于同一组学生的量化研究统计方法论应用分类理解评估测验值（基于百分制）进行了比较研究。这组学生在不同的时间参加了四次关于"量化研究统计方法论的应用分类理解"的测验。第一次测验在他们参加"量化研究统计方法论的应用分类系列讲座"之前，第二次测验在他们参加了"量化研究统计方法论的应用分类系列讲座一"之后，第三次测验在他们参加"量化研究统计方法论的应用分类系列讲座二"之后；第四次测验在"量化研究统计方法论的应用分类系列讲座"结束的三个月后。四次测验的内容大致相同，但测验题的形式却不尽相同。所有的测验试题都是由计算机软件从大型题库中随机生成的。

4.2.2　一般线性模型重复测量方差法研究变量关系的图示

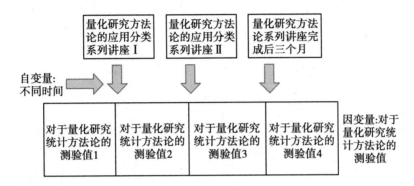

图 4.2.1　GLM 重复测量方差法变量关系

4.2.3　研究问题的中英文规范写法

比较同一组学生在不同的时间参加的四次关于"量化研究统计方法论的应用分类理解"的测验结果（第一次测验在他们参加了"量化研究统计方法论的应用分类系列讲座"之前，第二次测验在他们参加了"量化研究统计方法论的应用分类系列讲座一"之后，第三次测验在他们参加了"量化研究统计方法论的应用分类系列讲座二"之后；第四次测验在"量化研究统计方法论的应用分类系列讲座"结束的三个月后），四次不同测验均值之间是否存在显著的统计差异？

For the same group of researchers and doctoral students, four tests on the " Applied Categorizations of Quantitative Statistical Research Methodology" were given. Test 1 was given prior to the Quantitative Methodology Research Seminar Series；Test 2 was given at the end of the Quantitative Methodology Research Seminar Ⅰ；Test 3 was given at the end of the Quantitative Methodology Training Seminar Ⅱ；Test 4 was given three months after the Research Seminar Series was completed. Were there significant differences among the average test scores of the four tests given at different points of time?

4.2.4　本研究输入 SPSS 后的具体数据

本研究输入 SPSS 后的具体数据如图 4.2.2 所示。

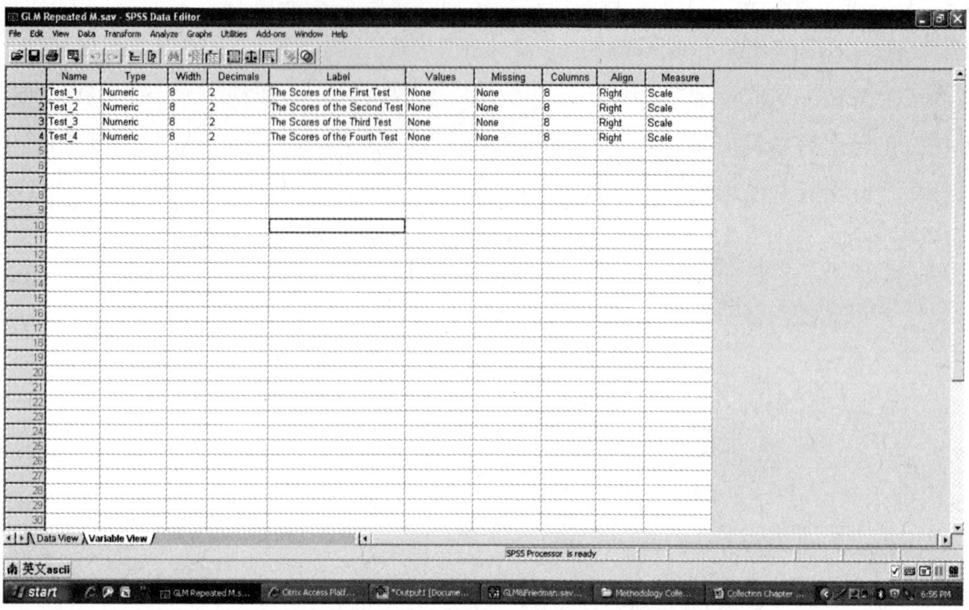

图 4.2.2a

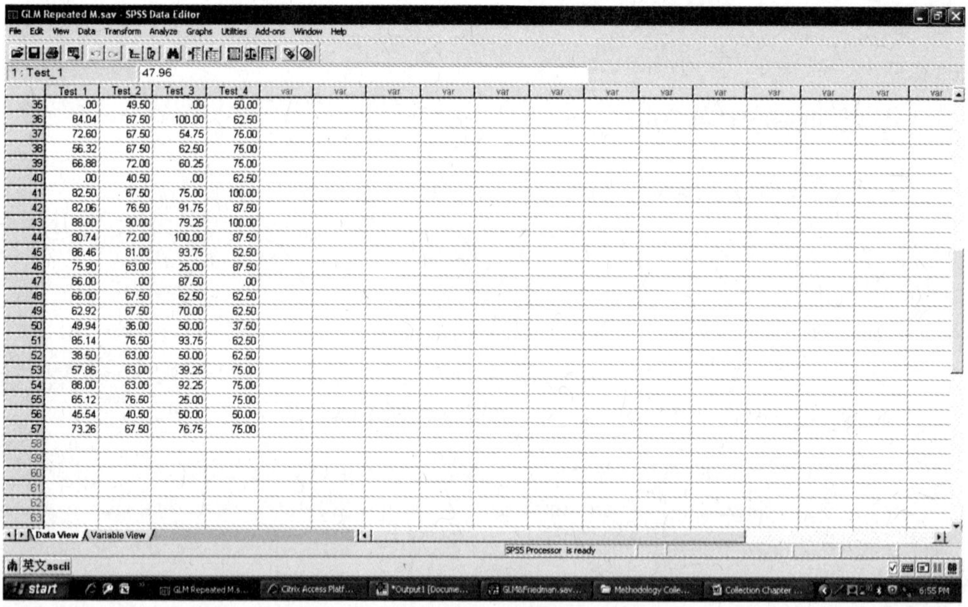

图 4.2.2b

4.2.5　一般线性模型重复测量方差法的具体操作过程

由于本研究的单自变量的四大类值是"组内变量"，且因变量是正态分布的，正确的参数分析方法应为一般线性模型重复测量方差法。

以下步骤显示 SPSS 中一般线性模型重复测量方差法的具体操作过程。

- 输入数据文件后,点击:**Analyze > General Linear Model > Repeated Measures**；

- 在 **Within Subject Factor Name** 方框,确定重复测量的变量名。我们在此定名为:**tests**

- 在 **Number of Levels**,选择:4

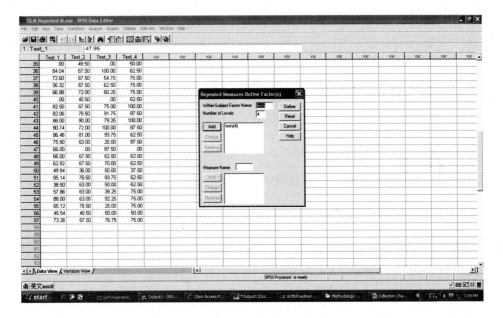

- 点击:**Add**,**Define**

- 将变量选入 **Within Subject Variables**

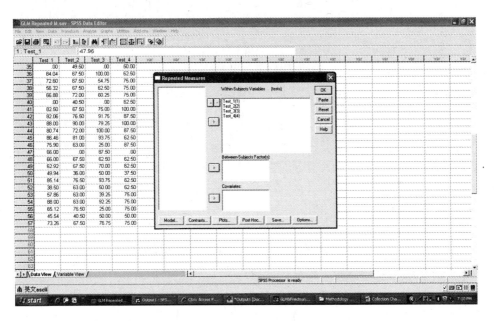

- 点击:**Contrasts**,(**polynomial**) 必须在括号内

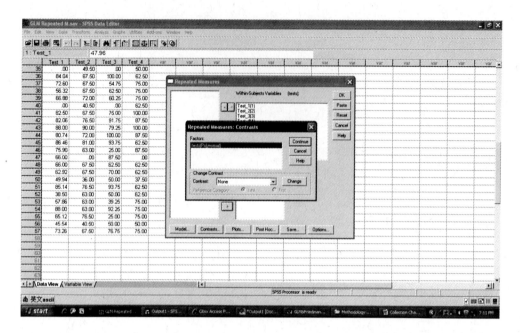

- 点击：**Options**，选择：**Descriptive Statistics** 和 **Estimates of effect size**

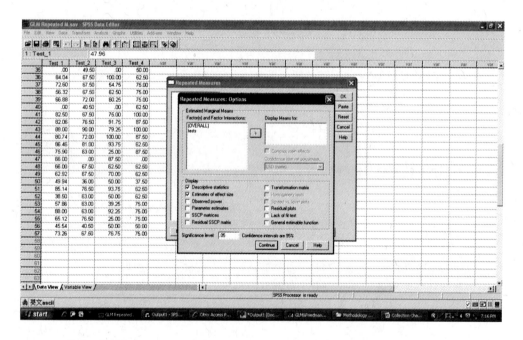

- 点击：**Continue**
- 点击 **OK**

SPSS 一般线性模型重复测量方差法生成的结果如表 4.2.1（a, b, c, d, e, f, g）所示。

4.2.6 对于统计结果的解释

这部分内容为没有统计学背景的社会科学研究人员在撰写规范结论之前理解 SPSS

生成的统计结果提供基础。

表 4.2.1a 一般线性模型重复测量方差法生成的统计数据——**Within-Subjects Factors**

Measure：MEASURE_1

tests	Dependent Variable
1	Test_1
2	Test_2
3	Test_3
4	Test_4

SPSS 生成的表 4.2.1a"Within-Subjects Factors"标明了四次重复测量值的自变量"tests"；该表同时标明了基于百分制的变量 Test_1,Test_2,Test_3,Test_4。

表 4.2.1b 一般线性模型重复测量方差法生成的统计数据——**Descriptives Statistics**

	Mean	Std. Deviation	N
The Scores of the First Test	60.4035	23.65771	57
The Scores of the Second Test	60.8684	21.07438	57
The Scores of the Third Test	69.6184	27.96989	57
The Scores of the Fourth Test	70.8333	21.56455	57

表 4.2.1b"Descriptive Statistics"列出了四次不同测验评估值的均值、标准偏差值和每次参加测验的有效人数。

表 4.2.1c 一般线性模型重复测量方差法生成的统计数据——**Multivariate Tests（b）**

Effect		Value	F	Hypothesis df	Error df	Sig.	Partial Eta Squared
tests	Pillai's Trace	.427	13.393（a）	3.000	54.000	.000	.427
	Wilks' Lambda	.573	13.393（a）	3.000	54.000	.000	.427
	Hotelling's Trace	.744	13.393（a）	3.000	54.000	.000	.427
	Roy's Largest Root	.744	13.393（a）	3.000	54.000	.000	.427

a Exact statistic

b Design：Intercept

   Within Subjects Design：tests

表 4.2.1c"Multivariate Tests"给出了四个类似的多变量组内效应值。该表显示,四个检验方法的 F 值均为统计显著(所有的 Sig.均小于 0.05)。如果"球状均匀一致性"假设(Sphericity Assumption)不成立(即"球状均匀一致性"假设被推翻)的话,研究必须使用多因子检验分析方法或其他对于自由度进行调整的步骤(如下面的分析所示)对统计结论进行分析。

表 4.2.1d　一般线性模型重复测量方差法生成的统计数据——Mauchly's Test of Sphericity(b)

Measure:MEASURE_1

Within Subjects Effect	Mauchly's W	Approx. Chi-Square	df	Sig.	Epsilon(a)		
					Greenhouse-Geisser	Huynh-Feldt	Lower-bound
tests	.200	88.037	5	.000	.506	.517	.333

Tests the null hypothesis that the error covariance matrix of the orthonormalized transformed dependent variables is proportional to an identity matrix.

a May be used to adjust the degrees of freedom for the averaged tests of significance. Corrected tests are displayed in the Tests of Within-Subjects Effects table.

b Design:Intercept

　　　　Within Subjects Design:tests

　　表 4.2.1d"Mauchly's Test of Sphericity"中的 Epsilon 检测了统计结果的球状一致度 (degree of sphericity)。因为所有的 Epsilon 都小于 1.00,所以"球状均匀一致性"假设不成立(即"球状均匀一致性"假设被推翻)。如上所述,如果"球状均匀一致性"假设不成立的话,研究必须使用多因子检验分析方法,或用 Epsilon 来调整自由度。通常而言,如果 Epsilon 大于 0.75,研究可选用 Huynh-Feldt 值来调整自由度;如果 Epsilon 小于 0.75,研究可选用 Greenhouse-Geisser 值来调整自由度。

　　表 4.2.1d 中 Test of Sphericity 的 Sig. = 0.000,同样表示了"球状均匀一致性"假设不成立(即"球状均匀一致性"假设被推翻)。

表 4.2.1e　一般线性模型重复测量方差法生成的统计数据——Tests of Within-Subjects Effects

Measure:MEASURE_1

Source		Type III Sum of Squares	df	Mean Square	F	Sig.	Partial Eta Squared
tests	Sphericity Assumed	5290.312	3	1763.437	4.686	.004	.077
	Greenhouse-Geisser	5290.312	1.517	3488.179	4.686	.019	.077
	Huynh-Feldt	5290.312	1.550	3413.134	4.686	.019	.077
	Lower-bound	5290.312	1.000	5290.312	4.686	.035	.077
Error(tests)	Sphericity Assumed	63225.894	168	376.345			
	Greenhouse-Geisser	63225.894	84.932	744.431			
	Huynh-Feldt	63225.894	86.799	728.415			
	Lower-bound	63225.894	56.000	1129.034			

　　在表 4.2.1e(Tests of Within-Subjects Effects)中,如果"球状均匀一致性"假设成立的话,研究应选用 Sphericity Assumed 一行的数据进行分析。然而,如果"球状均匀一致性"假设不成立的话,则应选用 Greenhouse-Geisser 或者 Huynh-Feldt 一行的数据来进行分析。

Greenhouse-Geisser 或者 Huynh-Feldt 在基于 Epsilon 是否大于或小于 0.75 的情况下,对自由度(df)进行相应的调整。因本例中的 Epsilon 小于 0.75,所以应选用 Greenhouse-Geisser 值来调整自由度,分别为:$0.506 \times 3 = 1.517$,和 $0.506 \times 168 = 84.932$,如表 Tests of Within-Subjects Effects 中的 Greenhouse-Geisser 一行的数据所示。

表 4.2.1f　一般线性模型重复测量方差法生成的统计数据——Tests of Within-Subjects Contrasts

Tests of Within-Subjects Contrasts

Measure：MEASURE_1

Source	tests	Type III Sum of Squares	df	Mean Square	F	Sig.	Partial Eta Squared
tests	Linear	4569.004	1	4569.004	15.201	.000	.213
	Quadratic	8.016	1	8.016	.067	.796	.001
	Cubic	713.292	1	713.292	1.005	.320	.018
Error(tests)	Linear	16832.517	56	300.581			
	Quadratic	6653.088	56	118.805			
	Cubic	39740.289	56	709.648			

表 4.2.1f,"Tests of Within-Subjects Contrasts"给出了统计结果的线性、二次和三次显著性。线性显著性(Linear)表示所有的测量均值呈显著线性关系,二次显著性表示测量均值出现一次均值的方向性转折,而三次显著性表示测量均值出现两次均值的方向性转折。在本例中,线性显著性 $p = 0.000$,表示统计均值线性显著。而二次及三次均为非显著,表明均值关系仅为一次显著线性关系,而不存在显著的方向性折变。

表 4.2.1g　一般线性模型重复测量方差法生成的统计数据——Tests of Between-Subjects Effects

Measure：MEASURE_1

Transformed Variable：Average

Source	Type III Sum of Squares	Df	Mean Square	F	Sig.	Partial Eta Squared
Intercept	976114.838	1	976114.838	869.878	.000	.940
Error	62839.161	56	1122.128			

由于本实例中不存在组间变量,表 4.2.1g "Tests of Between-Subjects Effects"并无实际意义。

4.2.7　撰写研究结果的中英文正式规范

表 4.2.2 为根据统计数据结果而制成的 APA 规范表格。

表 4.2.2　四次不同测验评估值的均值、标准偏差值

Variable	M	SD
Test 1	60.40	23.66
Test 2	60.87	21.07
Test 3	69.62	27.97
Test 4	70.83	21.56

根据表4.2.2,对于统计结果的规范写法如下:

  本研究使用了一般线性模型重复测量方差法,并结合了格林豪斯-基萨尔校正值,对于同一组学生在不同的时间参加的四次关于"量化研究统计方法论的应用分类理解"的测验结果的均值之间是否存在显著的统计差异进行了分析。研究结果表明,这组学生在不同的时间参加的四次关于"量化研究统计方法论的应用分类理解"的测验结果成绩均值之间存在显著统计差异,$F(1.517, 84.93) = 4.69, p < 0.05, \eta^2 = 0.08$。表4.2.2 显示了四次不同测验评估值的均值和标准偏差值。对于均值的进一步分析表明这组学生在参加了"量化研究统计方法论的应用分类系列讲座"后的测验成绩均值明显提高。多项对比分析进一步表明统计均值呈现线性(Linear)显著性,$F(1, 56) = 15.20, p < 0.001, \eta^2 = 0.213$,表明这组学生每次在参加了"量化研究统计方法论的应用分类系列讲座"后的测验成绩均有提高。由于二次(Quadratic)及三次(Cubic)均为非显著,表明这组学生每次在参加了系列讲座后的测验成绩均值为逐次性线性提高,而不存在突高突低的折变。

表4.2.3 为根据统计数据结果而制成的 APA 规范表格的英文格式。

Table 4.2.3 Means and Standard deviations for the Four Different Tests

Variable	M	SD
Test 1	60.40	23.66
Test 2	60.87	21.07
Test 3	69.62	27.97
Test 4	70.83	21.56

根据表4.2.3,对于统计结果的英文规范写法如下:

  A GLM Repeated Measures ANOVA, with the Greenhouse-Geisser correction, was conducted to determine whether there were significant differences among the average test scores of the four tests given at different points of time to the same group of students. The GLM Repeated Measures ANOVA results indicated that the students scored differently among four different tests, $F(1.517, 84.93) = 4.69, p < 0.05, \eta^2 = 0.08$. The means and standard deviations for the different tests are illustrated in Table 4.2.3. A closer look at the means reveals that the students' average scores for each test became higher after their attendance at the Quantitative Methodology Research Seminar. Polynomial contrasts demonstrated that there was a significant linear trend, $F(1, 56) = 15.20, p < 0.001, \eta^2 = 0.213$, which indicated a consistent positive improvement of mean test scores after each research seminar. However, there was no significant quadratic or cubic trend, meaning the positive improvement was linearly consistent without any reverse change during the process.

5 单自变量拥有三个或三个以上类值的非参数 分析方法实例

5.1 克鲁斯卡尔-华利斯检验法实例

如果在社会科学的具体研究中,研究的单自变量的三个或三个以上类值均为"组间变量",而因变量是有序变量,并设各有序变量之间的差值为非等距的,正确的非参数分析法应选用克鲁斯卡尔-华利斯检验法。实例如下 。

5.1.1 实例背景

本研究将样本院校分为三大类:全国重点大学、地方重点大学、非重点大学。研究实录了这三大类院校学生在实验类、心理类、统计类、社会科学类、微积分类课程中的学习评估有序值(基于 A,B,C,D,F),而在"A 与 B"、"B 与 C"、"C 与 D"等变量之间的差值是非等距的。

5.1.2 克鲁斯卡尔-华利斯检验法研究变量关系的图示

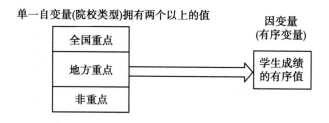

图 5.1.1   克鲁斯卡尔-华利斯检验法变量图

5.1.3 研究问题的中英文规范写法

比较与分析学生在实验类、心理类、统计类、社会科学类、微积分类课程中的学习评估值的有序值,不同类院校(全国重点大学、地方重点大学和非重点大学)的学生在各类学科的学习评估值上(基于 A,B,C,D,F)是否存在显著的统计差异?

Do different school types (Research One, Research Two, and Local University) have significantly different effects upon university students' academic performance in their courses such as lab experiment, psychology, statistics, social sciences, and calculus, based on the ordinal assessment ratings of A, B, C, D, and F?

5.1.4 本研究输入 SPSS 后的具体数据

本研究输入 SPSS 后的具体数据如图 5.1.2.所示。

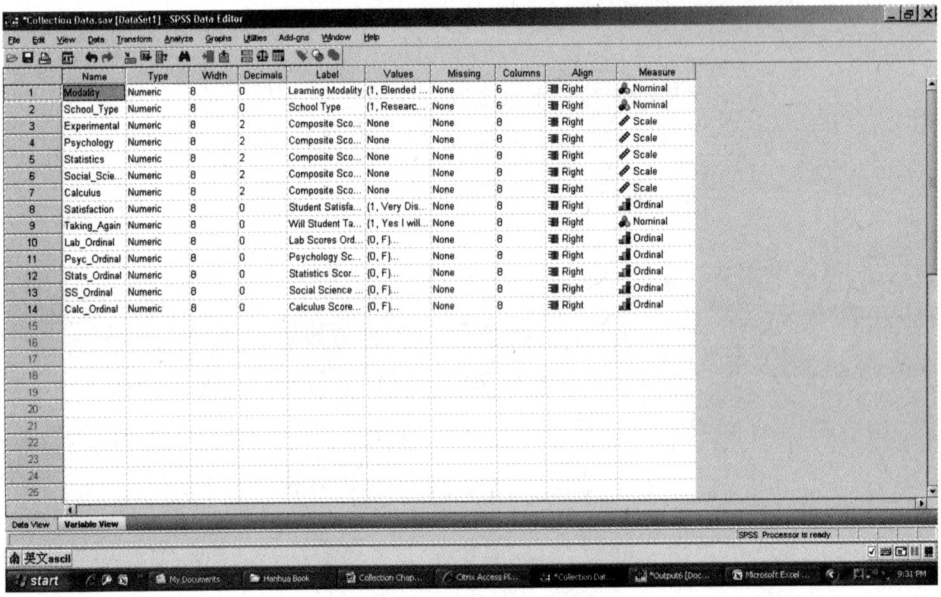

	Name	Type	Width	Decimals	Label	Values	Missing	Columns	Align	Measure
1	Modality	Numeric	8	0	Learning Modality	{1, Blended ...	None	6	Right	Nominal
2	School_Type	Numeric	8	0	School Type	{1, Researc...	None	6	Right	Nominal
3	Experimental	Numeric	8	2	Composite Sco...	None	None	8	Right	Scale
4	Psychology	Numeric	8	2	Composite Sco...	None	None	8	Right	Scale
5	Statistics	Numeric	8	2	Composite Sco...	None	None	8	Right	Scale
6	Social_Scie...	Numeric	8	2	Composite Sco...	None	None	8	Right	Scale
7	Calculus	Numeric	8	2	Composite Sco...	None	None	8	Right	Scale
8	Satisfaction	Numeric	8	0	Student Satisfa...	{1, Very Dis...	None	8	Right	Ordinal
9	Taking_Again	Numeric	8	0	Will Student Ta...	{1, Yes I will...	None	8	Right	Nominal
10	Lab_Ordinal	Numeric	8	0	Lab Scores Ord...	{0, F}...	None	8	Right	Ordinal
11	Psyc_Ordinal	Numeric	8	0	Psychology Sc...	{0, F}...	None	8	Right	Ordinal
12	Stats_Ordinal	Numeric	8	0	Statistics Scor...	{0, F}...	None	8	Right	Ordinal
13	SS_Ordinal	Numeric	8	0	Social Science ...	{0, F}...	None	8	Right	Ordinal
14	Calc_Ordinal	Numeric	8	0	Calculus Score...	{0, F}...	None	8	Right	Ordinal

图 5.1.2a SPSS 的 Variable View

5.1.5 克鲁斯卡尔-华利斯检验法的具体操作过程

由于本案例的单自变量的三大类值是"组间变量",而因变量是有序变量,正确的非参数分析法应选用克鲁斯卡尔-华利斯检验法。以下步骤显示 SPSS 对于克鲁斯卡尔-华利斯检验法的具体操作过程。输入数据文件后,点击:

➢ **Analyze**

➢ **Nonparametric Tests**

➢ <u>K</u> Independent Samples

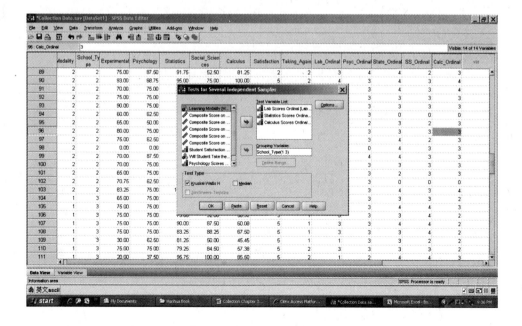

图 5.1.2b　SPSS 的 Data View

选择：

➢ Lab Scores Ordinal，Psychology Scores Ordinal，Calculus Scores Score Ordinal（有序
成绩值）=> **Test Variable List**：

选择：School Type（不同类院校…=> **Grouping Variable**：

定义不同的组值范围（Define Range 1 and 3），即1,2,3。

选择：**KRUSKAL-WALLIS H => OK**

SPSS对于克鲁斯卡尔-华利斯的检验生成的结果如表5.1.1(a与b)所示。

5.1.6 对于克鲁斯卡尔-华利斯检验法的统计结果的解释

表5.1.1a 克鲁斯卡尔-华利斯检验法的生成的统计数据——RANKS

	School Type	N	Mean Rank
Lab Scores Ordinal	Research One（National Leading）	51	81.50
	Research Two（Local Leading）	52	83.92
	Local Applicational（Non-Leading）	57	76.48
	Total	160	
Statistics Scores Ordinal	Research One（National Leading）	51	83.86
	Research Two（Local Leading）	52	74.85
	Local Applicational（Non-Leading）	57	82.65
	Total	160	
Calculus Scores Ordinal	Research One（National Leading）	51	91.77
	Research Two（Local Leading）	52	91.10
	Local Applicational（Non-Leading）	57	60.75
	Total	160	

与第3章第1节中介绍的曼恩-惠特尼U检验中所讨论的实例相仿，表5.1.1a "Ranks"提供了所有因变量的均值排列（Mean Ranks）。在Ranks表中，克鲁斯卡尔-华利斯检验法的统计结果给出了对于所有自变量类型（全国重点、地方重点和非重点院校）的因变量（成绩有序值）的均值排列。

表5.1.1b 克鲁斯卡尔—华利斯检验法的生成的统计数据——Test Statistics[a,b]

	Lab Scores Ordinal	Statistics Scores Ordinal	Calculus Scores Ordinal
Chi-Square	.936	1.341	18.321
df	2	2	2
Asymp. Sig.	.626	.511	.000

a.Kruskal Wallis Test

b.Grouping Variable：School Type

根据SPSS生成的表5.1.1b "Tst Statistics"所示，"微积分类学习成绩有序值"（Calculus Scores Ordinal）的Asymp. Sig.的值为$p = 0.000$，说明其差异为统计显著。所以可得结论，比较学生在实验类、心理类、统计类、社会科学类、微积分类课程中的学习评估值,学生在"微积分类学习成绩有序值"上存在显著的统计差异。全国重点大学本科大学生的"微积分类学习成绩有序值"的均值排序为91.77;地方重点大学本科大学生的"微积分类学习成绩有序值"的均值排序为91.10;而非重点大学本科大学生的"微积分类学习成绩有序值"的均值排序为60.75。表5.1.1b同时表明,不同类型院校的学生在其他类学科的学习成绩有序值上不存在显著统计差异（所有其

他的 p 值均大于 0.05）。在这种情况下，由于克鲁斯卡尔华利斯检验法尚不存在续后分析步骤，研究必须进一步使用曼恩-惠特尼 U 检验来分析每对可能组合变量之间的统计差异。

必须指出的是，在使用克鲁斯卡尔-华利斯法进行统计检验时，正确的显著关键值应定为 0.05 除以 3，即 $0.05/3 = 0.017$，称为 Ronferonni 校正值。由于克鲁斯卡尔-华利斯检验法与单因素方差分析法（Oneway ANOVA）在撰写规范上十分相似，读者可以参考第 4 章第 1 节中的"撰写研究结果的正式规范"的实例来生成规范表格和撰写规范结论。读者可以进一步参考有关文献加深对克鲁斯卡尔-华利斯法法的理论基础和操作过程的理解（Field，2009；Green & Salkind，2007；Leech，Barrett and Morgan，2004）。

5.2 对于单自变量含有三个以上组间类值的卡方分析法

如果在社会科学的具体研究中，研究的单自变量的三个（或三个以上）类值均为"组间变量"，而因变量是名义变量或两分变量，正确的统计分析方法应选择卡方分析法（χ^2）。请参照第 3 章第 3 节：卡方分析法（χ^2）实例中对于实例背景、研究问题的规范写法；卡方分析法（χ^2）的具体操作过程、对于统计结果的解释；撰写研究结果的正式规范的详细讨论。本节对卡方分析法不再赘述。

5.3 弗里德曼检验法实例

如果研究中的单自变量的三个或三个以上类值均为"组内变量"，而因变量是有序变量（或具有显著非一致性），正确的方法应选择弗里德曼法（FRIEDMAN Test）。实例如下。

5.3.1 实例背景

本研究比较研究同一组学生对于量化研究统计方法论的应用分类理解评估值（基于 A，B，C，D，F 不等间距有序值）。这组学生在不同的时间参加了四次关于"量化研究统计方法论的应用分类理解"的测验。第一次测验在他们参加了"量化研究统计方法论的应用分类系列讲座"之前，第二次测验在他们参加了"量化研究统计方法论的应用分类系列讲座一"之后，第三次测验在他们参加了"量化研究统计方法论的应用分类系列讲座二"之后；第四次测验在"量化研究统计方法论的应用分类系列讲座"结束的三个月后。

5.3.2 弗里德曼检验法研究变量关系的图示

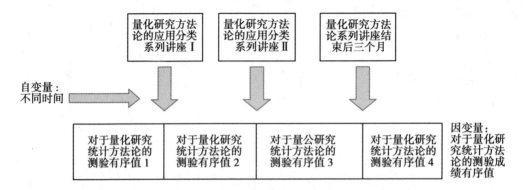

图 5.3.1 弗里德曼检验法变量关系

5.3.3 研究问题的中英文规范写法

比较同一组学生在不同的时间参加的四次关于"量化研究统计方法论的应用分类理解"的测验结果,四次不同测验的基于 A,B,C,D,F 的评估成绩有序值之间是否存在显著的统计差异?

For the same group of researchers and doctoral students, four tests on the "Applied Categorizations of Quantitative Statistical Research Methodology" were conducted. Test 1 was conducted prior to the Quantitative Methodology Research Seminar Series; Test 2 was conducted at the end of the Quantitative Methodology Research Seminar I; Test 3 was conducted at the end of the Quantitative Methodology Research Seminar II; Test 4 was conducted three months after the Research Seminar Series was completed. Were there significant differences among the ordinal test ratings (based on A, B, C, D, and F)?

5.3.4 本研究输入 SPSS 后的具体数据

本研究输入 SPSS 后的具体数据如图 5.3.2:

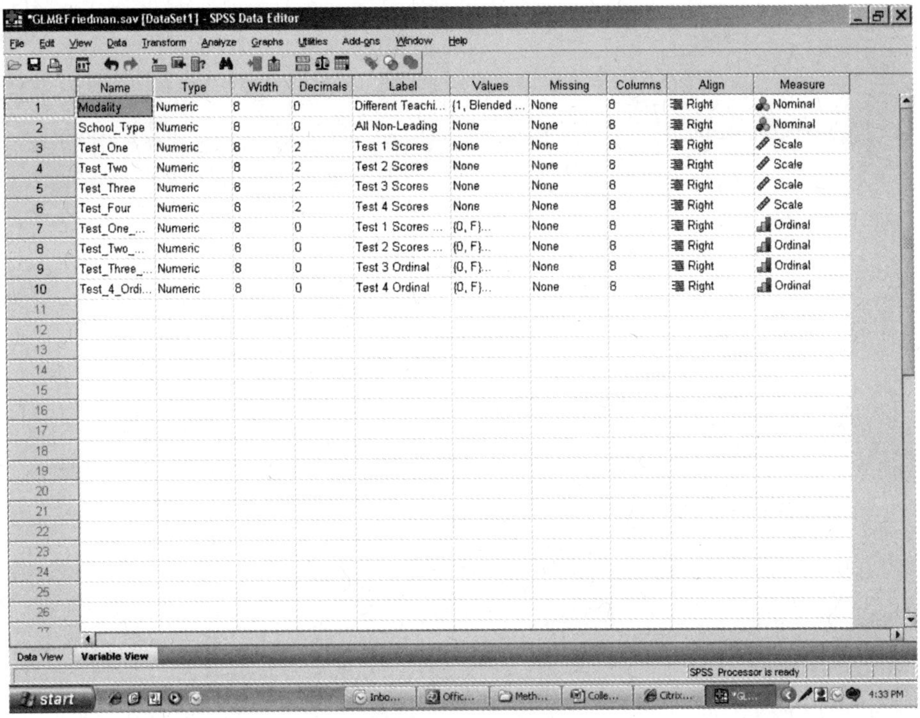

	Name	Type	Width	Decimals	Label	Values	Missing	Columns	Align	Measure
1	Modality	Numeric	8	0	Different Teachi...	{1, Blended ...	None	8	Right	Nominal
2	School_Type	Numeric	8	0	All Non-Leading	None	None	8	Right	Nominal
3	Test_One	Numeric	8	2	Test 1 Scores	None	None	8	Right	Scale
4	Test_Two	Numeric	8	2	Test 2 Scores	None	None	8	Right	Scale
5	Test_Three	Numeric	8	2	Test 3 Scores	None	None	8	Right	Scale
6	Test_Four	Numeric	8	2	Test 4 Scores	None	None	8	Right	Scale
7	Test_One_...	Numeric	8	0	Test 1 Scores ...	{0, F}...	None	8	Right	Ordinal
8	Test_Two_...	Numeric	8	0	Test 2 Scores ...	{0, F}...	None	8	Right	Ordinal
9	Test_Three_...	Numeric	8	0	Test 3 Ordinal	{0, F}...	None	8	Right	Ordinal
10	Test_4_Ordi...	Numeric	8	0	Test 4 Ordinal	{0, F}...	None	8	Right	Ordinal

图 5.3.2a

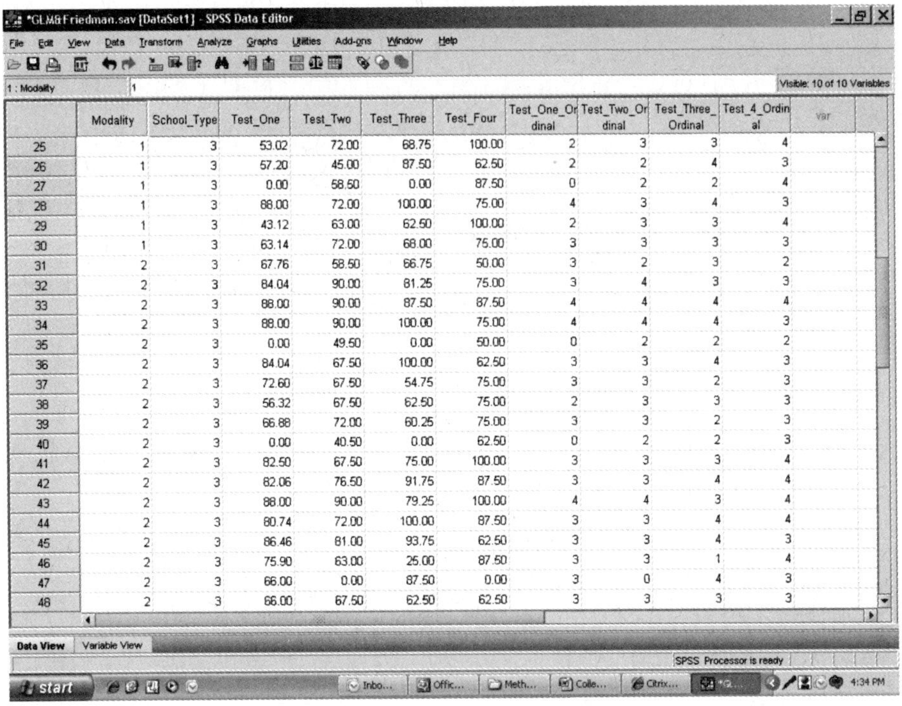

	Modality	School_Type	Test_One	Test_Two	Test_Three	Test_Four	Test_One_Ordinal	Test_Two_Ordinal	Test_Three_Ordinal	Test_4_Ordinal	var
25	1	3	53.02	72.00	68.75	100.00	2	3	3	4	
26	1	3	57.20	45.00	87.50	62.50	2	2	4	3	
27	1	3	0.00	58.50	0.00	87.50	0	2	2	4	
28	1	3	88.00	72.00	100.00	75.00	4	3	4	3	
29	1	3	43.12	63.00	62.50	100.00	2	3	3	4	
30	1	3	63.14	72.00	68.00	75.00	3	3	3	3	
31	2	3	67.76	58.50	66.75	50.00	3	2	3	2	
32	2	3	84.04	90.00	81.25	75.00	3	4	3	3	
33	2	3	88.00	90.00	87.50	87.50	4	4	4	4	
34	2	3	88.00	90.00	100.00	75.00	4	4	4	3	
35	2	3	0.00	49.50	0.00	50.00	0	2	2	2	
36	2	3	84.04	67.50	100.00	62.50	3	3	4	3	
37	2	3	72.60	67.50	54.75	75.00	3	3	2	3	
38	2	3	56.32	67.50	62.50	75.00	2	3	3	3	
39	2	3	66.88	72.00	60.25	75.00	3	3	2	3	
40	2	3	0.00	40.50	0.00	62.50	0	2	2	3	
41	2	3	82.50	67.50	75.00	100.00	3	3	3	4	
42	2	3	82.06	76.50	91.75	87.50	3	3	4	4	
43	2	3	88.00	90.00	79.25	100.00	4	4	3	4	
44	2	3	80.74	72.00	100.00	87.50	3	3	4	4	
45	2	3	86.46	81.00	93.75	62.50	3	3	4	3	
46	2	3	75.90	63.00	25.00	87.50	3	3	1	4	
47	2	3	66.00	0.00	87.50	0.00	3	0	4	3	
48	2	3	66.00	67.50	62.50	62.50	3	3	3	3	

图 5.3.2b

5.3.5 弗里德曼检验法的具体操作过程

由于本案例中的单自变量的三个或三个以上类值均为"组内变量",而因变量是有序变量,研究选用非参数分析方法弗里德曼检验法。以下步骤显示 SPSS 对于弗里德曼检验法的具体操作过程。输入数据文件后,点击:

> **Analyze**
> **Nonparametric**
> **K Related Samples**

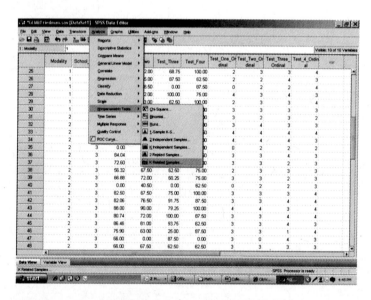

选择:Test 1 Scores Ordinal,Test 2 Scores Ordinal,Test 3 Ordinal,Test 4 Ordinal => **Test Variables**;选择 **Friedman**:

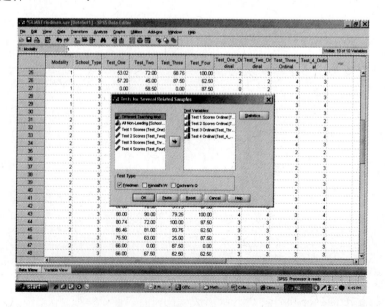

点击 **OK**。

SPSS 对于非参数分析方法弗里德曼检验法生成的结果如表5.3.1(a与b)所示。

5.3.6 对于统计结果的解释

表 5.3.1a **弗里德曼检验法生成的统计数据——RANKS**

	Mean Rank
Test 1 Scores Ordinal	2.05
Test 2 Scores Ordinal	2.18
Test 3 Ordinal	2.90
Test 4 Ordinal	2.86

弗里德曼检验法生成的结果的解释与威斯康星检验法生成的结果的解释非常相似。表 5.3.1a"Ranks"给出了每次测验的成绩有序值的均值排列。

表 5.3.1b **弗里德曼检验法生成的统计数据——Test Statistics[a]**

N	57.000
Chi-Square	30.858
df	3.000
Asymp. Sig.	.000

a.Friedman Test

表 5.3.1b"Test Statistics"中的 Asymp.Sig. $= 0.000, p < 0.05$。所以可以得出结论,对于这组学生,他们的不同测验的评估成绩有序值之间存在显著差异。根据均值排列数据,这组学生在每次参加了系列讲座后的测验评估值逐次提高。读者可以进一步参考有关文献加深对弗里德曼检验法的理论基础和操作过程的理解(Gliner & Morgan,2006;Leech, Barrett, & Morgan,2004)。

5.3.7 撰写研究结果的中英文正式规范

本研究使用了弗里德曼检验法,对同一组学生在不同的时间参加的四次关于"量化研究统计方法论的应用分类理解"的基于 A,B,C,D,F 的评估成绩有序值的测验结果之间是否存在显著统计差异进行了统计分析。统计结果表明,对于这一组学生,他们在不同时间参加的四次测验的评估有序值之间存在显著差异,$\chi^2(3, N=57) = 30.86, p < 0.05$。根据均值排列,这组学生每次在参加了系列讲座后的测验评分值逐次提高。每对可能组合的变量之间的均值排列差异可以进一步用威斯康星检验法方法进行对比分析。

For the same group of students, a Friedman test was performed to identify if there were significant differences among the mean ranks of the ordinal test ratings for four tests conducted at four different points of time. The test indicated that there was a significant difference among the ordinal ratings, $\chi^2(3, N=57) = 30.86, p < 0.05$.

The mean ranks revealed that each of the assessment ratings became higher after each Quantitative Methodology Research Seminar. Further contrast tests may be executed using the Wilcoxon test to identify the significance levels between each possible pair of the variable ratings.

5.4 考克然-Q 检验法实例

如果研究中的单自变量的三个或三个以上类值均为"组内变量",而因变量是名义变量或两分变量,正确的非参数分析法应选择考克然-Q 检验法。实例如下。

5.4.1 实例背景

本研究对同一组学生关于量化研究统计方法论的应用分类理解的评估值行了比较研究。这组学生在不同的时间参加了四次关于"量化研究统计方法论的应用分类理解"的评估测验。第一次评估在他们参加"量化研究统计方法论的应用分类系列讲座"之前,第二次评估在他们参加了"量化研究统计方法论的应用分类系列讲座一"之后,第三次评估在他们参加了"量化研究统计方法论的应用分类系列讲座二"之后;第四次评估在"量化研究统计方法论的应用分类系列讲座"结束的三个月后。研究的因变量为教授基于每个学生在每次不同评估测验所得到的评估结果,而决定是否向博士指导小组推荐该学生的博士候选资格。因此,因变量是名义变量或两分变量(即推荐、不推荐)。

5.4.2 考克然-Q 检验法研究变量关系的图示

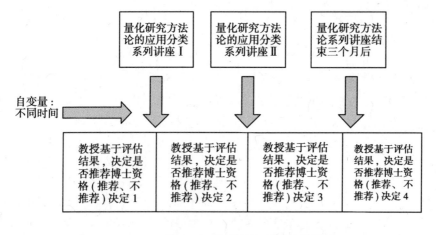

图 5.4.1 考克然-Q 检验法变量关系

5.4.3 研究问题的中英文规范写法

同一组学生在不同的时间参加了四次关于“量化研究统计方法论的应用分类理解”的评估测验。比较教授基于每个学生在不同评估测验所得到的评估结果而决定是否向博士指导小组推荐该学生的博士候选资格的统计分析，四次不同的教授对于学生“是否推荐”的两分变量的统计值之间否存在显著差异？

For the same group of doctoral students, four tests on the “Applied Categorizations of Quantitative Statistical Research Methodology” were given. Test 1 was given prior to the Quantitative Methodology Research Seminar Series; Test 2 was given at the end of the Quantitative Methodology Research Seminar Ⅰ; Test 3 was given at the end of the Quantitative Methodology Research Seminar Ⅱ; Test 4 was given three months after the Research Seminar Series was completed. Based on the assessment of the test scores of each student after each test, the professor was to make a decision if he would recommend the student to the Doctoral Committee as one to be qualified as the doctoral candidate. Comparing the statistical results after four tests given at different times, was there a general significant difference among the professor's different recommendation decisions overall?

5.4.4 本研究输入 SPSS 后的具体数据

本研究输入 SPSS 后的具体数据如图 5.4.2 所示。

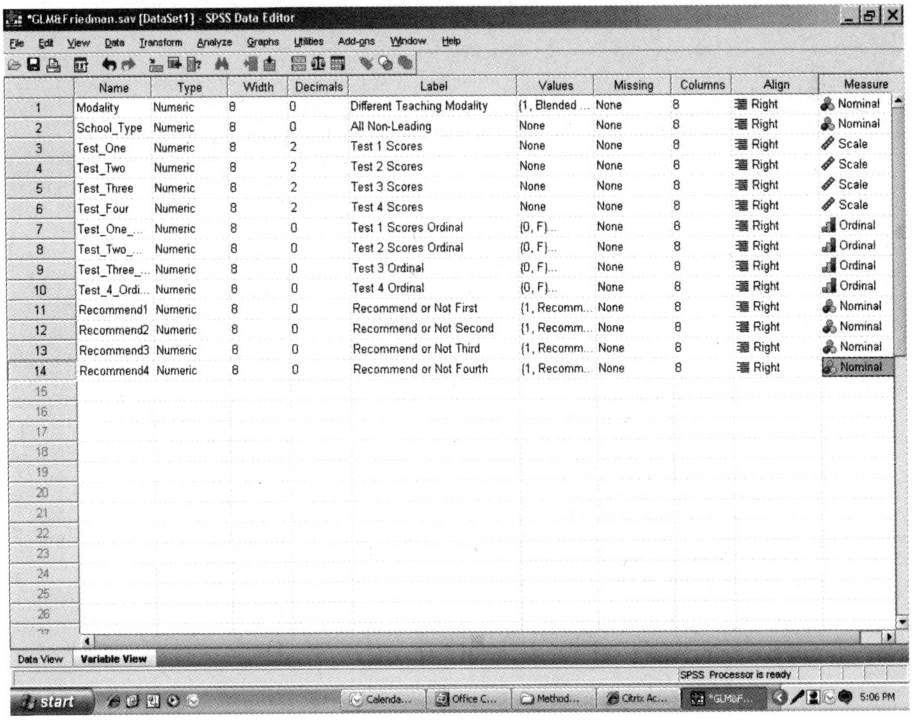
*GLM&Friedman.sav [DataSet1] - SPSS Data Editor

	Name	Type	Width	Decimals	Label	Values	Missing	Columns	Align	Measure
1	Modality	Numeric	8	0	Different Teaching Modality	{1, Blended ...	None	8	Right	Nominal
2	School_Type	Numeric	8	0	All Non-Leading	None	None	8	Right	Nominal
3	Test_One	Numeric	8	2	Test 1 Scores	None	None	8	Right	Scale
4	Test_Two	Numeric	8	2	Test 2 Scores	None	None	8	Right	Scale
5	Test_Three	Numeric	8	2	Test 3 Scores	None	None	8	Right	Scale
6	Test_Four	Numeric	8	2	Test 4 Scores	None	None	8	Right	Scale
7	Test_One_...	Numeric	8	0	Test 1 Scores Ordinal	{0, F}...	None	8	Right	Ordinal
8	Test_Two_...	Numeric	8	0	Test 2 Scores Ordinal	{0, F}...	None	8	Right	Ordinal
9	Test_Three_...	Numeric	8	0	Test 3 Ordinal	{0, F}...	None	8	Right	Ordinal
10	Test_4_Ordi...	Numeric	8	0	Test 4 Ordinal	{0, F}...	None	8	Right	Ordinal
11	Recommend1	Numeric	8	0	Recommend or Not First	{1, Recomm...	None	8	Right	Nominal
12	Recommend2	Numeric	8	0	Recommend or Not Second	{1, Recomm...	None	8	Right	Nominal
13	Recommend3	Numeric	8	0	Recommend or Not Third	{1, Recomm...	None	8	Right	Nominal
14	Recommend4	Numeric	8	0	Recommend or Not Fourth	{1, Recomm...	None	8	Right	Nominal

图 5.4.2a

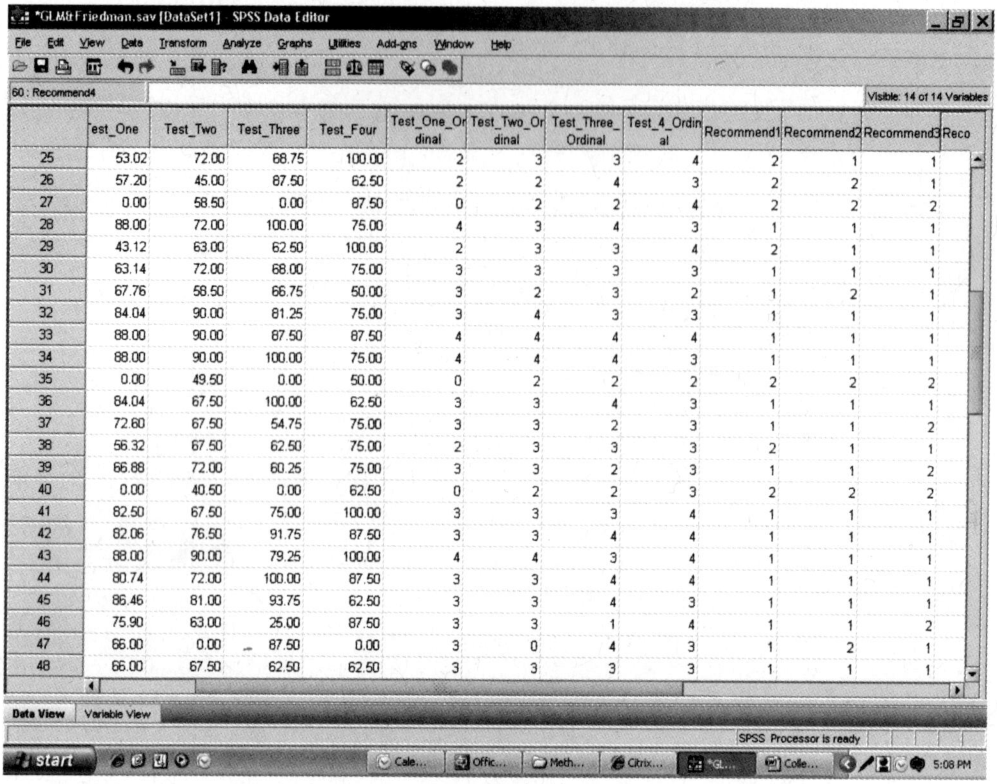

	Test_One	Test_Two	Test_Three	Test_Four	Test_One_Ordinal	Test_Two_Ordinal	Test_Three_Ordinal	Test_4_Ordinal	Recommend1	Recommend2	Recommend3	Reco
25	53.02	72.00	68.75	100.00	2	3	3	4	2	1	1	
26	57.20	45.00	87.50	62.50	2	2	4	3	2	2	1	
27	0.00	58.50	0.00	87.50	0	2	2	4	2	2	2	
28	88.00	72.00	100.00	75.00	4	3	4	3	1	1	1	
29	43.12	63.00	62.50	100.00	2	3	3	4	2	1	1	
30	63.14	72.00	68.00	75.00	3	3	3	3	1	1	1	
31	67.76	58.50	66.75	50.00	3	2	3	2	1	2	1	
32	84.04	90.00	81.25	75.00	3	4	3	3	1	1	1	
33	88.00	90.00	87.50	87.50	4	4	4	4	1	1	1	
34	88.00	90.00	100.00	75.00	4	4	4	3	1	1	1	
35	0.00	49.50	0.00	50.00	0	2	2	2	2	2	2	
36	84.04	67.50	100.00	62.50	3	3	4	3	1	1	1	
37	72.60	67.50	54.75	75.00	3	3	2	3	1	1	2	
38	56.32	67.50	62.50	75.00	2	3	3	3	2	1	1	
39	66.88	72.00	60.25	75.00	3	3	2	3	1	1	2	
40	0.00	40.50	0.00	62.50	0	2	2	3	2	2	2	
41	82.50	67.50	75.00	100.00	3	3	3	4	1	1	1	
42	82.06	76.50	91.75	87.50	3	3	4	4	1	1	1	
43	88.00	90.00	79.25	100.00	4	4	3	4	1	1	1	
44	80.74	72.00	100.00	87.50	3	3	4	4	1	1	1	
45	86.46	81.00	93.75	62.50	3	3	4	3	1	1	1	
46	75.90	63.00	25.00	87.50	3	3	1	4	1	1	2	
47	66.00	0.00	87.50	0.00	3	0	4	3	1	2	1	
48	66.00	67.50	62.50	62.50	3	3	3	3	1	1	1	

图 5.4.2b

5.4.5 考克然-Q 检验法的具体操作过程

由于本研究的单自变量的三个或三个以上类值均为“组内变量”,而因变量是名义变量或两分变量,正确的非参数分析法应选择考克然-Q 检验法。

以下步骤显示 SPSS 对于考克然-Q 检验法的具体操作过程。

输入数据文件后,点击:

- **Analyze**
- **Nonparametric**
- **K Related Samples**

选择:Recommend or Not First,Recommend or Not Second,Recommend or Not Third,Recommend or Not Fourth(教授推荐与否)... => **Test Variables**;选择 **Cochran's Q**:

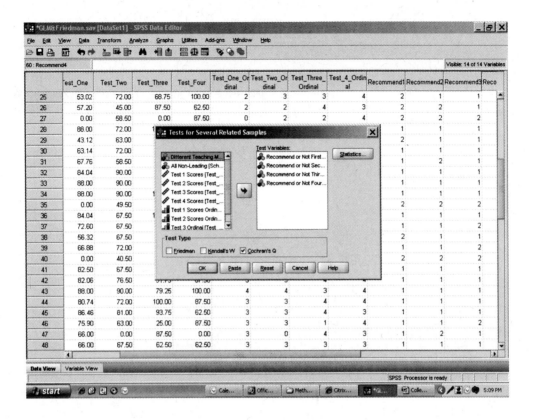

点击 **OK**。

SPSS 对于考克然-Q 检验法生成的结果如表 5.4.1a 与 5.4.1b 所示。

5.4.6　对于统计结果的解释

表 5.4.1a　考克然-Q 检验法生成的统计数据——**Frequencies**

	Value	
	1	2
Recommend or Not First	33	24
Recommend or Not Second	39	18
Recommend or Not Third	45	12
Recommend or Not Fourth	48	9

表 5.4.1a"Frequencis"表明,教授在第一次、第二次、第三次,第四次测验评估后作出的"推荐"决定的数量分别为 33,39,45,48;而"不推荐"的数量分别为 24,18,12,9。因此对这组学生,教授在每次参加量化研究培训讲座后对于量化研究统计方法论的应用分类理解的评估值而决定向博士指导小组推荐学生博士候选资格的数目逐次递增;反之,教授基于这组学生在每次参加了量化研究培训讲座后对于量化研究统计方法论的应用分类理解的评估值而决定不向博士指导小组推荐学生博士候选资格的数目逐次递减。

表 5.4.1b 考克然-Q 检验法生成的统计数据——**Test Statistics**

N	57.000
Cochran's Q	14.615[a]
Df	3.000
Asymp. Sig.	.002

a.2 is treated as a success.

5.4.1b"Test Statistics" 中的 Asymp.Sig. = 0.002, $p<0.05$。因此,教授基于这组学生在每次参加了量化研究培训讲座后对于量化研究统计方法论的应用分类理解的评估值而决定是否向博士指导小组推荐学生博士候选资格的统计值存在总体显著差异。

由于考克然-Q 检验法尚不存在续后分析步骤,进一步研究采用麦克尼马尔分析法(MCNEMAR)对每对可能的变量值的组合进行差异分析。就本实例而言,因为研究变量拥有四个不同的类值,所以,可能的变量组合对的数目为:4! /2! (4-2)! = 24/6 = 6 对。因此,可用麦克尼马尔分析法对这六对变量的每对进行差异分析。关于麦克尼马尔分析法操作步骤的详细讨论可参见第 3 章第 4 节。读者可以进一步参考有关文献加深对考克然-Q 检验法的理论基础和操作过程的理解(Gliner & Morgan,2006;Leech,Barrett,& Morgan,2004)。

5.4.7 撰写研究结果的中英文正式规范

本研究使用了考克然-Q 检验法,对于教授基于同一组学生在每次参加了量化研究培训讲座后对于量化研究统计方法论的应用分类理解的评估值而决定是否向博士指导小组推荐学生博士候选资格的统计值是否存在显著差异进行了分析。统计结果表明,基于四次测验评估值,教授对于这组学生在每次参加了量化研究培训讲座后对于量化研究统计方法论的应用分类理解的评估值而决定是否向博士指导小组推荐学生博士候选资格的统计值存在总体显著差异,Cochran's Q(3,N=57) = 14.62, $p<0.05$。教授决定向博士指导小组推荐学生博士候选资格的数目逐次递增;而教授决定不向博士指导小组推荐学生博士候选资格的数目逐次递减。每对可能组合的变量之间的差异可以进一步用麦克尼马尔分析法进行对比分析。

For the same group of doctoral students, four tests on the "Applied Categorizations of Quantitative Statistical Research Methodology" were given. Test 1 was given prior to the Quantitative Methodology Research Seminar Series; Test 2 was given at the end of the Quantitative Methodology Research Seminar I; Test 3 was given at the end of the Quantitative Methodology Research Seminar II; Test 4 was given three months after the Research Seminar Series was completed. Based on the assessment of the test scores of each student after each test, the professor was to make a decision if he would recommend the student to the Doctoral Committee for the student to be qualified as a doctoral candidate. Comparing the statistical results after four tests given at different times, the Cochran-Q Test was performed to identify if there was a general significant difference among professor's recommendation decisions overall. The test results indicated that there was a significant different effect upon the professor's decision levels, Cochran's $Q(3, N = 57) = 14.62, p < 0.05$. The professor would recommend more students to the Doctoral Committee for Candidacy after each Research Seminar based on the assessment values.

6 多自变量、单因变量无交互性比较研究实例

6.1 所有的自变量均是"组间变量"，
因变量为单一变量且为正态分布

如果在社会科学具体研究中的所有自变量均是"组间变量"，因变量为单一变量且为正态分布，正确的分析方法应选用析因方差分析法。实例如下。

6.1.1 实例背景

本研究为在前面章节中所讨论的关于学习理论和教学方法论的大型研究的延续。研究对参加不同教学模式（"混合教学模式"与"传统教学模式"）的学生在微积分类课程中学习成绩（基于百分制）的综合均值是否存在显著差异进行了比较研究。

同时，研究对不同类型院校（全国重点大学、地方重点大学和非重点大学）学生微积分类课程中的学习成绩（基于百分制）的综合均值是否存在显著差异进行了比较研究。

研究对参加不同教学模式与不同类型院校的学生在微积分类课程中的学习成绩上的交互关系进行了比较研究。

本研究总的研究类型属于 2×3 析因方差分析。因为在本研究中，第一个自变量有两大类别（混合教育模式与传统教育模式）；第二个自变量有三大类别（全国重点大学、地方重点大学和非重点大学），因变量为正态分布的数据，正确的分析方法应选用 2×3 析因方差分析法（2×3 Factorial ANOVA）。

研究首先比较与分析在两类不同教学模式（混合教育模式与传统教育模式）和三类不同院校（全国重点大学、地方重点大学和非重点大学）之间对于因变量（学生微积分类课程中的学习成绩的综合均值）是否存在显著统计交互性。

如果不同教育模式与不同院校类型之间不存在显著统计交互性，研究将进一步分别对不同教育模式以及不同院校类型两大主自变量各自进行统计差异分析。然而，如

果不同教育模式与不同院校类型之间存在着显著统计交互性,研究必须先对统计交互性进行分析,然后再分别对不同教育模式以及不同院校类型两大自变量各自进行统计差异分析,并对每组子自变量值进行均值比较分析(Leech, Barrett, & Morgan 2004)。单因素方差(单变项变异数)分析法和 TUKEY 检测法可作为续后分析的分析工具。在许多同类研究项目中,根据研究的特点和要求,研究者可以事先制定研究计划,进一步使用独立样本 T 检验法来确定单对变量之间的差异关系。例如,全国重点院校参加混合教学模式与传统教学模式的学生在微积分类课程中的学习成绩的综合均值上是否存在显著统计差异;地方重点院校参加混合教学模式与传统教学模式的学生在微积分类课程中的学习成绩的综合均值上是否存在显著统计差异;以及非重点院校参加混合教学模式与传统教学模式的学生在微积分类课程中的学习成绩的综合均值上是否存在显著统计差异,等等。

6.1.2　研究变量关系的图示

本范例研究变量的关系如图 6.1.1 所示。

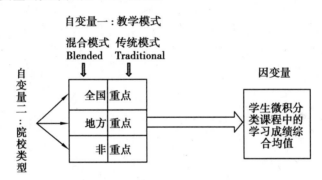

图 6.1.1　析因方差分析法变量图

6.1.3　研究问题的中英文规范写法

研究问题包含以下三个部分:

1. 就学生在微积分类课程中的学习成绩综合均值而言,两类不同教学模式(混合教育模式与传统教育模式)和三类不同院校类型(全国重点大学、地方重点大学和非重点大学)对于因变量(学生微积分类课程中的学习成绩的综合均值)是否存在显著统计交互性?

2. 参加不同教学模式("混合教学模式"和"传统教学模式")的学生在微积分类课程中的学习成绩(基于百分制)的综合均值之间是否存在显著差异?

3. 三类不同院校类型(全国重点大学、地方重点大学和非重点大学)的学生在微积分类课程中的学习成绩(基于百分制)的综合均值上是否存在显著差异?

Based on the research scenario, the research question contains the following three parts:

1. Is there a significant *interaction* of the Teaching Modalities (Blended Learning Modality versus Traditional Learning Modality) and the School Types (National Leading versus Local Leading versus Non-leading Universities) in regard to students' Composite Scores in their Calculus classes?
2. Is there a statistically significant difference between two different Teaching Modalities (Blended Learning Modality versus Traditional Learning Modality) in regard to students' Composite Scores in their Calculus classes?
3. Are there statistically significant differences among the School Types (National Leading versus Local Leading versus Non-leading Universities) in regard to students' Composite Scores in their Calculus classes?

6.1.4 本研究输入 SPSS 后的具体数据

本研究输入 SPSS 后的具体数据如图 6.1.2 所示。

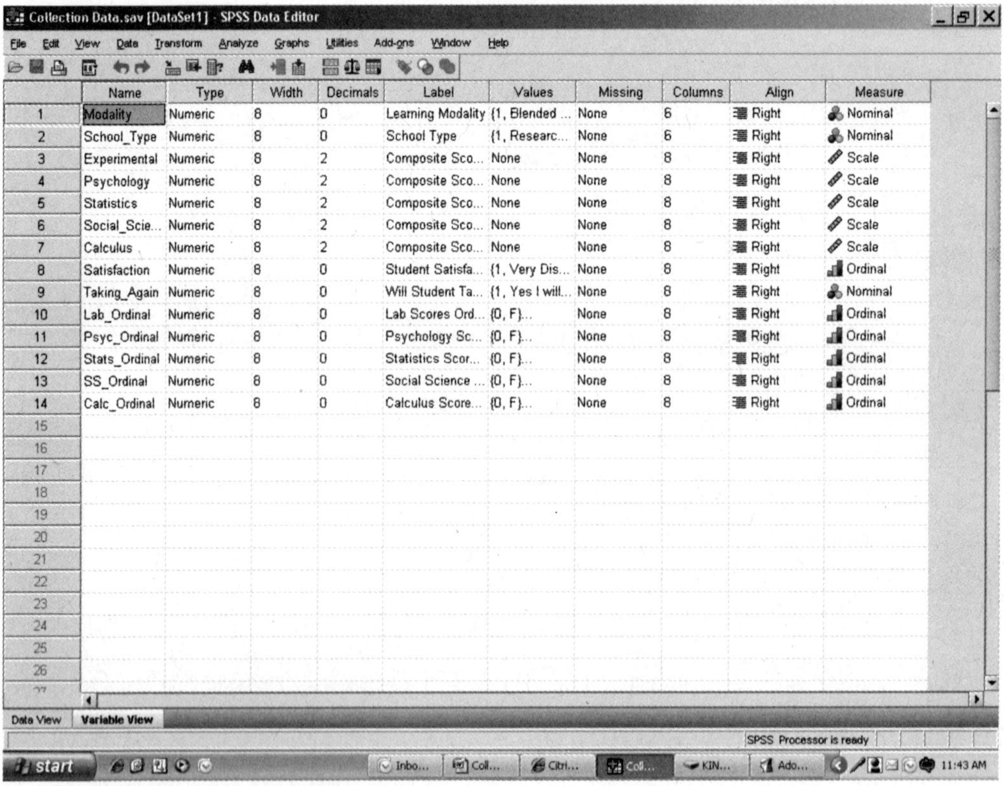

	Name	Type	Width	Decimals	Label	Values	Missing	Columns	Align	Measure
1	Modality	Numeric	8	0	Learning Modality	{1, Blended ...	None	6	Right	Nominal
2	School_Type	Numeric	8	0	School Type	{1, Researc...	None	6	Right	Nominal
3	Experimental	Numeric	8	2	Composite Sco...	None	None	8	Right	Scale
4	Psychology	Numeric	8	2	Composite Sco...	None	None	8	Right	Scale
5	Statistics	Numeric	8	2	Composite Sco...	None	None	8	Right	Scale
6	Social_Scie...	Numeric	8	2	Composite Sco...	None	None	8	Right	Scale
7	Calculus	Numeric	8	2	Composite Sco...	None	None	8	Right	Scale
8	Satisfaction	Numeric	8	0	Student Satisfa...	{1, Very Dis...	None	8	Right	Ordinal
9	Taking_Again	Numeric	8	0	Will Student Ta...	{1, Yes I will...	None	8	Right	Nominal
10	Lab_Ordinal	Numeric	8	0	Lab Scores Ord...	{0, F}...	None	8	Right	Ordinal
11	Psyc_Ordinal	Numeric	8	0	Psychology Sc...	{0, F}...	None	8	Right	Ordinal
12	Stats_Ordinal	Numeric	8	0	Statistics Scor...	{0, F}...	None	8	Right	Ordinal
13	SS_Ordinal	Numeric	8	0	Social Science ...	{0, F}...	None	8	Right	Ordinal
14	Calc_Ordinal	Numeric	8	0	Calculus Score...	{0, F}...	None	8	Right	Ordinal

图 6.1.2a

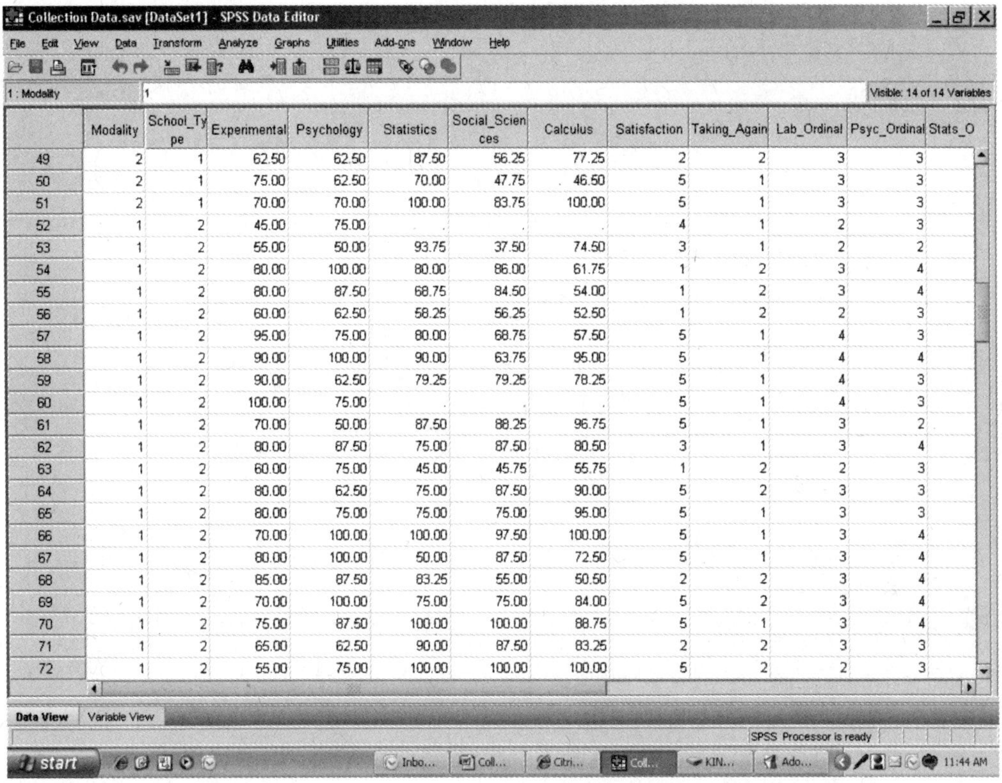

	Modality	School_Type	Experimental	Psychology	Statistics	Social_Sciences	Calculus	Satisfaction	Taking_Again	Lab_Ordinal	Psyc_Ordinal	Stats_O
49	2	1	62.50	62.50	87.50	56.25	77.25	2	2	3	3	
50	2	1	75.00	62.50	70.00	47.75	46.50	5	1	3	3	
51	2	1	70.00	70.00	100.00	83.75	100.00	5	1	3	3	
52	1	2	45.00	75.00	.	.	.	4	1	2	3	
53	1	2	55.00	50.00	93.75	37.50	74.50	3	1	2	2	
54	1	2	80.00	100.00	80.00	86.00	61.75	1	2	3	4	
55	1	2	80.00	87.50	68.75	84.50	54.00	1	2	3	4	
56	1	2	60.00	62.50	58.25	56.25	52.50	1	2	2	3	
57	1	2	95.00	75.00	80.00	68.75	57.50	5	1	4	3	
58	1	2	90.00	100.00	90.00	63.75	95.00	5	1	4	4	
59	1	2	90.00	62.50	79.25	79.25	78.25	5	1	4	3	
60	1	2	100.00	75.00	.	.	.	5	1	4	3	
61	1	2	70.00	50.00	87.50	88.25	96.75	5	1	3	2	
62	1	2	80.00	87.50	75.00	87.50	80.50	3	1	3	4	
63	1	2	60.00	75.00	45.00	45.75	55.75	1	2	2	3	
64	1	2	80.00	62.50	75.00	87.50	90.00	5	2	3	3	
65	1	2	80.00	75.00	75.00	75.00	95.00	5	1	3	3	
66	1	2	70.00	100.00	100.00	97.50	100.00	5	1	3	4	
67	1	2	80.00	100.00	50.00	87.50	72.50	5	1	3	4	
68	1	2	85.00	87.50	83.25	55.00	50.50	2	2	3	4	
69	1	2	70.00	100.00	75.00	75.00	84.00	5	2	3	4	
70	1	2	75.00	87.50	100.00	100.00	88.75	5	1	3	4	
71	1	2	65.00	62.50	90.00	87.50	83.25	2	2	3	3	
72	1	2	55.00	75.00	100.00	100.00	100.00	5	2	2	3	

图 6.1.2b

如果进一步需要 SPSS 生成的数据菜单，可在进入 SPSS 界面后，点击：

➢ **File =>Display Data File Information =>Working File**

6.1.5 析因方差分析法的具体操作过程

由于本研究中多个自变量的值均为“组间变量”，且因变量是正态分布的，正确的参数分析方法应选用析因方差分析法。

以下步骤显示 SPSS 析因方差分析法的具体操作过程。输入数据文件后，点击：

➢ **Analyze =>General Linear Model =>Univariate**

选择：Composite Score on Calculus Subject（综合成绩值）=> **Dependent**（**variable**）：

选择：School Type（院校类型），Learning Modality（教学模式） => **Fixed Factor**（**s**）：

选择：**Plot；School_Type =>Horizontal Axis；Modality =>Separate Lines**

选择：**Add，Continue**

选择：**Options =>Descriptive statistics，Estimates of effect size，Homogeneity tests**

点击 **Continue**，然后 **OK**。

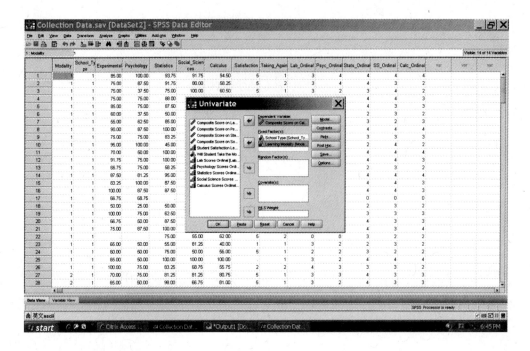

图 6.1.3

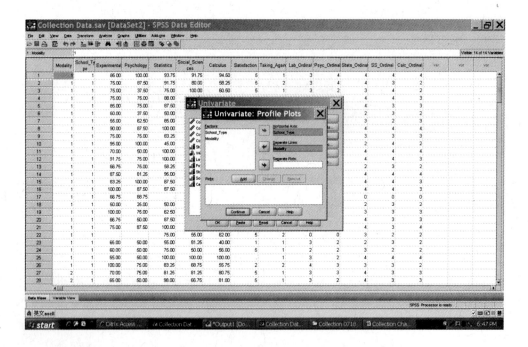

图 6.1.4

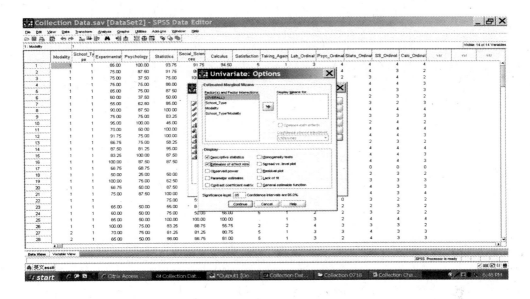

图 6.1.5

SPSS 中析因方差分析法生成的结果如表 6.1.1a,6.1.1b,6.1.1c 与 6.1.1d 所示。

6.1.6   对于统计结果的解释

表 6.1.1a   析因方差分析法生成的结果的统计数据——**Between-Subjects Factors**

		Value Label	N
Learning Modality	1	Blended Learning Modality	81
	2	Traditional Classroom Modality	73
School Type	1	Research One (National Leading)	49
	2	Research Two (Local Leading)	48
	3	Local Applicational (Non-Leading)	57

表 6.1.1a "Between-Subjects Factors" 表明了本案例两大主自变量的有效样本值。

表 6.1.1b   析因方差分析法生成的结果的统计数据——**Descriptive Statistics**

Dependent Variable:Composite Score on Calculus Subject

Learning Modality	School Type	Mean	Std. Deviation	N
Blended Learning Modality	Research One (National Leading)	72.3600	17.97772	25
	Research Two (Local Leading)	74.7788	16.52367	26

续表

Learning Modality	School Type	Mean	Std. Deviation	N
	Local Applicational（Non-Leading）	60.5100	21.66939	30
	Total	68.7475	19.84553	81
Traditional Classroom Modality	Research One（National Leading）	75.4167	16.16872	24
	Research Two（Local Leading）	70.9495	26.11475	22
	Local Applicational（Non-Leading）	65.5417	23.90658	27
	Total	70.4195	22.49756	73
Total	Research One（National Leading）	73.8571	17.00735	49
	Research Two（Local Leading）	73.0260	21.29911	48
	Local Applicational（Non-Leading）	62.8934	22.69232	57
	Tota	69.5401	21.09069	154

对于表 6.1.1b "Descriptive Statistics" 的解释请详见前面章节中对于 "Descriptive Statistics" 的讨论,在此不再赘述。

表 6.1.1c　析因方差分析法生成的结果的统计数据
——Levene's Test of Equality of Error Variances[a]

Dependent Variable:Composite Score on Calculus Subject

F	df1	df2	Sig.
.447	5	148	.815

Tests the null hypothesis that the error variance of the dependent variable is equal across groups.

a.Design:Intercept+Modality+School_Type+Modality * School_Type

鉴于析因方差分析法的统计特征,表 6.1.1c "Levene's Test of Equality of Error Variances" 中的数据对于研究没有报道的必要,读者可以在具体的研究分析中略去。

表 6.1.1d　析因方差分析法生成的结果的统计数据——Test of Between-Subjects Effects

Dependent Variable:Composite Score on Calculus Subject

Source	Type III Sum of Squares	df	Mean Square	F	Sig.	Partial Eta Squared
Corrected Model	4663.126[a]	5	932.625	2.177	.060	.069
Intercept	746046.674	1	746046.674	1741.727	.000	.922
Modality	77.058	1	77.058	.180	.672	.001
School_Type	3865.677	2	1932.838	4.512	.013	.057
Modality * School_Type	543.854	2	271.927	.635	.531	.009
Error	63393.906	148	428.337			
Total	812774.104	154				
Corrected Total	68057.032	153				

a.R Squared = .069（Adjusted R Squared = .037）

表 6.1.1d "Test of Between-Subjects Effects" 中最重要的是 Modality（教学模式）, School_Type（院校类型）, Modality * School_Type（教学模式 * 院校类型）三行中的数据。 Modality * School_Type（教学模式 * 院校类型）一行的 Sig. = 0.531,表示教学模式与院校类

型之间[Modality＊School_Type（教学模式＊院校类型）]不存在显著交互性（有交互性的案例及其分析方法将在第 8 章详细讨论。

对表 6.1.1d"Test of Between-Subjects Effects"进一步分析，School_Type（院校类型）一行的 $p<0.05$（Sig.＝0.013），表示院校类型之间存在显著差异。而 Modality（教学模式）一行的 Sig.＝0.672，表示教学模式之间不存在显著差异。

由于不同教育模式与不同院校类型之间不存在显著统计交互性，研究分别对不同教育模式以及不同院校类型两大自变量各自进行统计差异分析。结果表明院校类型之间存在显著差异，而教学模式之间不存在显著差异，研究必须进一步用单因素方差分析法和相应的单因素方差分析的"续后分析"法对院校类型之间存在的显著差异进行分析。

读者应参照第 4 章第 1 节所详细讨论的单因素方差分析法以及单因素方差分析"续后分析法"的具体步骤、生成结果、统计解释和撰写规范，完成本例的其余部分。

析因方差分析法在社会科学研究中用得相当普遍，其理论基础也相当成熟，读者可以参考有关文献对其加深理解（Gliner & Morgan，2000；Gliner & Morgan，2006；Huberty & Olejnik，2006；蓝石，Gloeckner，& Morgan，2004；蓝石，2009；Leech，Barrett，& Morgan，2004）。

6.1.7 撰写研究结果的中英文正式规范

双因素析因方差分析结果表明，不同教学模式和院校类别之间对于学生的微积分类课程的学习成绩不存在显著统计交互性。同时，就学生在微积分类课程中的学习成绩（基于百分制）的综合均值而论，教学模式之间不存在显著差异。然而，不同院校类型学生的微积分类课程的学习成绩综合均值之间存在显著差异，$F(2,153)=4.512$，$p=0.013$。

（读者应进一步参考第 4 章第 1 节所详细讨论的单因素方差分析法以及单因素方差分析"续后分析法"中的"撰写研究结果的正式规范"完成本例的其余部分）。

Two-way Factorial ANOVA（analysis of variance）was executed to determine whether there were significant interaction and/or significant differences among the three School Types and two Teaching Modalities, in regard to students' Composite Scores on Calculus. The test result showed that there was no significant interaction effect of different teaching modalities and school types. Neither was there significant difference between the two Teaching Modalities. However, a statistically significant difference was found among the three school types（National Leading, Local Leading, and Non-leading Universities）in regard to students' Composite Scores on Calculus, $F(2,152)=4.512$, $p=0.013$.

（读者应进一步参考第 4 章第 1 节完成本例的其余部分）。

6.2 因变量为单一变量且为有序变量

一般说来,在社会科学具体研究中的多个自变量均是"组间变量",而因变量为单一有序变量的情形较为罕见(Leech,Barrett,& Morgan,2004)。这种情况下变量间的关系如图 6.2.1 所示。

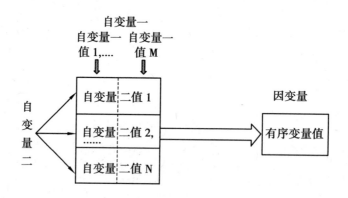

图 6.2.1 所有自变量均是"组间变量",因变量为单一有序变量的关系图

研究者如果遇到这类情况,且多个自变量之间不存在显著统计交互性的话,研究应将自变量加以分解,然后分别对自变量进行统计差异分析。

根据变量分解后的特点,读者应进一步参考第 3 章及第 4 章所讨论的非参数分析法的具体步骤来进行统计分析。如果在分解后单自变量拥有两大"组间变量"类值,研究者应选用曼恩—惠特尼 U 检验(Mann-Whitney U)方法(参考本书第 3 章第 1 节)。如果在分解后单自变量拥有三个或三个以上"组间变量"类值,研究者则应选用克鲁斯卡尔—华利斯检验方法(参考本书第 5 章第 1 节)。克鲁斯卡尔—华利斯检验法尚不存在续后分析步骤,如果需要,研究必须进一步使用曼恩—惠特尼 U 检验来分析每对可能组合变量之间的统计差异。

6.3 因变量为单一变量且为名义变量或两分变量

如果在社会科学的具体研究中,研究中的多个自变量均是"组间变量",因变量为单一变量且为名义变量或两分变量,正确的分析方法应选用多维列联表通用模型方法。克诺克、布尔科和索立文(Knoke,Burke,& Sullivan,1985)对多维列联表通用模型及其研究方法作了详细的论述。针对不同社会群体对于民主参与意识所存在的区别的这个社会政治学问题,他们基于芝加哥地区的 1 530 个大型调查样本,以民间自愿者协会成员与非民间自愿者协会成员、白色人种与非白色人种,以及不同教育程度背景(高中未毕业、高中毕业和大学生以上)的不同样本分组等多个因素作为自变量,以"是否参加投票选举"为因变量,并以此为案例完整阐述了多维列联表通用模型方法的过程,并深入讨论了研究的结果(Knoke,Burke,& Sullivan,1985)。本节实例如下。

6.3.1 实例背景

本研究对参加不同教学模式("混合教学模式"和"传统教学模式")的学生在教授"是""否"向研究生院推荐该学生的决定之间是否存在显著差异进行了比较研究。

同时,研究对不同类型院校(全国重点大学、地方重点大学和非重点大学)的学生在教授"是""否"向研究生院推荐该学生的决定之间是否存在显著差异进行了比较研究。

研究对参加不同教学模式与不同类型院校的学生在教授"是""否"向研究生院推荐该学生的决定之间是否存在交互关系进行了比较研究。

在本研究中,第一个自变量有两大类别(混合教育模式与传统教育模式);第二个自变量有三大类别(全国重点大学、地方重点大学和非重点大学),因变量为单一变量且为两分变量。因此,本研究总的研究类型应选用多维列联表通用模型方法。研究首先比较与分析在两类不同教学模式(混合教育模式与传统教育模式)和三类不同院校(全国重点大学、地方重点大学和非重点大学)之间对于因变量(教授"是""否"向研究生院推荐)是否存在显著统计交互性。

如果不同教育模式与不同院校类型之间不存在显著统计交互性,研究将进一步对不同教育模式以及不同院校类型两大自变量分别进行统计差异分析。然而,如果不同教育模式与不同院校类型之间存在着显著统计交互性,研究必须先对统计交互性进行分析,然后再分别对不同教育模式以及不同院校类型两大自变量各自进行单因素续后分析统计分析,并对每组子自变量值进行比较分析。在许多同类研究项目中,根据研究特点,研究者可以事先制定研究计划来进一步检验与确定单对变量之间的差异关系。例如,在同类的全国重点院校参加混合教学模式与传统教学模式学生之间,他们在教授"是""否"向研究生院推荐的决定上是否存在显著统计差异;在同类的地方重点院校参加混合教学模式与传统教学模式学生之间,他们在教授"是""否"向研究生院推荐的决定上是否存在显著统计差异;在同类的非重点院校参加混合教学模式与传统教学模式学生之间,他们在教授"是""否"向研究生院推荐的决定上是否存在显著统计差异,等等。

6.3.2 研究变量关系的图示

研究变量的关系如图 6.3.1 所示。

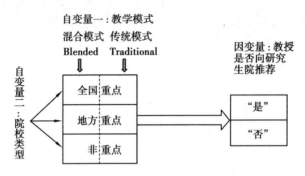

图 6.3.1 多维列联表通用模型法变量图

6.3.3 研究问题的中英文规范写法

研究问题包含以下三个部分:

1.就教授"是""否"向研究生院推荐该学生的决定而言,在两类不同教学模式(混合教育模式与传统教育模式)和三类不同院校类型(全国重点大学、地方重点大学和非重点大学)之间,因变量(教授是否向研究生院推荐)是否存在显著统计交互性?

2.对于参加不同教学模式("混合教学模式"和"传统教学模式")的学生在教授是否向研究生院推荐该学生的决定之间是否存在显著差异?

3.对于三类不同院校类型(全国重点大学、地方重点大学和非重点大学)的学生在教授是否向研究生院推荐该学生的决定上是否存在显著差异?

Based on the research scenario, the research question contains the following three parts:

1.Is there a significant *interaction* of the Teaching Modalities (Blended Learning Modality versus Traditional Learning Modality) and the School Types (National Leading versus Local Leading versus Non-leading Universities), in regard to the professor's decision whether he/she would recommend the student to the graduate school (Yes, or No)?

2.Is there a statistically significant difference between two different Teaching Modalities (Blended Learning Modality versus Traditional Learning Modality) in regard to the professor's decision whether he/she would recommend the student to the graduate school (Yes, or No)?

3. Are there statistically significant differences among the School Types (National Leading versus Local Leading versus Non-leading Universities) in regard to the professor's decision whether he/she would recommend the student to the graduate school (Yes, or No)?

6.3.4　本研究输入 SPSS 后的具体数据

本研究输入 SPSS 后的具体数据如图 6.3.2 所示。

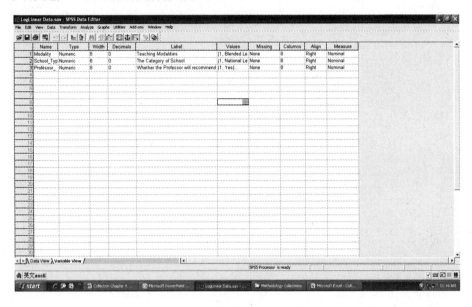

图 6.3.2a

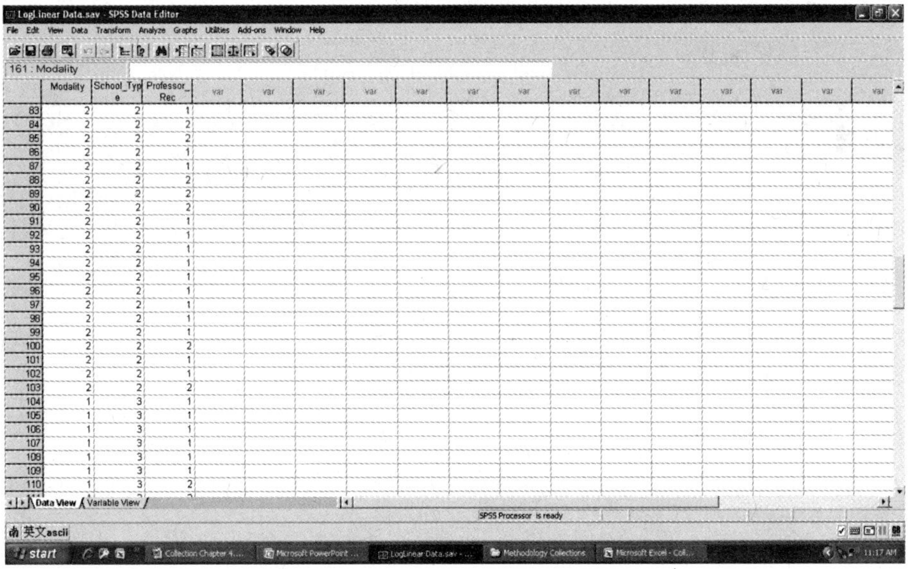

图 6.3.2b

6.3.5　多维列联表通用模型方法的具体操作过程

由于本研究中的多个自变量均是"组间变量",因变量为单一变量且为两分变量,正确的参数分析方法应选用多维列联表通用模型方法。

　　以下步骤显示 SPSS 对于多维列联表通用模型方法的具体操作过程。输入数据文件后,点击:

> **Analyze =>Loglinear =>Model Selection**

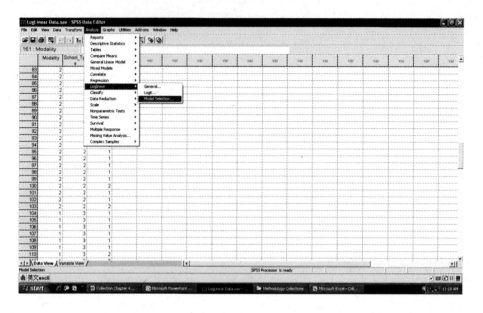

图 6.3.3

　　选择:Modality, School_Type, Professor_Rec(教学模式,学校类型,和教授推荐)=> **Factor(s)**:

　　选择:Define Range(定义范围)=> Modality(1,2), School_Type(1,3), Professor_Rec(1,2)

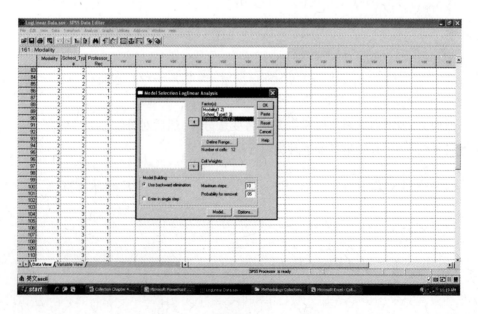

图 6.3.4

选择：**Add**，**Continue**

选择：**Options** =>**Frequencies**，**Residuals**，

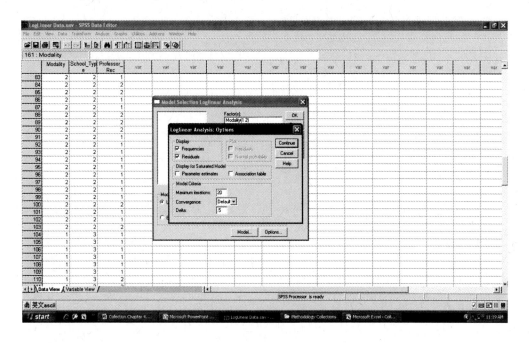

图 6.3.5

点击 **Continue**，然后 **OK**。

SPSS 对于多维列联表通用模型方法生成的结果如附录 3 所示。

6.3.6 多维列联表通用模型统计结果的解释

附录 3 中的"FACTOR Information"表明，Modality（教学模式）中有两个值（2 Teaching Modalities），即混合模式与传统模式；School_T （学校类型）中有三个值（3 The Category of School），即全国重点，地方重点，非重点；Professo（教授推荐）中有两个值（2 Whether the Professor will recom），即推荐和不推荐。

一般而言，多维列联表通用模型方法将变量分解，然后对分解后的不同变量子集的组合进行比较分析，分析包括如下种类：

①各个单独变量间的单对差异分析；

②每两个变量间的双向交互性以及对于另一个主变量的差方分析；

③三项（或以上）交互性，双向交互性，以及对于另一个主变量的差方分析。

本例主要分析教学模式与院校类型两个变量间的双向交互性以及对于另一个主变量（教授推荐与否）的差方分析。

附录 3 中的 Observed，Expected Frequencies and Residuals 中的数据表明：

对于混合教育模式（Modality Blended）, 全国重点大学（School_T National）而言，教授

推荐数（Professo Yes）的实测数（Observed）为 18.5，而期望值（Expected）也是 18.5；教授不推荐数（Professo No）的实测数（Observed）为 8.5，而期望值（Expected）也是 8.5。

对于混合教育模式（Modality Blended），地方重点大学（School_T Local Le）而言，教授推荐数（Professo Yes）的实测数（Observed）为 17.5，而期望值（Expected）也是 17.5；教授不推荐数（Professo No）的实测数（Observed）为 11.5，而期望值（Expected）也是 11.5。

对于混合教育模式（Modality Blended），非重点大学（School_T Non-lead）而言，教授推荐数（Professo Yes）的实测数（Observed）为 24.5，而期望值（Expected）也是 24.5；教授不推荐数（Professo No）的实测数（Observed）为 5.5，而期望值（Expected）也是 5.5。

同理，对于传统教育模式（Modality Traditio），全国重点大学（School_T National）而言，教授推荐数（Professo Yes）的实测数（Observed）为 16.5，而期望值（Expected）为 16.5；教授不推荐数（Professo No）的实测数（Observed）为 9.5，期望值（Expected）为 9.5。

对于传统教育模式（Modality Traditio），地方重点大学（School_T Local Le）而言，教授推荐数（Professo Yes）的实测数（Observed）为 17.5，而期望值（Expected）也是 17.5；教授不推荐数（Professo No）的实测数（Observed）为 7.5，而期望值（Expected）也是 7.5。

对于传统教育模式（Modality Traditio），非重点大学（School_T Non-lead）而言，教授推荐数（Professo Yes）的实测数（Observed）为 18.5，期望值（Expected）为 18.5；教授不推荐数（Professo No）的实测数（Observed）为 9.5，期望值（Expected）也是 9.5。

以上的统计数据十分重要，读者应该仔细分析附录 3，以加深理解。

附录 3 中 Tests that K-way and higher order effects are zero 中的数据提供了三项（或以上）交互性，双向交互性，以及对于另一个主变量的差方分析的信息。数据表明，对于三项（或以上）的交互性而言，CHI-SQUARE 或 $\chi^2 = 2.384$，$p = 0.303\ 6$，df = 1，三项（或以上）交互性为非显著。

附录 3 中 Tests that K-way effects are zero 中的数据提供了每两个变量间的双向交互性以及对于另一个主变量的差方分析的信息。数据表明，对于两个变量间的双向交互性而言，CHI-SQUARE 或 $\chi^2 = 1.818$，$p = 0.873\ 8$，df = 5，两个变量间的双向交互性为非显著。

同理，根据附录 3 中的 Tests that K-way and higher order effects are zero 和 Tests that K-way effects are zero 中的数据，各个单独变量的单对之间存在显著差异。

由于不同教育模式与不同院校类型两个变量之间的双向交互性为非显著，研究应对不同教育模式以及不同院校类型两大自变量分别进行统计差异分析。

根据变量分解后的特点，读者应进一步参考第 3 章和第 5 章所讨论的非参数分析法的具体步骤来进行统计分析。如果在分解后单自变量拥有两大"组间变量"类值，或三个（或三个以上）类值均为"组间变量"，研究者应选用卡方分析（χ^2）方法。请参照第 3 章第 2 节卡方分析法实例中实例背景、研究问题的规范写法、卡方分析法的具体操作过程、对统计结果的解释和撰写研究结果的正式规范的详细讨论。

对于多维列联表通用模型法,读者可以进一步参考有关文献以对其理论基础和操作步骤加深理解(Gliner & Morgan,2000;Gliner & Morgan,2006;Ishii-Kuntz,1994;Leech,Barrett,& Morgan,2004)。

6.4 所有的自变量是"组内变量",因变量为正态分布

如果在社会科学的具体研究中,研究中的多个自变量均是"组内变量",因变量为正态分布,正确的参数分析方法应选用一般线性模型重复测量方差法。实例如下。

6.4.1 实例背景

本研究对同一组学生在心理学、统计学和微积分三门不同课程的测验值进行了重复测量比较研究。这组学生在不同的时间分别参加了四次关于上述三门不同课程的测验。第一次测验在他们参加上述各门课程的"课程1"之前,第二次测验在他们完成了上述各门课程的"课程1"之后,第三次测验在他们完成了上述各门课程的"课程2"之后,第四次测验在他们完成了上述各门课程的"课程3"之后。

6.4.2 研究变量关系的图示

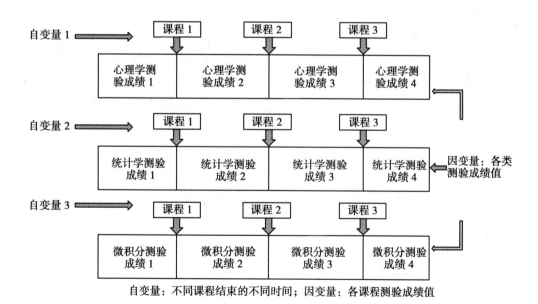

自变量:不同课程结束的不同时间;因变量:各课程测验成绩值

图 6.4.1 所有的自变量是"组内变量",因变量为正态分布变量图

由于研究变量的性质和特点,此种研究类型一般不讨论具有交互性的统计意义。因此,研究应将不同的因变量加以分解,并对每一个因变量选用一般线性模型重复测量方差法进行差异分析。读者应进一步参考第4章第2节讨论的一般线性模型重复测量方

差法实例背景、研究问题的规范写法、一般线性模型重复测量方差分析法的具体操作过程、统计结果的解释,撰写研究结果的正式规范的详细解析。

6.5　所有的自变量是"组内变量",因变量为有序变量或名义变量

一般说来,在社会科学具体研究中的多个自变量是"组内变量",而因变量为有序变量,或因变量为名义变量或两分变量的情形较为罕见。这种情况下变量间的关系如图6.5.1所示。

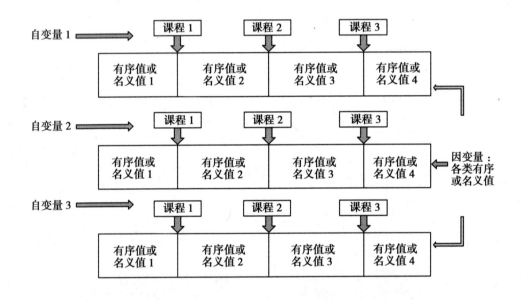

图 6.5.1　所有的自变量是"组内变量",因变量为有序或名义变量图

根据研究需要,如果有必要将变量分解进行研究的话,读者应参考第 3 章和第 5 章所详细讨论的非参数分析法的具体步骤。如果在分解后单自变量拥有两大"组间变量"类值,而因变量是有序变量,正确的非参数分析方法应选择威斯康星检验方法(参考本书第 3 章第 3 节)。如果在分解后单自变量拥有两大"组间变量"类值,而因变量是名义变量或两分变量,应选用麦克尼马尔分析方法(详细参考本书第 3 章第 4 节)。如果分解后的单自变量拥有三个或三个以上"组内变量"类值,而因变量是有序变量(或具有显著非一致性),正确的非参数分析方法应选择弗里德曼检验方法(详见本书第 5 章第 3 节)。如果在分解后的单自变量拥有三个或三个以上"组内变量"类值,而因变量是名义变量或两分变量,正确的非参数分析法应择考克然-Q 检验方法(详见本书第 5 章第 4 节)。

6.6 多个自变量是"混合变量",即一部分自变量为"组间变量",另一部分自变量为"组内变量",因变量为单一变量且为正态分布

如果在社会科学的具体研究中,研究中的多个自变量是"混合变量",即一部分自变量为"组间变量",另一部分自变量为"组内变量",因变量为单一变量且为正态分布,正确的分析方法应选"包含析因方差分析的一般线性模型重复测量分析法"。由于"混合变量"的研究案例非常复杂,其研究步骤综合了本书前面章节的主要内容,本书的第 7 章"自变量为混合变量的比较研究步骤与实例"将专门对其步骤和实例进行分析和讨论。

但这样的情形比较罕见,研究者如果遇到这类情况,且自变量之间不存在显著统计交互性,研究应将自变量加以分解,然后分别对自变量进行统计差异分析。若分解后单自变量拥有两大"组间变量"类值,而因变量是有序变量,研究者应选用曼恩—惠特尼 U 检验方法(详见本书第 3 章第 1 节)。若分解后单自变量拥有两大"组间变量"类值,而因变量是名义变量或两分变量,研究者应选用卡方分析方法(详见本书第 3 章第 2 节)。

若分解后的单自变量拥有三个或三个以上类值均为"组间变量",而因变量是有序变量,研究者应选用克鲁斯卡尔—华利斯检验方法(详见本书第 5 第 1 节)。由于克鲁斯卡尔—华利斯检验法尚不存在续后分析步骤。需要时研究者必须进一步使用曼—威特尼 U 检验来分析每对可能组合变量之间的统计差异。若分解后单自变量拥有三个或三个以上类值均为"组间变量",而因变量是名义变量或两分变量,研究者应选用卡方分析方法。

分解后的多自变量均拥有两大"组间变量"类值,而因变量是有序变量的情形较为罕见。分解后的多自变量拥有两大"组间变量"类值,而因变量是名义变量或两分变量,研究者应选用多维列联表通用模型方法。

分解后单自变量拥有两大"组内变量"类值,而因变量是有序变量,研究者应选用威斯康星检验详见方法(详见本书第 3 章第 3 节)。分解后单自变量拥有两大"组内变量"类值,而因变量是名义变量或两分变量,研究者应选用麦克尼马尔分析方法(详见本书第 3 章第 4 节)。

分解后的单自变量拥有三个或三个以上类值均为"组内变量",而因变量是有序变量,研究者应选用弗里德曼检验方法(详见本书第 5 章第 3 节)。分解后单自变量拥有三个或三个以上类值均为"组内变量",而因变量是名义变量或两分变量,研究者应选用考克然-Q 检验方法(详见本书第 5 章第 4 节)。

7 自变量为混合变量的比较研究步骤实例

如果在社会科学的具体研究中,研究中的多个自变量是"混合变量",即一部分为"组间变量",另一部分为"组内变量",因变量为单一变量且为正态分布,正确的分析方法应选用"包含析因方差分析的一般线性模型重复测量分析法"。由于"混合变量"的研究案例非常复杂,并对社会科学的大型研究具有极其重要的作用,本章将专门对其步骤和实例进行详细的分析和讨论。本章系统地综合了本书前面章节的主要内容和步骤,是对前面章节精华部分的总结与拓展。

7.1 实例背景

本研究对参加不同教学模式("混合教学模式"和"传统教学模式")的学生在同一个学期的四次不同微积分课程测验中成绩的重复测量值进行了比较研究。

同时,研究对不同类型院校(全国重点大学、地方重点大学和非重点大学)的学生在同一个学期的四次不同微积分课程测验中成绩的重复测量值进行了比较研究。

研究对参加不同教学模式与不同类型院校的学生在同一个学期的四次不同微积分课程测验中成绩的重复测量值上的交互关系进行了比较研究。

本研究总的研究类型属于"包含析因方差分析的一般线性模型重复测量分析法"。在本研究中,第一个自变量有两大类别(混合教育模式与传统教育模式);第二个自变量有三大类别(全国重点大学、地方重点大学和非重点大学),第三个自变量是时间变量(同一个学期中学生参加测验的四次不同时间),而因变量为正态分布的数据,所以应当选用"包含析因方差分析的一般线性模型重复测量分析法"做统计推论。

研究首先用一般线性模型重复测量分析法对组内变量进行分析,其步骤与在第4章第2节中所讨论的大致相同(可同时参考 Girden,1992)。然后,研究比较与分析在两类不同教学模式(混合教育模式与传统教育模式)和三类不同院校(全国重点大学、地方重点大学和非重点大学)之间对于在同一个学期的四次不同微积分课程测验中成绩的重复测量值上是否存在显著统计交互性。

如果不同教育模式与不同院校类型之间不存在显著统计交互性,研究将进一步对不同教育模式以及不同院校类型两个自变量分别进行统计差异分析。然而,如果不同教育模式与不同院校类型之间存在着显著统计交互性,研究必须先对统计交互性进行分析,然后再对不同教育模式以及不同院校类型两个自变量分别进行统计差异分析,并对每组子自变量值之间进行均值比较分析(Morgan et al.,2004)。单因素方差(单变项变异数)分析法和 TUKEY 检测法可作为续后分析的分析工具。在许多同类研究项目中,根据研究的特点与需要,研究者可以事先制定研究计划,并进一步使用独立样本 T 检验法来确定单对变量之间的差异关系。

7.2 研究变量关系的图示

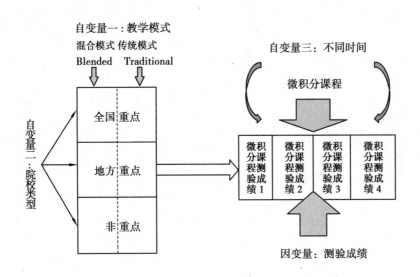

图 7.2.1 多个自变量是"混合变量",因变量为正态分布

7.3 研究问题的中英文规范写法

研究问题包含以下四个部分:

1. 比较两类不同教学模式(混合教育模式与传统教育模式)和三类不同院校类型(全国重点大学、地方重点大学和非重点大学)之间在学生的微积分类课程中同一学期的四次测验成绩的重复测量值,四次不同重复测量值之间是否存在显著统计交互性或者显著统计差异?

2. 就学生在微积分类课程中同一学期的四次测验成绩的重复测量值而言，在两类不同教学模式（混合教育模式与传统教育模式）和三类不同院校类型（全国重点大学、地方重点大学和非重点大学）之间对于因变量（学生在微积分类课程中同一学期的四次测验成绩的重复测量值）是否存在显著统计交互性？

3. 参加不同教学模式（"混合教学模式"和"传统教学模式"）的学生在微积分类课程中同一学期的四次测验成绩的重复测量值之间是否存在显著差异？

4. 三类不同院校类型（全国重点大学、地方重点大学和非重点大学）的学生在微积分类课程中同一学期的四次测验成绩的重复测量值上是否存在显著差异？

Based on the research scenario, the research question contains the following four parts:

1. Are there significant interactions or significant differences among students' Repeated Measures of the Four Test-Scores in Calculus (the four tests were given within the same semester), comparing the Teaching Modalities (Blended Learning Modality versus Traditional Learning Modality) and the School Types (National Leading versus Local Leading versus Non-leading Universities)?

2. Is there an *interaction* of the Teaching Modalities (Blended Learning Modality versus Traditional Learning Modality) and the School Types (National Leading versus Local Leading versus Non-leading Universities), in regard to students' Repeated Measures of the Four Test-Scores in Calculus (the four tests were given within the same semester)?

3. Is there a statistically significant difference between two different Teaching Modalities (Blended Learning Modality versus Traditional Learning Modality) in regard to students' Repeated Measures of the Four Test-Scores in Calculus (the four tests were given within the same semester)?

4. Are there statistically significant differences among the School Types (National Leading versus Local Leading versus Non-leading Universities) in regard to students' Repeated Measures of the Four Test-Scores in Calculus (the four tests were given within the same semester)?

7.4　输入 SPSS 后的具体数据菜单

本研究输入 SPSS 后的具体数据如图 7.4.1 所示。

以下显示 SPSS 生成数据菜单的步骤。进入 SPSS 界面后，点击：

➢ **File => Display Data File Information => Working File**

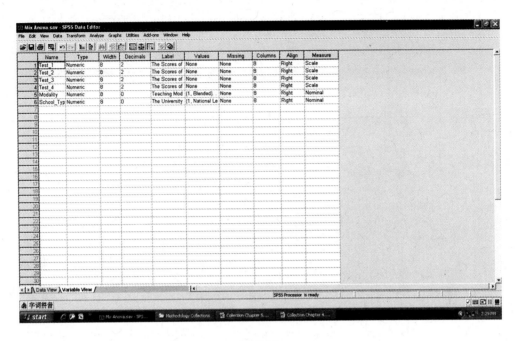

图 7.4.1

表 7.4.1 **Variable Information**

Variable	Position	Label	Measurement Level	Column Width	Alignment	Print Format	Write Format
Test_1	1	The Scores of the First Test	Scale	8	Right	F8.2	F8.2
Test_2	2	The Scores of the Second Test	Scale	8	Right	F8.2	F8.2
Test_3	3	The Scores of the Third Test	Scale	8	Right	F8.2	F8.2
Test_4	4	The Scores of the Fourth Test	Scale	8	Right	F8.2	F8.2
Modality	5	Teaching Modality	Nominal	8	Right	F8	F8
School_Type	6	The University Category	Nominal	8	Right	F8	F8

Variables in the working file

表 7.4.2   **Variable Values**

Value		Label
Modality	1	Blended
	2	Traditional
School_Type	1	National Leading
	2	Local Leading
	3	Non-leading

7.5 "包含析因方差分析的一般线性模型重复测量分析法"的具体操作过程

由于本研究中的多个自变量是"混合变量",即若干为"组间变量",若干为"组内变量",因变量为正态分布,正确的分析方法应选用"包含析因方差分析的一般线性模型重复测量分析法"。以下步骤显示 SPSS 中该方法的具体操作过程。

- 输入数据文件后,点击:**Analyze > General Linear Model > Repeated Measures**;
- 在 **Within Subject Factor Name** 方框,确定重复测量的变量名。我们在此定名为:tests
- 在 Number of Levels,选择:4
- 点击:Add,Define

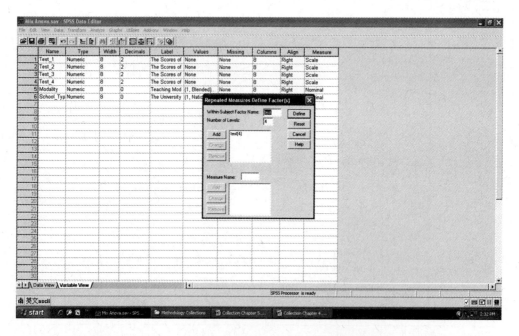

- 将组内变量 Test_1,Test_2,Test_3,Test_4 选入 **Within Subject Variables**
- 将组间变量 Teaching Modality,The University Category 选入 **Between-Subject s Factor(s)**

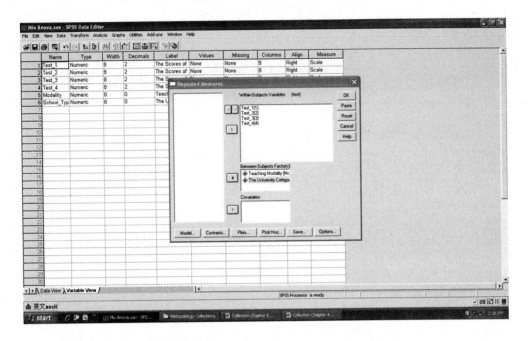

- 点击：**Contrasts**，如果（**polynomial**）括号内，点击：**Change**

（在 test，Modality，School_Type 的括号内都应该是 None）

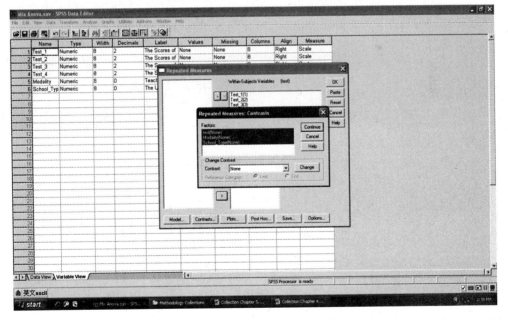

- 点击：**Continue** => **Options**，选择：**Descriptive Statistics** 和 **Estimates of effect size**

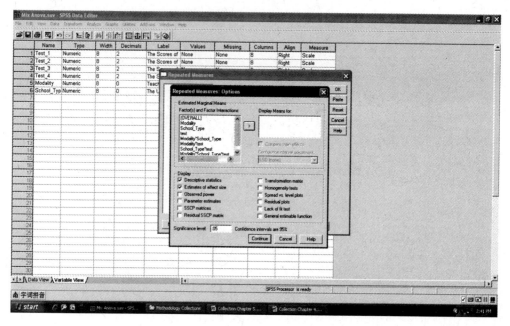

- 点击:**Plots**, **School_Type** =>**Horizontal Axis**, **Modality** =>**Separate Lines**, **test** => **Separate Plots**;选择:**Add**:

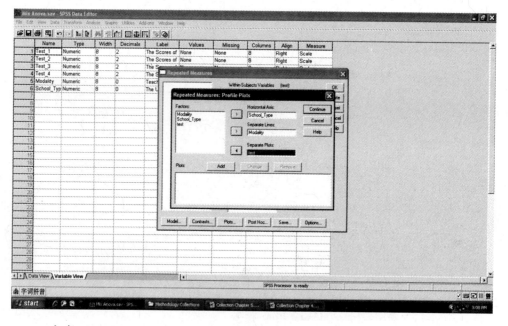

- 点击:**Continue**
- 点击 **OK**

SPSS 对于"包含析因方差分析的一般线性模型重复测量分析法"生成的结果如表 7.6.1(a,b,c,d,e,f,g 与 h),和图 7.6.1(a,b,c 和 d) 所示。

7.6 统计结果的解释

表 7.6.1a 包含析因方差分析的一般线性模型重复测量分析法生成的统计数据
——Within-Subjects Factors

Measure:MEASURE_1

test	Dependent Variable
1	Test_1
2	Test_2
3	Test_3
4	Test_4

表 7.6.1a"Within Subject Factors"标明了四次重复测量值的自变量"tests";该表同时标明了基于百分制的变量 Test_1, Test_2, Test_3, 以及 Test_4。

表 7.6.1b 包含析因方差分析的一般线性模型重复测量分析法生成的统计数据
——Between-Subjects Factors

		Value Label	N
Teaching Modality	1	Blended	61
	2	Traditional	61
The University Category	1	National Leading	43
	2	Local Leading	40
	3	Non-leading	39

表 7.6.1b"Between-Subjects Factors"标明了组间变量"教学模式"(Teaching Modality)和"院校类型"(The University Category)以及这些组间变量的变量值,和每个样本的有效数 N。

表 7.6.1c 包含析因方差分析的一般线性模型重复测量分析法生成的统计数据
——Descriptive Statistics

	Teaching Modality	The University Category	Mean	Std.Deviation	N
The Scores of the First Test	Blended	National Leading	66.0295	22.88275	21
		Local Leading	61.3595	12.18600	22
		Non-leading	48.3036	11.29084	18
		Total	59.1147	17.78431	61
	Traditional	National Leading	61.1964	12.75952	22
		Local Leading	50.3030	11.68941	18
		Non-leading	52.8684	13.55741	21
		Total	55.1149	13.38800	61
	Total	National Leading	63.5567	18.34997	43
		Local Leading	56.3841	13.05967	40
		Non-leading	50.7616	12.61290	39
		Total	57.1148	15.80333	122

续表

	Teaching Modality	The University Category	Mean	Std.Deviation	N
The Scores of the Second Test	Blended	National Leading	73.5944	14.44477	21
		Local Leading	70.1945	10.40026	22
		Non-leading	58.1306	12.95547	18
		Total	67.8051	14.03094	61
	Traditional	National Leading	66.7486	10.24252	22
		Local Leading	63.1597	16.08153	18
		Non-leading	64.7714	16.08708	21
		Total	65.0089	14.08590	61
	Total	National Leading	70.0919	12.79847	43
		Local Leading	67.0289	13.54752	40
		Non-leading	61.7064	14.91791	39
		Total	66.4070	14.07044	122
The Scores of the Third Test	Blended	National Leading	81.7619	10.34634	21
		Local Leading	77.5227	13.06392	22
		Non-leading	67.3889	24.22311	18
		Total	75.9918	17.21566	61
	Traditional	National Leading	79.3636	13.03720	22
		Local Leading	80.0139	13.09537	18
		Non-leading	80.1429	11.14999	21
		Total	79.8238	12.23284	61
	Total	National Leading	80.5349	11.72307	43
		Local Leading	78.6438	12.97012	40
		Non-leading	74.2564	19.22029	39
		Total	77.9078	14.99563	122
the Fourth Test		Local Leading	79.8864	14.19501	22
		Non-leading	70.2778	15.71551	18
		Total	79.7623	15.85208	61
	Traditional	National Leading	83.4091	11.22671	22
		Local Leading	85.5139	10.51626	18
		Non-leading	79.3333	7.76584	21
		Total	82.6270	10.10308	61
	Total	National Leading	85.5349	12.47302	43
		Local Leading	82.4188	12.83530	40
		Non-leading	75.1538	12.77289	39
		Total	81.1947	13.31498	122

表 7.6.1c"Descriptive Statistics"详细地列出了不同组间变量("教学模式""院校类型")的四次不同测验评估值的均值、标准偏差值,和每次参加测验的有效人数。Descriptive Statistics 中含有丰富的数据信息,对于以后的分析提供了精确的参考数值和"差异方向"。

表 7.6.1d 包含析因方差分析的一般线性模型重复测量分析法生成的统计数据
——**Multivariate Tests**

Effect		Value	F	Hypothesis df	Error df	Sig.	Partial Eta Squared
Test	Pillai's Trace	.786	139.517(a)	3.000	114.000	.000	.786
	Wilks' Lambda	.214	139.517(a)	3.000	114.000	.000	.786
	Hotelling's Trace	3.672	139.517(a)	3.000	114.000	.000	.786
	Roy's Largest Root	3.672	139.517(a)	3.000	114.000	.000	.786
test * Modality	Pillai's Trace	.108	4.624(a)	3.000	114.000	.004	.108
	Wilks' Lambda	.892	4.624(a)	3.000	114.000	.004	.108
	Hotelling's Trace	.122	4.624(a)	3.000	114.000	.004	.108
	Roy's Largest Root	.122	4.624(a)	3.000	114.000	.004	.108
test * School_Type	Pillai's Trace	.048	.942	6.000	230.000	.466	.024
	Wilks' Lambda	.952	.936(a)	6.000	228.000	.470	.024
	Hotelling's Trace	.049	.931	6.000	226.000	.473	.024
	Roy's Largest Root	.037	1.433(b)	3.000	115.000	.237	.036
test * Modality * School_Type	Pillai's Trace	.073	1.443	6.000	230.000	.199	.036
	Wilks' Lambda	.928	1.451(a)	6.000	228.000	.196	.037
	Hotelling's Trace	.078	1.460	6.000	226.000	.193	.037
	Roy's Largest Root	.073	2.796(b)	3.000	115.000	.043	.068

a Exact statistic

b The statistic is an upper bound on F that yields a lower bound on the significance level.

c Design：Intercept + Modality + School_Type + Modality * School_Type

Within Subjects Design：test

表 7.6.1d"Multivariate Tests"给出了多变量之间的交互效应数据值。该表显示：①在各次测验的测量值间存在显著统计差异(详见 test,Wilks' Lambda 一行数据),Sig.小于 0.05；②在不同的教学模式与测验的测量值之间,存在显著统计交互性(详见 test * modality,Wilks' Lambda 一行数据),Sig.小于 0.05。其他的多变量之间的交互关系,如在不同院校与测验的测量值之间,和不同教学模式和不同院校类别与测验的测量值之间的交互关系均为非显著(Sig.均大于 0.05)。

表 7.6.1e 包含析因方差分析的一般线性模型重复测量分析法生成的统计数据
——**Mauchly's Test of Sphericity(b)**

Measure：MEASURE_1

Within Subjects Effect	Mauchly's W	Approx. Chi-Square	df	Sig.	Epsilon(a)		
					Greenhouse-Geisser	Huynh-Feldt	Lower-bound
Test	.689	42.815	5	.000	.829	.886	.333

Tests the null hypothesis that the error covariance matrix of the orthonormalized transformed dependent variables is proportional to an identity matrix.

a May be used to adjust the degrees of freedom for the averaged tests of significance. Corrected tests are displayed in the Tests of Within-Subjects Effects table.

b Design：Intercept + Modality + School_Type + Modality * School_Type

Within Subjects Design：test

在包含析因方差分析的一般线性模型重复测量分析法的研究中，如果"球状均匀一致性"假设不成立（即"球状均匀一致性"假设被推翻），研究必须使用多因素检验分析方法或其他调整自由度进行的步骤（如下面的分析所示）对统计结论进行分析。

表 7.5.1e"Mauchly's Test of Sphericity"中的 Epsilon 检测了统计结果的球状一致度（degree of sphericity）。因为所有的 Epsilon 都小于1.00，所以"球状均匀一致性"假设不成立（即"球状均匀一致性"假设被推翻）。如上所述，如果"球状均匀一致性"假设不成立的话，研究必须使用多因素检验分析方法，或用 Epsilon 来调整自由度。通常而言，如果 Epsilon 大于 0.75，研究可选用 Huynh-Feldt 值来调整自由度；如果 Epsilon 小于 0.75，研究可选用 Greenhouse-Geisser 值来调整自由度。Mauchly's Test of Sphericity 表中的 Sig. = 0.000，同样表示了"球状均匀一致性"假设不成立（即"球状均匀一致性"假设被推翻）。

表 7.6.1f　包含析因方差分析的一般线性模型重复测量分析法生成的统计数据
——Tests of Within-Subjects Effects

Measure：MEASURE_1

Source		Type III Sum of Squares	df	Mean Square	F	Sig.	Partial Eta Squared
Test	Sphericity Assumed	45184.610	3	15061.537	111.735	.000	.491
	Greenhouse-Geisser	45184.610	2.488	18158.980	111.735	.000	.491
	Huynh-Feldt	45184.610	2.657	17007.600	111.735	.000	.491
	Lower-bound	45184.610	1.000	45184.610	111.735	.000	.491
test * Modality	Sphericity Assumed	1504.094	3	501.365	3.719	.012	.031
	Greenhouse-Geisser	1504.094	2.488	604.472	3.719	.018	.031
	Huynh-Feldt	1504.094	2.657	566.145	3.719	.015	.031
	Lower-bound	1504.094	1.000	1504.094	3.719	.056	.031
test * School_Type	Sphericity Assumed	657.271	6	109.545	.813	.561	.014
	Greenhouse-Geisser	657.271	4.977	132.073	.813	.541	.014
	Huynh-Feldt	657.271	5.313	123.699	.813	.548	.014
	Lower-bound	657.271	2.000	328.635	.813	.446	.014
test * Modality * School_Type	Sphericity Assumed	840.312	6	140.052	1.039	.400	.018
	Greenhouse-Geisser	840.312	4.977	168.854	1.039	.395	.018
	Huynh-Feldt	840.312	5.313	158.148	1.039	.397	.018
	Lower-bound	840.312	2.000	420.156	1.039	.357	.018

Source		Type III Sum of Squares	df	Mean Square	F	Sig.	Partial Eta Squared
Error(test)	Sphericity Assumed	46909.415	348	134.797			
	Greenhouse-Geisser	46909.415	288.640	162.519			
	Huynh-Feldt	46909.415	308.181	152.214			
	Lower-bound	46909.415	116.000	404.392			

表 7.6.1f "Tests of Within-Subjects Effects"给出了与每种教学模式和院校类型相对应的四次测验值的组内单变量的重复测量值间的差异分析。如果"球状均匀一致性"假设成立的话,研究应选用 Sphericity Assumed 一行的数据进行分析。然而,如果"球状均匀一致性"假设不成立的话,则应选用 Greenhouse-Geisser 或者 Huynh-Feldt 一行的数据来进行分析。Greenhouse-Geisser 或者 Huynh-Feldt 在基于 Epsilon 是否大于或小于 0.75 的情况下,对自由度(df)进行相应的调整。Tests of Within-Subjects Effects 一表表明,就总体而言,四次不同的组内单变量的重复测量值间的差异分析值之间存在显著差异(Sig. = 0.000)。该表同时表明,对于教学模式而言,四次不同的组内单变量的重复测量值间的差异分析值之间也存在显著差异(Sig. = 0.015)。因本例中的 Epsilon 大于 0.75,所以应选用 Huynh-Feldt 值来调整自由度,分别等于:0.886×3 = 2.657,和 0.886×348 = 308,如表 Tests of Within-Subjects Effects 中的 Huynh-Feldt 一行的数据所示。

表 7.6.1g 包含析因方差分析的一般线性模型重复测量分析法生成的统计数据
——Tests of Within-Subjects Contrasts

Measure:MEASURE_1

Source	test	Type III Sum of Squares	df	Mean Square	F	Sig.	Partial Eta Squared
Test	Linear	43400.609	1	43400.609	385.431	.000	.769
	Quadratic	1123.543	1	1123.543	12.533	.001	.098
	Cubic	660.457	1	660.457	3.267	.073	.027
test* Modality	Linear	1216.765	1	1216.765	10.806	.001	.085
	Quadratic	36.655	1	36.655	.409	.524	.004
	Cubic	250.674	1	250.674	1.240	.268	.011
test* School_Type	Linear	277.636	2	138.818	1.233	.295	.021
	Quadratic	364.107	2	182.053	2.031	.136	.034
	Cubic	15.528	2	7.764	.038	.962	.001
test* Modality* School_Type	Linear	790.500	2	395.250	3.510	.033	.057
	Quadratic	48.876	2	24.438	.273	.762	.005
	Cubic	.936	2	.468	.002	.998	.000
Error(test)	Linear	13061.928	116	112.603			
	Quadratic	10399.334	116	89.649			
	Cubic	23448.153	116	202.139			

表 7.6.1g"Tests of Within-Subjects Contrasts"给出统计结果的线性、二次和三次显著性。线性显著性(Linear)表示所有的测量均值呈显著线性关系,二次(Quadratic)显著性表示测量均值出现一次均值的方向性转折,而三次(Cubic)显著性表示测量均值出现两次均值的方向性转折。

在本例中,对于四次测验重复测量值的总的情况而言,线性显著性 $p = 0.000$,表示统计均值线性显著;二次显著性 $p = 0.001$,表示统计均值二次显著,测量均值出现一次均值的方向性转折;三次为非显著。对于不同教学模式的四次测验重复测量值的情况,线性显著性 $p = 0.001$,表示统计均值线性显著;二次及三次均为非显著,表明均值关系仅为一次显著线性关系,而不存在显著的方向行折变。对于教学模式与院校类型各个组对的四次测验重复测量值的情况,线性显著性 $p = 0.033$,表示统计均值线性显著;二次及三次均为非显著,表明均值关系仅为一次显著线性关系,而不存在显著的方向行折变。

表 7.6.1h　包含析因方差分析的一般线性模型重复测量分析法生成的统计数据
——Tests of Between-Subjects Effects

Measure:MEASURE_1

Transformed Variable:Average

Source	Type III Sum of Squares	df	Mean Square	F	Sig.	Partial Eta Squared
Intercept	2399295.852	1	2399295.852	6649.152	.000	.983
Modality	17.893	1	17.893	.050	.824	.000
School_Type	7928.230	2	3964.115	10.986	.000	.159
Modality * School_Type	3795.205	2	1897.602	5.259	.007	.083
Error	41857.719	116	360.842			

表 7.6.1h"Tests of Between-Subjects Effects"中的 Modality(教学模式),School_Type(院校类型),Modality * School_Type(教学模式 * 院校类型)三行中的数据呈现了本研究中各大组间变量间在测验值上的统计差异与交互关系。表中的 Modality * School_Type(教学模式 * 院校类型)一行的 Sig. = 0.007,表示教学模式与院校类型之间[Modality * School_Type(教学模式 * 院校类型)]存在显著交互性。表中 Modality 一行数据的 Sig. = 0.824,表示在教育模式之间不存在显著差异。然而,表中 School_Type 一行数据的 Sig. = 0.000,表示在院校类型之间存在显著差异。

图 7.6.1a,图 7.6.1b,图 7.6.1c,和图 7.6.1d 分别显示了不同类型院校的学生参加在不同教学模式的第一次、第二次、第三次和第四次微积分课程测验的成绩均值曲线。以上图示曲线对于判断参加不同教学模式与不同类型院校的学生在第一次、第二次、第三次和第四次微积分课程测验的成绩均值之间的交互性和差异性提供了清晰的视觉基础。

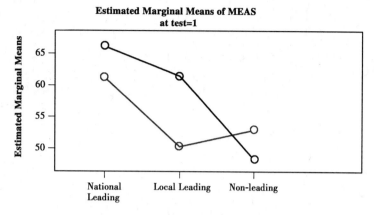

图 7.6.1a "包含析因方差分析的一般线性模型重复测量分析法"生成的数据图：
第一次测验成绩均值

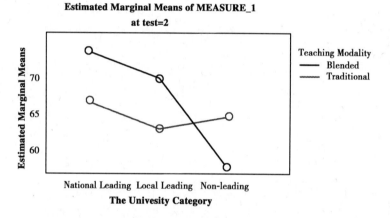

图 7.6.1b "包含析因方差分析的一般线性模型重复测量分析法"生成的数据图：
第二次测验成绩均值

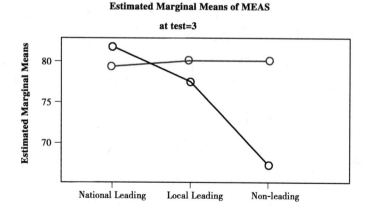

图 7.6.1c "包含析因方差分析的一般线性模型重复测量分析法"生成的数据图：
第三次测验成绩均值

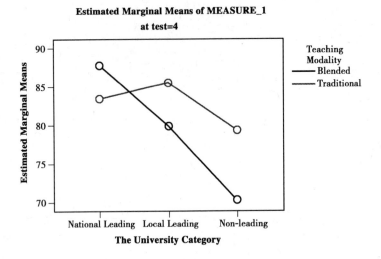

图 7.6.1d "包含析因方差分析的一般线性模型重复测量分析法"生成的数据图:
第四次测验成绩均值

由于在不同教育模式与不同院校类型之间存在显著统计交互性,研究必须先对统计交互性进行分析,然后再分别对不同教育模式以及不同院校类型两大自变量各自进行统计差异分析,并对每组子自变量值进行均值比较分析。单因素方差(单变项变异数)分析法和 TUKEY 检测法可作为续后分析的分析工具。在许多同类研究项目中,根据研究的特点,研究者可以事先制定研究计划,进一步使用独立样本 T 检验法来确定单对变量之间的差异关系。例如,在同类的全国重点院校参加混合教学模式与传统教学模式学生之间,他们在四次微积分类课程中测验的重复测量值上是否存在显著统计差异;在同类的地方重点院校参加混合教学模式与传统教学模式学生之间,他们在四次微积分类课程中测验的重复测量值上是否存在显著统计差异;以及在同类的非重点院校参加混合教学模式与传统教学模式学生之间,他们在四次微积分类课程中测验的重复测量值上是否存在显著统计差异,等等。

然后,研究应分别对不同教育模式以及不同院校类型两大自变量各自进行统计差异分析。由于在教学模式之间不存在显著差异,而在院校类型之间存在显著差异,研究必须用单因素方差分析法和相应的单因素方差分析的"续后分析"方法对院校类型之间存在的显著差异进行分析。

读者应仔细参照第 4 章第 1 节所详细讨论的单因素方差分析法以及单因素方差分析"续后分析法"的具体步骤、生成结果、统计解释和撰写规范,完成本例的其余部分。

由以上分析可知,本例在多维组内变量和组间变量之间都发现了显著统计交互性。对于变量之间存在显著统计交互性的分析与讨论详见本书的第 8 章"变量间存在显著交互性比较研究实例"。

7.7 撰写研究结果的中英文正式规范

本研究使用了"包含析因方差分析的一般线性模型重复测量分析"方法，并结合了 Huynh-Feldt 校正值，对下列情况进行了比较研究和分析：① 比较两类不同教学模式（混合教育模式与传统教育模式）和三类不同院校类型（全国重点大学、地方重点大学和非重点大学）学生在微积分类课程中同一学期的四次测验成绩的重复测量值，四次不同重复测量值之间是否存在显著统计交互性或者显著统计差异；② 就学生在微积分类课程中同一学期的四次测验成绩的重复测量值而言，在两类不同教学模式（混合教育模式与传统教育模式）和三类不同院校类型（全国重点大学、地方重点大学和非重点大学）之间对于因变量（学生在微积分类课程中同一学期的四次测验成绩的重复测量值）是否存在显著统计交互性；③ 参加不同教学模式（"混合教学模式"和"传统教学模式"）的学生在微积分类课程中同一学期的四次测验成绩的重复测量值之间是否存在显著差异；④ 三类不同院校类型（全国重点大学、地方重点大学和非重点大学）的学生在微积分类课程中同一学期的四次测验成绩的重复测量值上是否存在显著差异？

研究结果表明，这组学生在同一学期不同的时间参加的四次微积分类课程的四次测验成绩的重复测量值之间存在显著统计差异，$F(2.66, 308.18) = 111.74, p < 0.05, \eta^2 = 0.49$。表 7.7.1 显示了学生在同一学期不同时间参加的四次微积分类课程的四次测验成绩的重复测量值的均值和标准偏差值。结果表明，学生在同一学期不同的时间参加的四次微积分类课程的四次测验成绩的重复测量值的均值逐次提高。

表 7.7.1 四次不同测验评估值的均值、标准偏差值

院校类型	混合教学模式			传统教学模式			总计	
	n	M	SD	n	M	SD	M	SD
第一次测验								
全国重点	21	66.03	22.88	22	61.20	12.76	63.56	18.35
地方重点	22	61.36	12.19	21	50.30	11.69	56.38	13.06
非重点	18	48.30	11.29	18	52.89	13.56	50.76	12.61
小计	61	59.11	17.78	61	55.11	13.39	57.11	15.80
第二次测验								
全国重点	21	73.59	14.44	22	66.75	10.24	70.09	12.80
地方重点	22	70.19	10.40	18	63.16	16.08	67.03	13.55
非重点	18	58.13	12.95	21	64.77	16.09	61.71	14.92
小计	61	67.81	14.03	61	65.01	14.09	66.41	14.07
第三次测验								
全国重点	21	81.76	10.35	22	79.36	13.04	80.53	11.72

续表

院校类型	混合教学模式			传统教学模式			总计	
	n	M	SD	n	M	SD	M	SD
地方重点	22	77.52	13.06	18	80.01	13.10	78.64	12.97
非重点	18	67.39	24.22	21	80.14	11.15	74.25	19.22
小计	61	75.99	17.22	61	79.82	12.23	77.91	14.99
第四次测验								
全国重点	21	87.76	13.57	22	83.41	11.23	85.53	12.47
地方重点	22	79.89	14.20	18	85.51	10.51	82.42	12.83
非重点	18	70.28	15.72	21	79.33	7.77	75.15	12.77
小计	61	79.76	15.85	61	82.63	10.10	81.19	13.31

多项对比分析进一步表明,对于四次测验重复测量值的总的情况而言,线性显著性 $p=0.000$,$F(1,116)=385.43$,$p<0.05$,$\eta^2=0.77$,表示统计值线性显著;同时,二次显著性 $p=0.001$,$F(1,116)=12.53$,$p<0.05$,$\eta^2=0.098$,表示统计值二次显著,测量均值出现一次均值的方向性转折;三次为非显著。对于不同教学模式的四次测验重复测量值的的情况而言,线性显著性 $p=0.001$,$F(1,116)=10.81$,$p<0.05$,$\eta^2=0.085$,表示统计值线性显著;二次及三次均为非显著,表明均值关系仅为一次显著线性关系,而不存在显著的方向行折变。而对于教学模式与院校类型各个组对的四次测验重复测量值的情况而言,线性显著性 $p=0.033$,$F(2,116)=3.51$,$p<0.05$,$\eta^2=0.057$,表示统计值线性显著;二次及三次均为非显著,表明均值关系仅为一次显著线性关系,而不存在显著的方向行折变。

进一步的析因方差分析结果表明,不同教学模式和院校类别之间,对于四次测验重复测量值的总的情况而言,存在显著统计交互性。同时,就学生在同一学期不同的时间参加的四次微积分类课程的四次测验成绩的重复测量值而言,教学模式之间不存在显著差异。然而,三类不同院校类型学生在同一学期不同时间参加的四次微积分类课程的四次测验成绩的重复测量值之间存在显著差异,$F(2,116)=5.26$,$p=0.007$。显著统计交互性表明在教学模式与院校类型不同可能组对之间,在学生在同一学期不同的时间参加的四次微积分类课程的四次测验成绩的重复测量值上,存在着显著统计差异。

对于具有交互性案例分析的步骤和续后分析的方法,读者应进一步参考本书的第8章中的详细讨论。

对于统计结果的英文规范写法如下:

GLM Repeated Measures with Factorial ANOVA, with Huynh-Feldt corrections, was executed to determine whether ①there were significant interactions or significant differences among students' Repeated Measures of the Four Test-Scores in Calculus (the four tests were given within the same semester), comparing the Teaching Modalities (Blended Learning Modality versus Traditional Learning Modality) and the School Types (National Leading versus Local Leading versus Non-leading Universities）；② there was a significant *interaction* of the Teaching Modalities（Blended Learning Modality versus Traditional Learning Modality）and the School Types（National Leading versus Local Leading versus Non-leading Universities）, in regard to students' Repeated Measures of the Four Test-Scores in Calculus（the four tests were given within the same semester）；③ there was a statistically significant difference between two different Teaching Modalities（Blended Learning Modality versus Traditional Learning Modality）in regard to students' Repeated Measures of the Four Test-Scores in Calculus（the four tests were given within the same semester）；and ④there were statistically significant differences among the School Types（National Leading versus Local Leading versus Non-leading Universities）in regard to students' Repeated Measures of the Four Test-Scores in Calculus（the four tests were given within the same semester）.

The test results showed that there were significant differences among students' Repeated Measures of the Four Test-Scores in Calculus given with the same semester, $F(2.66, 308.18) = 111.74$, $p < 0.05$, $\eta^2 = 0.49$. Table 7.7.2 illustrates the means and standard deviations of students' Repeated Measures of the Four Test-Scores in their Calculus Subject given at four different times within the same semester. The results showed that within the same semester, the repeated measures of the mean test scores at four different times were increasing one after another, indicating that students' test scores became progressively better within the semester.

Multivariate Contrasts tests further showed that, in regard to the general repeated measures, the Polynomial contrasts demonstrated that the Linear Effect was significant, $p = 0.000$, $F(1, 116) = 385.43$, $p < 0.05$, $\eta^2 = 0.77$; meanwhile, the Quadratic Effect was also significant, $p = 0.001$, $F(1, 116) = 12.53$, $p < 0.05$, $\eta^2 = 0.098$; the relationship tended to have one direction change. However, the Cubic Effect is not significant. In regard to the four different repeated measures of test scores for the two different teaching modalities, the Linear Effect was significant, $p = 0.001$, $F(1, 116) = 10.81$, $p < 0.05$, $\eta^2 = 0.085$. However, both the Quadratic and Cubic Effects were not significant, which means that the relationship appeared linear without any direction change. In regard to the four repeated measures for two different teaching modalities and three different school typs, there was a Linear Effect, $p = 0.033$, $F(2, 116) = 3.51$, $p < 0.05$, $\eta^2 = 0.057$. However, both the Quadratic and Cubic Effects were not significant, which means that the relationship appeared linear without any direction change.

Further Factorial ANAVA analysis illustrated that, for the two different teaching modalities and three different school types, in regard to four repeated measures of test scores, there was a significant interaction. Meanwhile, in regard to the repeated measures of four different test scores for the two different teaching modalities, there was no significant difference. However, in regard to the repeated measures of four different test scores among three different school types, there were significant differences, $F(2, 116) = 5.26$, $p = 0.007$. The significant interaction indicated that between some of the possible combinational pairs of the specific teaching modality and school type, the repeated measures of the test scores may have significant differences. Readers should refer to the detailed discussions in Chapter 8 of this book for interactive cases and related Post Hoc analysis.

Table 7.7.2   Means and Standard Deviations among Four Test Scores

School Type	Blended Modality			Traditional Modality			Total	
	n	M	SD	n	M	SD	M	SD
First Test								
National Lead	21	66.03	22.88	22	61.20	12.76	63.56	18.35
Local Lead	22	61.36	12.19	21	50.30	11.69	56.38	13.06
Non-Lead	18	48.30	11.29	18	52.89	13.56	50.76	12.61
Total	61	59.11	17.78	61	55.11	13.39	57.11	15.80
Second Test								
National Lead	21	73.59	14.44	22	66.75	10.24	70.09	12.80
Local Lead	22	70.19	10.40	18	63.16	16.08	67.03	13.55
Non-Lead	18	58.13	12.95	21	64.77	16.09	61.71	14.92
Total	61	67.81	14.03	61	65.01	14.09	66.41	14.07
Third Test								
National Lead	21	81.76	10.35	22	79.36	13.04	80.53	11.72
Local Lead	22	77.52	13.06	18	80.01	13.10	78.64	12.97
Non-Lead	18	67.39	24.22	21	80.14	11.15	74.25	19.22
Total	61	75.99	17.22	61	79.82	12.23	77.91	14.99
Fourth Test								
National Lead	21	87.76	13.57	22	83.41	11.23	85.53	12.47
Local Lead	22	79.89	14.20	18	85.51	10.51	82.42	12.83
Non-Lead	18	70.28	15.72	21	79.33	7.77	75.15	12.77
Total	61	79.76	15.85	61	82.63	10.10	81.19	13.31

8 多自变量、单因变量有显著交互性比较研究实例

8.1 实例背景

本案例对参加不同教学模式(混合教学模式与传统教学模式)的学生在统计类课程中的学习成绩(基于百分制)的综合均值是否存在显著差异进行了比较研究。

同时,本案例对不同类型院校(全国重点大学、地方重点大学和非重点大学)学生统计类课程中的学习成绩(基于百分制)的综合均值是否存在显著差异进行了比较研究。

研究对参加不同教学模式与所属不同类型院校的学生在统计类课程中学习成绩上的交互关系进行了比较研究。

本研究的第一个自变量为不同教学模式。这个自变量分为两大类组:①混合教学模式;②传统教学模式。本研究的第二个自变量为不同类型院校。这个自变量分为三大类组:①全国重点大学;②地方重点大学;③非重点大学。定义本身决定了变量的排异性。本研究的因变量为学生在统计类课程中基于百分制的学习成绩值,为正态分布。

因为本研究具有两个自变量,第一个分为两类,第二个分为三类,而因变量为正态分布数据值,因此,正确的统计方法应选用2×3析因方差分析法。

研究首先比较与分析在两类不同教学模式(混合教育模式与传统教育模式)和三类不同院校(全国重点大学、地方重点大学和非重点大学)之间对于因变量(学生在统计类课程中的学习成绩综合均值)是否存在显著统计交互性。

如果不同教学模式与不同院校类型之间对于因变量不存在显著统计交互性,研究将进一步对不同教学模式以及不同院校类型两大自变量分别进行统计差异分析(详细参见本书的第4章、第6章和第7章)。

本章案例中,不同教学模式与不同院校类型之间对于因变量存在着显著统计交互性。因为自变量之间对于因变量存在着显著统计交互性,本章首先对统计交互性和相应的续后分析步骤进行了分析,然后再对不同教学模式以及不同院校类型两大自变量分别进行统计差异分析,并对每组子自变量值进行均值比较分析。

在许多同类研究项目中,根据研究者事先制定的研究计划,研究可以进一步使用独立样本T检验法来确定单对变量之间的差异关系。例如,在同类的全国重点院校参加混合教学模式与传统教学模式学生之间,他们在统计类课程中的学习成绩综合均值上是否存在显著统计差异;在同类的地方重点院校参加混合教学模式与传统教学模式学生之间,他们在统计类课程中的学习成绩综合均值上是否存在显著统计差异;以及在同类的非重点院校参加混合教学模式与传统教学模式学生之间,他们在统计类课程中的学习成绩综合均值上是否存在显著统计差异,等等。

8.2 研究变量关系的图示

本研究中自变量与因变量的关系如图8.2.1所示。

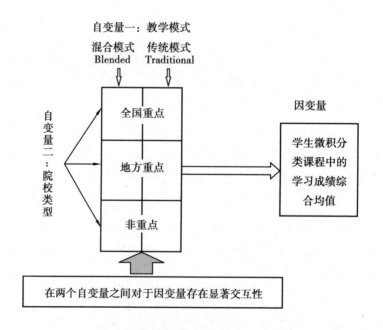

图 8.2.1 交互性析因方差分析法变量图

8.3 研究问题的中英文规范写法

研究问题包含以下三个部分：

1. 就学生在统计类课程中的学习成绩综合均值而言，在两类不同教学模式（混合教育模式与传统教育模式）和三类不同院校类型（全国重点大学、地方重点大学和非重点大学）之间对于因变量（学生统计类类课程中的学习成绩的综合均值）是否存在显著统计交互性？

2. 参加不同教学模式（混合教学模式和传统教学模式）的学生在统计类课程中的学习成绩（基于百分制）的综合均值之间是否存在显著差异？

3. 三类不同院校类型（全国重点大学、地方重点大学和非重点大学）的学生在统计类课程中的学习成绩（基于百分制）的综合均值上是否存在显著差异？

Based on the research scenario, the research question contains the following three parts:

1. Is there a significant *interaction* of the Teaching Modalities (Blended Learning Modality versus Traditional Learning Modality) and the School Types (National Leading versus Local Leading versus Non-leading Universities), in regard to students' Composite Scores in their classes in Statistics?

2. Is there a statistically significant difference between two different Teaching Modalities (Blended Learning Modality versus Traditional Learning Modality) in regard to students' Composite Scores in their classes in Statistics?

3. Are there statistically significant differences among the School Types (National Leading versus Local Leading versus Non-leading Universities) in regard to students' Composite Scores in their classes in Statistics?

8.4 具有显著统计交互性案例的操作流程图

图 8.4.1 显示了分析具有显著统计交互性案例的具体操作流程。

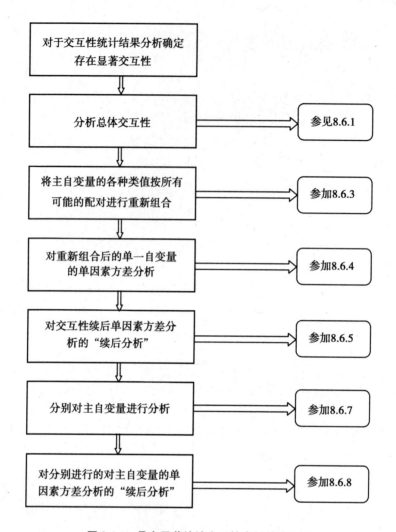

图 8.4.1 具有显著统计交互性案例的流程图

注:本逻辑图参考了乔治·摩根、奥兰多·葛利多和尤金·克来克纳尔的"视窗操作系统下的 SPSS 之应用"(Lawrence Erlbaum Associates,2001)。

8.5 输入 SPSS 后的具体数据

本研究输入 SPSS 后的具体数据如图 8.5.1 所示。

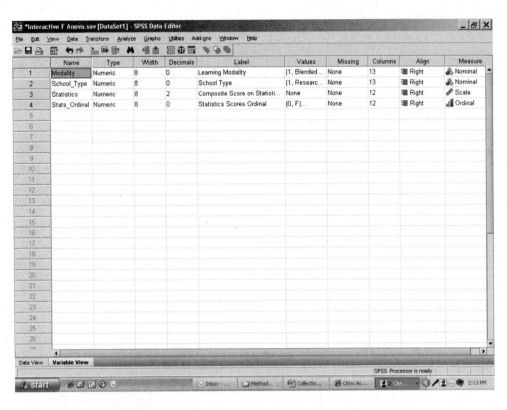

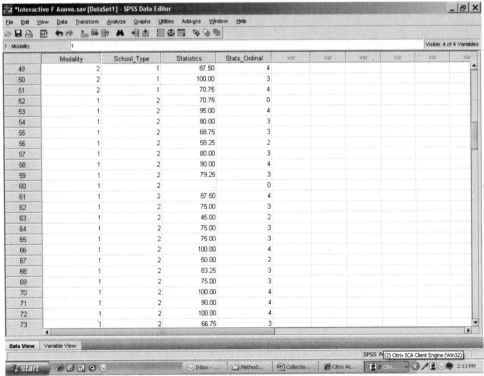

图 8.5.1 输入 SPSS 后的 Variable View 和 Data View

下表显示了 SPSS 生成数据菜单的步骤。进入 SPSS 界面后,点击:

➢ **File =>Display Data File Information =>Working File**

表 8.5.1 **SPSS 生成的数据结果**

Variable Information

Variable	Position	Label	Measurement Level	Column Width	Alignment	Print Format	Write Format
Modality	1	Learning Modality	Nominal	13	Right	F8	F8.2
School_Type	2	School Type	Nominal	13	Right	F8	F8.2
Statistics	3	Composite Score on Statistics	Scale	12	Right	F8.2	F8.2
Stats_Ordinal	4	Subject Statistics Scores Ordinal	Ordinal	12	Right	F8	F8.2

Variables in the working file

Variable Values

Value		Label
Modality	1	Blended Learning Modality
	2	Traditional Classroom Modality
School_Type	1	Research One (National Leading)
	2	Research Two (Local Leading)
	3	Local Applicational (Non-Leading)
Stats_Ordinal	0	F
	1	D
	2	C
	3	B
	4	A

8.6 有显著交互性析因方差分析法的具体操作过程

8.6.1 分析总体交互性

由于本研究中的自变量均为"组间变量",且因变量是正态分布的,正确的参数分析方法应选用析因方差分析法。

以下步骤显示 SPSS 对于析因方差分析法的具体操作过程。输入数据文件后,点击:

➢ **Analyze =>General Linear Model =>Univeriable**

选择:Composite Score on Statistics Subject (综合成绩值)=> **Dependent**(**variable**):

选择:School Type (院校类型),Learning Modality (教学模式) => **Fixed Factor**(**s**):

选择:**Plot**;**School _ Type =>Horizontal Axis**;**Modality =>Separate Lines**;选择:

Add，Continue

选择：**Options**=>**Descriptive statistics，Estimates of effect size，Homogeneity tests**

点击 Continue，然后 OK。

SPSS 对于析因方差分析法生成的结果如表 8.6.1a，b，c，d，图8.6.1所示。

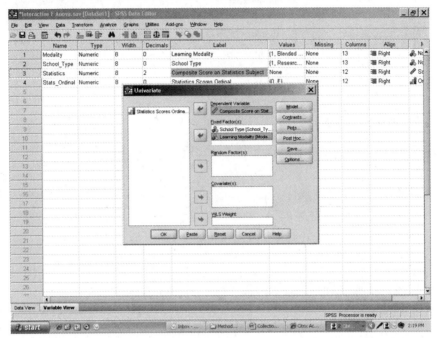

图 8.6.1

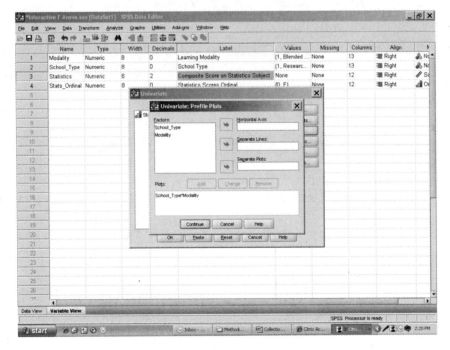

图 8.6.2

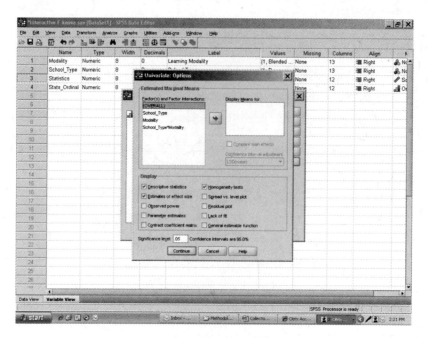

图 8.6.3

8.6.2 对于显著交互性统计结果的解释

表 8.6.1a 对于析因方差分析法生成的结果的统计数据——Between-Subjects Factors

		Value Label	N
School Type	1	Research One（National Leading）	48
	2	Research Two（Local Leading）	49
	3	Local Applicational（Non-Leading）	53
Learning Modality	1	Blended Learning Modality	79
	2	Traditional Classroom Modality	71

表 8.6.1b 对于析因方差分析法生成的结果的统计数据——Descriptive Statistics

Dependent Variable：Composite Score on Statistics Subject

School Type	Learning Modality	Mean	Std. Deviation	N
Research One（National Leading）	Blended Learning Modality	80.6300	17.53763	25
	Traditional Classroom Modality	88.9674	13.06546	23
	Total	84.6250	15.95864	48
Research Two（Local Leading）	Blended Learning Modality	79.4444	14.23959	27
	Traditional Classroom Modality	68.7727	21.33923	22
	Total	74.6531	18.37973	49
Local Applicational（Non-Leading）	Blended Learning Modality	78.4815	14.02298	27
	Traditional Classroom Modality	77.6058	14.25906	26
	Total	78.0519	14.00956	53
Total	Blended Learning Modality	79.4905	15.11762	79
	Traditional Classroom Modality	78.5493	18.13578	71
	Total	79.0450	16.56447	150

表 8.6.1c　对于析因方差分析法生成的结果的统计数据
——Levene's Test of Equality of Error Variances

Dependent Variable：Composite Score on
Statistics Subject

F	df1	df2	Sig.
.588	5	144	.709

Tests the null hypothesis that the error variance of the dependent variable is equal across groups.

a. Design：Intercept + School_Type + Modality + School_Type * Modality

对表 8.6.1a，表 8.6.1b，表 8.6.1c 中的统计数据的解释请参考前面的章节。鉴于析因方差分析法的统计特征，Levene's Test of Equality of Error Variances 中的数据没有重要性。读者可以在具体的研究分析中略去。

表 8.6.1d　对于析因方差分析法生成的结果的统计数据——Tests of Between-Subjects Effects

Dependent Variable：Composite Score on Statistics Subject

Source	Type III Sum of Squares	df	Mean Square	F	Sig.	Partial Eta Squared
Corrected Model	4715.413ᵃ	5	943.083	3.755	.003	.115
Intercept	930071.643	1	930071.643	3703.060	.000	.963
School_Type	2819.145	2	1409.573	5.612	.004	.072
Modality	42.674	1	42.674	.170	.681	.001
School_Type * Modality	2178.215	2	1089.107	4.336	.015	.057
Error	36167.471	144	251.163			
Total	978099.688	150				
Corrected Total	40882.884	149				

a. R Squared = .115 (Adjusted R Squared = .085)

表 8.6.1d "Tests of Between-Subjects Effects" 中的 Modality（教学模式），School_Type（院校类型），School_Type * Modality（院校类型*教学模式）三行中的数据对分析交互性案例具有关键性的重要意义。School_Type * Modality（院校类型*教学模式）一行的 Sig.= 0.015，表示院校类型之间与教学模式［School_Type * Modality（院校类型*教学模式）］存在显著交互性。

进一步分析表 8.6.1d 中的数据，School_Type（院校类型）一行的 $p<0.05$（Sig.= 0.004），表示院校类型之间对于因变量存在显著差异。而 Modality（教学模式）一行的 Sig.=0.681，表示教学模式之间对于因变量不存在显著差异。

由于自变量之间对于因变量存在着显著统计交互性，研究首先必须对统计交互性进行分析。分析统计交互性的第一步，是将两个主自变量的各种类值按所有可能的配对进行重新组合。每一对重新组合的新变值为一个"单体"新变量。因为本研究的一个自变量拥有"全国重点""地方重点""非重点"三大类值；而另一个自变量拥有"混合教学模式"和"传统教学模式"两大类值，所以按自变量类值间所有可能的配对进行重新组合后的"单体"新变量为：

1-混合教学模式*全国重点大学

2-混合教学模式*地方重点大学

3-混合教学模式*非重点大学

4-传统教学模式*全国重点大学

5-传统教学模式*地方重点大学

6-传统教学模式*非重点大学

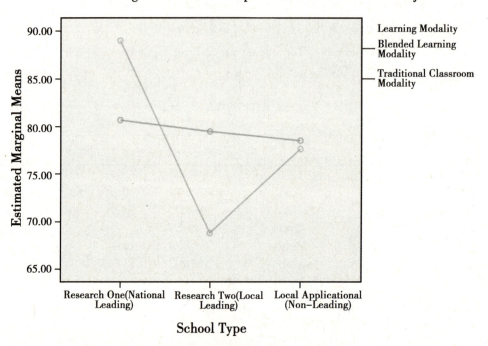

图 8.6.4　析因方差分析法生成的结果的图示

图 8.6.4 显示了参加不同教学模式与不同类型院校的学生在统计类课程中学习成绩上的交互关系,院校类型之间对于因变量的差异关系,以及教学模式之间对于因变量的差异关系,并为这些交互性和差异性提供了清晰的视觉判断基础。

8.6.3　显著交互性续后分析的具体操作过程

首先,定义与输入以上所讨论的按自变量类值间所有可能的配对进行重新组合后的"单体"新变量。

点击:**Transform**=>**Compute Variable**;在 **Target Variable** 的框内,定义目标变量为:**InterCombo**(交互性组合):

点击:**Type & Label**…;在 **Label** 的框内,输入变量定义名: **Six New Combinations**(6 个新的变量组合):

点击:**Continue**;在 **Numeric Expression** 的框内,输入: **1**

点击: **If**…=>**Include if case satisfies condition**;输入:**Modality**=1 & **School_Type**=1

（**Modality** = 1 为混合教学模式；**School_Type** = 1 为全国重点，因此，以上输入为：1-混合教学模式与全国重点大学的新的变量组合）。

点击：**Continue** =>**OK**；在 **Numeric Expression** 的框内，输入：**2**

点击：**If…** =>**Include if case satisfies condition**；输入：**Modality** = 1 & **School_Type** = 2（**Modality** = 1 为混合教学模式；**School_Type** = 2 为地方重点，因此，以上输入为：2-混合教学模式与地方重点大学的新的变量组合）。

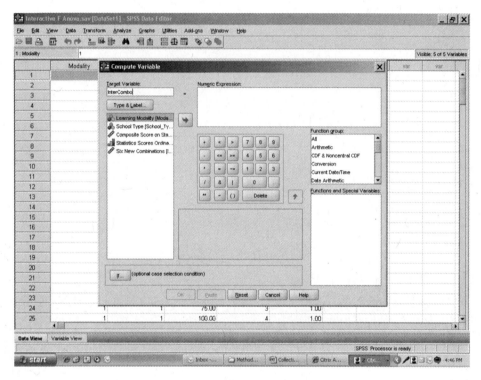

图 8.6.5

点击：**Continue** =>**OK**；在 **Numeric Expression** 的框内，输入：**3**

点击：**If…** =>**Include if case satisfies condition**；输入：**Modality** = 1 & **School_Type** = 3（**Modality** = 1 为混合教学模式；**School_Type** = 2 为非重点，因此，以上输入为：3-混合教学模式与非重点大学的新的变量组合）。

点击：**Continue** =>**OK**；在 **Numeric Expression** 的框内，输入：**4**

点击：**If…** =>**Include if case satisfies condition**；输入：**Modality** = 2 & **School_Type** = 1（**Modality** = 2 为传统教学模式；**School_Type** = 1 为全国重点，因此，以上输入为：4-传统教学模式与全国重点大学的新的变量组合）。

点击：**Continue** =>**OK**；在 **Numeric Expression** 的框内，输入：**5**

点击：**If…** =>**Include if case satisfies condition**；输入：**Modality** = 2 & **School_Type** = 2（**Modality** = 2 为传统教学模式；**School_Type** = 2 为地方重点，因此，以上输入为：5-传统

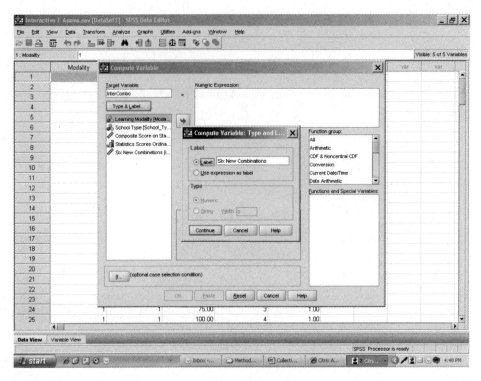

图 8.6.6

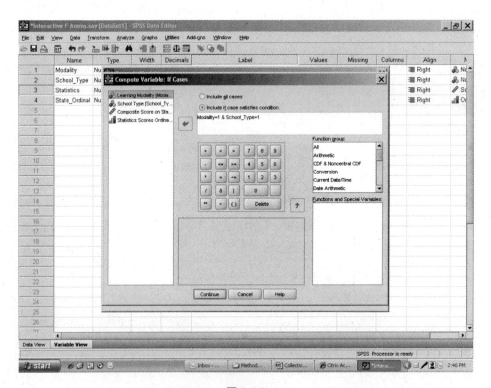

图 8.6.7

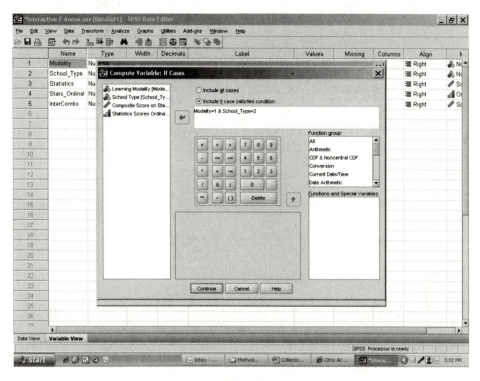

图 8.6.8

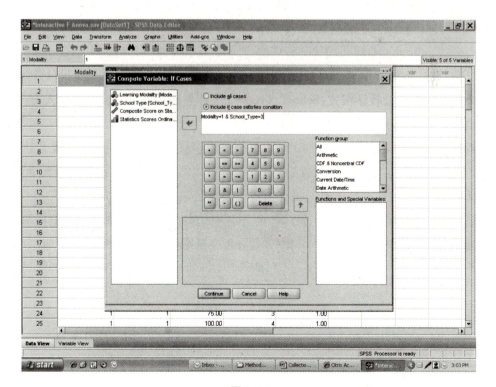

图 8.6.9

重新组合的"单体"新变量：
单一自变量拥有6个值

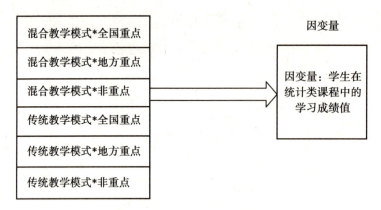

图 8.6.13　转化后的 6 个变值的单一自变量的单因素方差分析变量图

重新组合后的 6 个"单体"变值的单因素方差分析的具体步骤如下：

点击：**Analyze** =>**Compare means** =>**Oneway Anova**

选择：**Composite Score on Statistics Subject** …（统计综合成绩值）=> **Dependent List**：

选择：**Six New Combinations**（6 个新的变量组合）=> **Factor**：

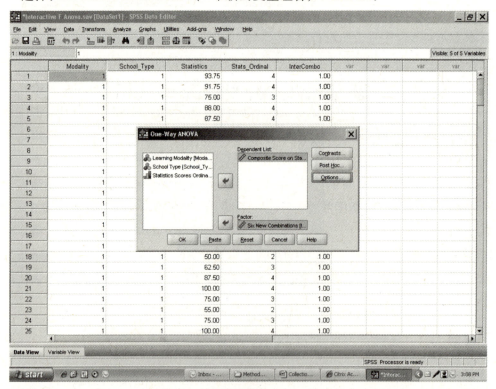

图 8.6.14

点击 **Continue**，**OK**。

SPSS 生成的结果如表 8.6.2a，表 8.6.2b，表 8.6.2c 所示。

8.6.4 对重新组合后的"单体"变值的单因素方差分析的统计结果的解释

表 8.6.2a SPSS 对于 6 个新的变量组合生成的结果——Descriptives Descriptives

Composite Score on Statistics Subject

	N	Mean	Std. Deviation	Std. Error	95% Confidence Interval for Mean		Minimum	Maximum
					Lower Bound	Lower Bound		
1	25	80.6300	17.53763	3.50753	73.3908	87.8692	45.00	100.00
2	27	79.4444	14.23959	2.74041	73.8114	85.0774	45.00	100.00
3	27	78.4815	14.02298	2.69872	72.9342	84.0288	50.00	100.00
4	23	88.9674	13.06546	2.72434	83.3175	94.6173	55.00	100.00
5	22	68.7727	21.33923	4.54954	59.3114	78.2340	.00	91.75
6	26	77.6058	14.25906	2.79643	71.8464	83.3651	41.75	100.00
Total	150	79.0450	16.56447	1.35248	76.3725	81.7175	.00	100.00

表 8.6.2a"Descriptives"提供了 6 个不同变量值之间的学生在统计类课程中的学习综合成绩均值与其他相关数据。

表 8.6.2b SPSS 对于 6 个新的变量组合生成的结果——Test of Homogeneity of Variances

Composite Score on Statistics Subject

Levene Statistic	df1	df2	Sig.
.588	5	144	.709

表 8.6.2b"Test of Homogeneity of Variances"并不是单因素方差分析法的结果，而是对于方差齐性假设的检验。如果成绩值检验的 Sig.值不显著的话，方差齐性假设成立，则我们在数据分布均匀一致的假定下进行对单因素方差分析法的结果分析（即用表8.6.2c中的 ANOVA 表中的 F, df, 以及 p 等数据进行分析）。然而，如果检验的 Sig. 值是显著的话（表"Test of Homogeneity of Variances"中任意一行的 Sig.<0.05），方差齐性假设不成立，则我们在推翻数据分布均匀一致的假定下进行对单因素方差分析法结果的分析，即用相应的非参数检验法克鲁斯卡尔—华利斯检验法进行分析。在表 8.6.2b 中，"Test of Homogeneity of Variances"中所有的 Sig.值大于 0.05，数据分布的均匀一致性假设成立。

表 8.6.2c SPSS 对于 6 个新的变量组合生成的结果——ANOVA

Composite Score on Statistics Subject

	Sum of Squares	df	Mean Square	F	Sig.
Between Groups	4715.413	5	943.083	3.755	.003
Within Groups	36167.471	144	251.163		
Total	40882.884	149			

根据 SPSS 生成的表 8.6.2c"ANOVA"所示，在下列重新组合后的"单体"新变量的学生之间：①混合教学模式*全国重点大学的学生；②混合教学模式*地方重点大学的学生；

③混合教学模式 * 非重点大学的学生；④传统教学模式 * 全国重点大学的学生；⑤传统教学模式 * 地方重点大学；⑥传统教学模式 * 非重点大学的学生，他们在统计课程中的学习综合成绩均值上存在显著的统计差异，$F(5,149) = 3.76$，$p = 0.03$。

由于 ANOVA 表仅仅指出 6 个变量值间是否存在总体显著差异，因此，仅根据 ANOVA 表无法确定究竟在哪一对或哪几对变量之间存在单对显著差异。所以，如果总体 F 值存在显著差异的话，必须进一步用"续后分析法"来确定究竟在哪一对或哪几对变量之间存在单对显著差异。

8.6.5 交互性续后单因素方差分析的"续后分析"的具体操作步骤

以下步骤显示 SPSS 中交互性续后单因素方差分析的"续后分析"的具体操作步骤。

点击：**Analyze** =>**Compare means** =>**Oneway Anova**

1.选择：**Composite Score on Statistics Subject**（统计类成绩综合值）=> **Dependent List**：

2.选择：**Six New Combinations**（6 个新的变量组合）=> **Factor**：

3.点击 **Continue**

4.选择：**Post Hoc** =>**Tukey**

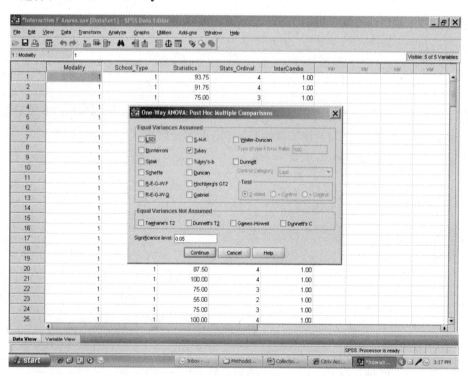

图 8.6.15

点击 **Continue**，然后 **OK**。

SPSS 对交互性续后单因素方差分析的"续后分析"的结果如表 8.6.3a 与表 8.6.3b 所示。

8.6.6 对以上"续后分析"的结果的解释

表 8.6.3a SPSS 对于交互性续后单因素方差分析的"续后分析"的结果——ANOVA

Composite Score on Statistics Subject

	Sum of Squares	df	Mean Square	F	Sig.
Between Groups	4715.413	5	943.083	3.755	.003
Within Groups	36167.471	144	251.163		
Total	40882.884	149			

表 8.6.3a"ANOVA"显示,在重新组合后的"单体"新变量的学生之间,统计课程中的学习综合成绩均值存在显著的统计差异,$F(5, 149) = 3.76$, $p = 0.03$。

表 8.6.3b **SPSS** 对于交互性续后单因素方差分析的"续后分析"的结果——**Multiple Comparisons**

Composite Score on Statistics Subject

Tukey HSD

(I) Six New Combinations	(J) Six New Combinations	Mean Difference (I-J)	Std. Error	Sig.	95% Confidence Interval	
					Lower Bound	Upper Bound
1	2	1.18556	4.39873	1.000	−11.5201	13.8912
	3	2.14852	4.39873	.997	−10.5571	14.8541
	4	−8.33739	4.57894	.456	−21.5635	4.8887
	5	11.85727	4.63282	.114	−1.5245	25.2390
	6	3.02423	4.43922	.984	−9.7983	15.8468
2	1	−1.18556	4.39873	1.000	−13.8912	11.5201
	3	.96296	4.31331	1.000	−11.4959	13.4218
	4	−9.52295	4.49694	.284	−22.5122	3.4663
	5	10.67172	4.55179	.183	−2.4760	23.8194
	6	1.83868	4.35459	.998	−10.7394	14.4168
3	1	−2.14852	4.39873	.997	−14.8541	10.5571
	2	−.96296	4.31331	1.000	−13.4218	11.4959
	4	−10.48591	4.49694	.188	−23.4752	2.5034
	5	9.70875	4.55179	.276	−3.4390	22.8565
	6	.87571	4.35459	1.000	−11.7024	13.4538
4	1	8.33739	4.57894	.456	−4.8887	21.5635
	2	9.52295	4.49694	.284	−3.4663	22.5122
	3	10.48591	4.49694	.188	−2.5034	23.4752
	5	20.19466 *	4.72616	.000	6.5433	33.8461
	6	11.36162	4.53655	.130	−1.7421	24.4653

续表

(I) Six New Combinations	(J) Six New Combinations	Mean Difference (I-J)	Std. Error	Sig.	95% Confidence Interval	
					Lower Bound	Upper Bound
5	1	−11.85727	4.63282	.114	−25.2390	1.5245
	2	−10.67172	4.55179	.183	−23.8194	2.4760
	3	−9.70875	4.55179	.276	−22.8565	3.4390
	4	−20.19466 *	4.72616	.000	−33.8461	−6.5433
	6	−8.83304	4.59093	.392	−22.0938	4.4277
6	1	−3.02423	4.43922	.984	−15.8468	9.7983
	2	−1.83868	4.35459	.998	−14.4168	10.7394
	3	−.87571	4.35459	1.000	−13.4538	11.7024
	4	−11.36162	4.53655	.130	−24.4653	1.7421
	5	8.83304	4.59093	.392	−4.4277	22.0938

*. The mean difference is significant at the 0.05 level.

　　表 8.6.3b"Multiple Comparisons"所示,比较学生在统计类课程中的综合均值:①在变量值1与2,3,4,5,6各个值之间不存在显著统计差异(Sig.>0.05);②在变量值2与1,3,4,5,6各个值之间不存在显著统计差异(Sig.>0.05);③在变量值3与1,2,4,5,6各个值之间不存在显著统计差异(Sig.>0.05);④在变量值4与1,2,3,6各个值之间不存在显著统计差异(Sig.>0.05),然而,在变量值4与5之间存在显著统计差异(Sig.=000);⑤在变量值5与1,2,3,6各个值之间不存在显著统计差异(Sig.>0.05),然而,在变量值5与4之间存在显著统计差异(Sig.=000);⑥在变量值6与1,2,3,4,5各个值之间不存在显著统计差异(Sig.>0.05)。上表中含有重复比较。因此可得结论,在变量值4与5之间存在显著统计差异(Sig.=000)。进一步的结论为:比较学生在统计类课程中的学习成绩综合均值,在变量值4与5的学生之间(4-传统教学模式*全国重点大学;5-传统教学模式*地方重点大学),也就是全国重点大学参加传统教学模式的学生与地方重点大学参加传统教学模式的学生之间存在显著统计差异。他们之间存在的均差值为20.19,全国重点大学参加传统教学模式的学生的学习成绩综合均值优于地方重点大学参加传统教学模式的学生的学习成绩综合均值。表 8.6.3b"Multiple Comparisons"中的右边两列为95%置信区间(95% Confidence Interval)。95%置信区间表明,如果同样的研究重复100次的话,其中95次的均值差(MD)将落在置信区间的上下限之间。

8.6.7　分别对两大主自变量的统计差异分析

　　如前所述,在完成了对显著交互性与显著交互性的续后分析后,必须分别对两大主自变量进行统计差异分析。以下是 SPSS 对两大主自变量进行统计差异分析所生成的统计结果(详细步骤可参考本书第4章)。

　　对于不同的教学模式,结果如表 8.6.4a 与表 8.6.4b 所示,对于不同的院校类型,结果如表 8.6.5(a,b,c,d,e)所示。

8.6.8 分别对两大自变量进行分析的统计结果的解释

表 8.6.4a 对不同的教学模式自变量进行统计差异分析所生成的统计结果——Group Statistics

	Learning Modality	N	Mean	Std. Deviation	Std. Error Mean
Composite Score on Statistics Subject	Blended Learning Modality	79	79.4905	15.11762	1.70086
	Traditional Classroom Modality	71	78.5493	18.13578	2.15232

表 8.6.4b 对不同的教学模式自变量进行统计差异分析所生成的统计结果——Independent Samples Test

		Levene's Test for Equality of Variances		t-test for Equality of Means						
		F	Sig.	t	Df	Sig. (2-tailed)	Mean Difference	Std. Error Difference	95% Confidence Interval of the Difference	
									Lower	Upper
Composite Score on Statistics Subject	Equal variances assumed	.280	.598	.346	148	.730	.94121	2.71686	−4.42763	6.31005
	Equal variances not assumed			.343	136.836	.732	.94121	2.74325	−4.48344	6.36586

根据 SPSS 生成的表 8.6.4a 与表 8.6.4b，比较学生的统计类学习成绩综合值，在不同的教学模式之间不存在显著统计差异。

表 8.6.5a 对不同的院校类型自变量进行统计差异分析所生成的统计结果——Descriptives

Descriptives

Composite Score on Statistics Subject

	N	Mean	Std. Deviation	Std. Error	95% Confidence Interval for Mean		Minimum	Maximum
					Lower Bound	Lower Bound		
Research One (National Leading)	48	84.6250	15.95864	2.30343	79.9911	89.2589	45.00	100.00
Research Two (Local Leading)	49	74.6531	18.37973	2.62568	69.3738	79.9323	.00	100.00
Local Applicational (Non-Leading)	53	78.0519	14.00956	1.92436	74.1904	81.9134	41.75	100.00
Total	150	79.0450	16.56447	1.35248	76.3725	81.7175	.00	100.00

表 8.6.5a"Descriptives"提供了三类不同院校（全国重点大学、地方重点大学和非重点大学）的学生在统计类课程中的学习综合成绩均值与其他相关数据。

表 8.6.5b 对不同的院校类型自变量进行统计差异分析所生成的
统计结果——Test of Homogeneity of Variances

Composite Score on Statistics Subject

Levene Statistic	df1	df2	Sig.
.167	2	147	.847

表 8.6.5b "Test of Homogeneity of Variances" 并不是单因素方差分析法的结果,而是对于方差齐性假设的检验。如果检验的 Sig.值不显著的话,方差齐性假设成立,则我们在数据分布均匀一致的假定下进行对单因素方差分析法结果的分析(即用表 8.6.5c 中的 ANOVA 中的 F, df, 以及 p 等数据进行分析)。然而,如果对于成绩值检验的 Sig.值是显著的话(表 "Test of Homogeneity of Variances" 中的 Sig.<0.05),方差齐性假设不成立,则我们在推翻数据分布均匀一致的假定下进行对单因素方差分析法结果的分析, 即用相应的非参数检验法克鲁斯卡尔—华利斯检验法进行分析。

表 8.6.5c 对不同的院校类型自变量进行统计差异分析所生成的统计结果——ANOVA

Composite Score on Statistics Subject

	Sum of Squares	df	Mean Square	F	Sig.
Between Groups	2491.987	2	1245.993	4.771	.010
Within Groups	38390.897	147	261.163		
Total	40882.884	149			

表 8.6.5c "ANOVA" 显示,"统计类学习成绩综合值"(Composite Score on Statistics Subject)的 F 值为 4.77, df=(2,149), p=0.01。因为 p<0.05,F 值为统计显著。所以可得结论,三类不同院校(全国重点大学、地方重点大学和非重点大学)的学生在统计类课程中的学习综合成绩均值上存在显著的统计差异,$F(2,149)$= 4.77, p<0.05。

由于 "ANOVA" 表仅仅给出了三个变量值间是否存在总体显著差异,因此,仅根据 ANOVA 表无法确定究竟在哪一对或哪几对变量之间存在单对显著差异。所以,如果总体 F 值存在显著差异的话,必须进一步用 "续后分析法" 来确定究竟在哪一对或哪几对变量值之间存在单对显著差异。

8.6.9 对单因素方差分析的"续后分析"生成结果的解释

表 8.6.5d 对不同的院校类型自变量进行统计差异分析所生成的统计结果——**Multiple Comparisons**

Composite Score on Statistics Subject

Tukey HSD

(I) School Type	(J) School Type	Mean Difference (I-J)	Std. Error	Sig.	95% Confidence Interval	
					Lower Bound	Upper Bound
Research One (National Leading)	Research Two (Local Leading)	9.97194*	3.28188	.008	2.2015	17.7424
	Local Applicational (Non-Leading)	6.57311	3.22001	.106	−1.0509	14.1971

续表

(I) School Type	(J) School Type	Mean Difference (I-J)	Std. Error	Sig.	95% Confidence Interval	
					Lower Bound	Upper Bound
Research Two (Local Leading)	Research One (National Leading)	−9.97194*	3.28188	.008	−17.7424	−2.2015
	Local Applicational (Non-Leading)	−3.39883	3.20272	.540	−10.9819	4.1842
Local Applicational (Non-Leading)	Research One (National Leading)	−6.57311	3.22001	.106	−14.1971	1.0509
	Research Two (Local Leading)	3.39883	3.20272	.540	−4.1842	10.9819

*. The mean difference is significant at the 0.05 level.

"续后分析"的主要结论来自于对表 8.6.5d "Multiple Comparisons" 中数据的分析。"Multiple Comparisons" 表对于每变量值所有可能的组合进行了比较分析。

根据 "Multiple Comparisons" 所示,比较学生在统计类课程中的学习成绩综合均值可作出如下结论:①在全国重点大学(National Leading)和地方重点大学(Local Leading)的学生之间存在显著统计差异(Sig. = 0.008);②在全国重点大学(National Leading)和非重点大学(Non-Leading)的学生之间不存在显著统计差异(Sig. = 0.106);③在地方重点大学和非重点大学的学生之间不存在显著统计差异(Sig. = 0.54)。上表中含有重复比较。进一步的结论为:比较学生在统计类课程中的学习成绩综合均值,全国重点大学的学生和地方重点大学的学生之间存在的均差值为 9.97,全国重点大学学生的统计类课程的学习成绩综合均值优于地方重点大学学生的统计类课程的学习成绩综合均值。

"Multiple Comparisons" 表中的右边两列为 95% 置信区间(95% Confidence Interval)。95% 置信区间表明,如果同样的研究重复 100 次的话,其中 95 次的均值差(MD)将落在置信区间的上下限之间。

根据续后分析的结果,全国重点大学的学生和地方重点大学的学生之间存在的均差值为 9.97,标准偏差集合值(Pooled SD)约为 17.17,因此,$d = 0.58$。根据科恩(1988)的定义,这是偏中的效应尺度。

8.7 撰写研究结果的正式规范

8.7.1 总结总体交互性

表 8.7.1 显示了在两类不同教学模式(混合教育模式与传统教育模式)以及三类不同院校(全国重点大学、地方重点大学和非重点大学)在学生统计类课程中的学习成绩综合均值和标准偏差。

表 8.7.1 两类不同教学模式以及三类不同院校在学生统计类课程中的学习成绩综合均值和标准偏差

院校类型	混合教学模式			传统教学模式			总计	
	n	M	SD	n	M	SD	M	SD
全国重点	25	80.63	17.54	23	88.96	13.07	48	15.96
地方重点	27	79.44	14.24	21	68.77	21.34	49	18.38
非重点	27	78.48	14.02	26	77.61	14.26	53	12.61
小计	79	79.49	15.12	71	78.55	18.14	150	16.56

析因方差分析结果表明,在两类不同教学模式(混合教育模式与传统教育模式)和三类不同院校(全国重点大学、地方重点大学和非重点大学)之间对于因变量(学生在统计类课程中的学习成绩综合均值)存在显著统计交互性,p=0.015,如表 8.7.2 所示。

表 8.7.2 不同教学模式和三类不同院校类型之间对于因变量的统计交互性

Variance and Source	df	MS	F	eta^2
统计类成绩均值				
不同院校类型	2	1409.57	5.61*	.072
不同教学模式	1	42.67	.17	.001
院校类型 * 教学模式	2	1089.11	4.34*	.057
误差	144	251.16		

*$p<.05$

因为不同的教学模式与不同的院校类型之间存在显著的统计交互性,本研究先对统计交互性进行分析(用单因素方差分析法和 TUKEY 检测法作为续后分析),然后再分别对不同的教学模式与不同的院校类型两大自变量进行统计差异分析。

8.7.2 对统计交互性进行分析(用单因素方差分析法和 TUKEY 检测法作为续后分析)的中英文总结

表 8.7.3a 显示了用单因素方差分析法来分析与比较 6 对重新组合的"单体"变量(1-混合教学模式 * 全国重点大学的学生;2-混合教学模式 * 地方重点大学的学生;3-混合教学模式 * 非重点大学的学生; 4-传统教学模式 * 全国重点大学的学生; 5-传统教学模式 * 地方重点大学的学生;6-传统教学模式 * 非重点大学的学生)的均值与标准偏差值。表 8.7.3b 显示了 6 对重新组合的单因素方差分析。如该表所示,整体 F 值指出了比较结果具有显著统计差异 ($p < 0.05$)。

表 8.7.3a 6 对重新组合的"单体"变量的均值与标准偏差值

6 对重新组合的"单体"变量	n	M	SD
1	25	80.63	17.54
2	27	79.44	14.24
3	27	78.48	14.02
4	23	88.97	13.07
5	22	68.77	21.34
6	26	77.61	14.26

表 8.7.3b　6 对重新组合的"单体"变量的单因素方差分析表

Source	df	SS	MS	F	p
统计类课程中学习成绩综合均值					
组间	5	4715.41	943.08	3.76	.00*
组内	144	36167.47	251.16		
总计	149	40882.88			

* $p < .05$

　　TUKEY 检测法续后分析显示了在变量值 4 与 5 之间存在显著统计差异，$p < .05$。由此可得结论：比较学生在统计类课程中的学习成绩综合均值，在变量值 4 与 5 的学生之间（4-传统教学模式*全国重点大学；5-传统教学模式*地方重点大学），也就是在全国重点大学参加传统教学模式的学生与在地方重点大学参加传统教学模式的学生之间存在显著统计差异。他们之间存在的均差值为 20.19，全国重点大学参加传统教学模式的学生的学习成绩综合均值优于地方重点大学参加传统教学模式的学生的学习成绩综合均值。95% 的置信区间显示平均差大约在 6.54 与 33.85 之间。根据续后分析的结果，效应尺度接近于 1。以上所讨论的显示交互性在图 8.7.1 中一目了然。图中的曲线特别显示了全国重点大学参加传统教学模式的学生的成绩综合均值与地方重点大学参加传统教学模式的学生的学习成绩综合均值的显著统计差异。

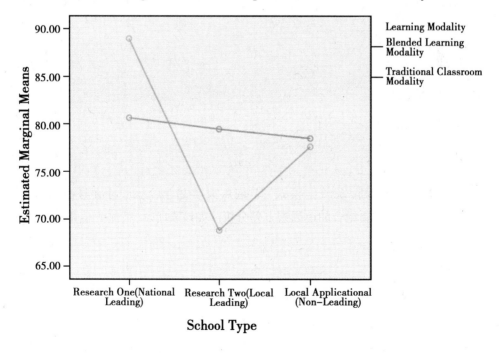

图 8.7.1　统计差异交互曲线

8.7.3 分别对不同教育模式及不同院校类型两大自变量进行差异分析的中英文总结

表 8.7.4 为根据统计数据结果而制成的 APA 规范表格。

表 8.7.4a 不同院校学生在统计类课程中成绩的均值与标准偏差值比较

不同类院校	n	M	SD
全国重点	48	84.63	15.96
地方重点	49	74.65	18.37
非重点	53	78.05	14.01

表 8.7.4b 不同类院校学生在统计类课程中学习成绩的单因素方差分析表

Source	df	SS	MS	F	p
统计课程中学习成绩综合均值					
组间	2	2491.99	1245.99	4.77	.01*
组内	147	38390.90	261,16		
总计	149	40882.88			

*$p<.05$

根据表 8.7.4,对于统计结果的规范中文写法如下:

基于单因素方差分析的结果,不同类院校(全国重点大学、地方重点大学和非重点大学)的学生在统计类课程中的学习成绩的综合均值上存在显著统计差异,$F(2, 149) = 4.77$,$p = 0.01$。表 8.7.4 表明,全国重点大学学生的统计类课程的学习成绩的综合均值为 84.63;地方重点大学学生的统计类课程的学习成绩的综合均值为 74.65;非重点大学学生的统计类课程的学习成绩的综合均值为 78.05。单因素方差分析的"续后分析"(Post Hoc Analysis)的结果表明,就统计类课程中的学习成绩的综合均值而论,在全国重点大学(National Leading)和地方重点大学(Local Leading)的学生之间存在显著统计差异,$p < 0.05$。95%均值差(MD)的置信区间 2.2 到 17.74 之间。根据续后分析的结果,全国重点大学的学生和地方重点大学的学生之间存在的均差值为 9.97,标准偏差集合值(Pooled SD)约为 17.17;因此,$d = 0.58$。根据科恩(1988)的定义,这是偏中的效应尺度。

总结总体交互性的规范英文写法:

Factorial ANOVA (analysis of variance) was executed to determine whether there were significant interactions and/or significant differences among the three School Types and two Teaching Modalities, in regard to students' Composite Scores on Statistics. The test results showed that there was a significant interaction effect of different teaching modalities and school types, $p = 0.015$. Meanwhile, there was no significant difference between two different Teaching Modalities. However, a statistically significant difference was found among the three school types (National Leading, Local Leading, and Non-leading Universities) in regard to students' Composite Scores in Statistics, $F(2, 149) = 4.77$, $p = 0.01$. Table 8.7.5 illustrates the means and standard deviations of students' Composite Scores in Statistics among the different Teaching Modalities and different School Types. Table 8.7.6 shows the interaction of student scores as a function of different Teaching Modalities and different School Types.

Table 8.7.5　The Means and Standard Deviations of Students' Composite Score on Statistics Subject Among Two Different Teaching Modality and Three Different School Types

School Type	Blended Modality			Traditional Modality			Total	
	n	M	SD	n	M	SD	M	SD
National Lead	25	80.63	17.54	23	88.96	13.07	48	15.96
Local Lead	27	79.44	14.24	21	68.77	21.34	49	18.38
Non-Leading	27	78.48	14.02	26	77.61	14.26	53	12.61
Total	79	79.49	15.12	71	78.55	18.14	150	16.56

Table 8.7.6　The Interaction of Student Scores as a Function of Two Different Teaching Modality and Three Different School Types

Variance and Source	df	MS	F	eta^2
Scores on Statistics Subject				
School Types	2	1409.57	5.61	.072
Teaching Modality	1	42.67	.17	.001
School_Type * Modality	2	1089.11	4.34*	.057
Error	144	251.16		

* $p < .05$

因为不同的教学模式与不同的院校类型之间存在显著统计交互性,本研究首先对统计交互性用单因素方差分析法和 TUKEY 检测法进行了分析,然后再分别对不同的教学模式与不同的院校类型两大自变量进行了统计差异分析。

对统计交互性进行分析(用单因素方差分析法和 TUKEY 检测法作为续后分析)的总结和分别对不同教育模式及不同院校类型两大自变量进行差异分析的英文规范总结与第 4 章第 1 节中所讨论的单因素方差分析法以及单因素方差分析"续后分析法"中的"对于统计结果的英文规范写法"十分相似,读者应进一步参考第 4 章第 1 节所详细讨论的单因素方差分析法以及单因素方差分析"续后分析法"中的英文规范写法完成本例的其余部分。

杰卡尔德和突瑞斯(Jaccard & Turrisi,2003)对多因素交互性曾作过详尽的论述。在其中的一个案例中,杰卡尔德和突瑞斯以研究样本中的不同性别为主自变量,以样本的不同的教会隶属为调制自变量,进而对不同性别与不同教会隶属的样本对象在对妇女堕胎所持态度的调查打分值(因变量)的差异和交互关系进行了比较研究(Jaccard & Turrisi,2003)。对于多自变量、单因变量有显著交互性比较研究的实例与理论,读者可以进一步参考有关文献以加深理解(Jaccard & Turrisi, 1998;蓝石, 2006;蓝石, 2009;Leech, Barrett,& Morgan, 2004)。

9 多自变量、多因变量有显著交互性比较研究实例

9.1 实例背景

本研究对参加不同教学模式("混合教学模式"与"传统教学模式")的学生之间在心理类、统计类、社会科学类、微积分类课程中的学习成绩(基于百分制)综合值的**线性相关值**是否存在显著差异进行了比较研究。

同时,研究对不同类型院校(全国重点大学、地方重点大学、非重点大学)学生之间在心理类、统计类、社会科学类、微积分类课程中的学习成绩(基于百分制)综合值的**线性相关值**是否存在显著差异进行了比较研究。

研究对参加不同教学模式与不同类型院校的学生之间在心理类、统计类、社会科学类、微积分类课程中的学习成绩(基于百分制)综合值的**线性相关值**的交互关系进行了比较研究。

本研究的第一个自变量为不同教学模式(混合教学模式和传统教学模式)。这个自变量分为两大类组:①混合教学模式;②传统教学模式。本研究的第二个自变量为不同类型院校(全国重点大学、地方重点大学和非重点大学)。这个自变量分为三大类组:①全国重点大学;②地方重点大学;③非重点大学。本研究的多个因变量为学生在心理类、统计类、社会科学类、微积分类课程中的学习成绩(基于百分制)的综合均值以及它们的线性相关值。所有因变量均为正态分布。

因为本研究具有两个自变量，第一个分为两类，第二个分为三类，而多个因变量为正态分布数据值，因此，正确的统计方法应选用多变量析因方差分析法。

研究首先比较与分析在多个因变量之间是否存在恰当的统计相关性。如果在多个因变量之间不存在一定的统计相关性（统计相关系数<0.35），或在多个因变量之间存在过高的统计相关性（统计相关系数>0.62），研究便应该对每个因变量分别单独进行单变量析因方差分析。因为在多个因变量之间统计相关性过低或过高的情况下，研究自变量之间在因变量线性相关值上的差异关系没有统计意义。对每个因变量单独进行单变量析因方差分析的方法与步骤详见本书第 8 章。

如果在多个因变量之间存在恰当的统计相关性（0.35<统计相关系数<0.62），研究便应该用多变量析因方差分析对因变量的**线性相关值**进行分析（详见本章图 9.4.1，"具有显著统计交互性的多变量析因方差分析操作流程图"）。

9.2 研究变量关系的图示

本研究中自变量与因变量的关系如图 9.2.1 所示。

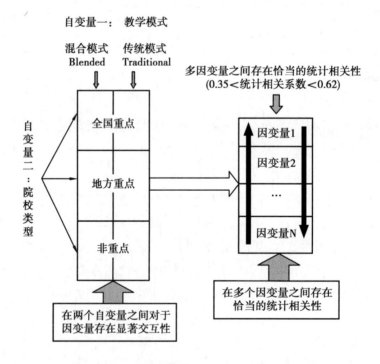

图 9.2.1　交互性多变量析因方差分析变量图变量图

9.3　研究问题的中英文规范写法

研究问题包含以下三个部分：

1. 就学生在各类课程中的学习成绩综合均值而言,在两类不同教学模式(混合教育模式与传统教育模式) 和三类不同院校类型(全国重点大学、地方重点大学和非重点大学)之间对于因变量的线性相关值是否存在显著统计交互性?

2. 参加不同教学模式(混合教学模式和传统教学模式)的学生在各类课程中学习成绩的线性相关值之间是否存在显著差异?

3. 三类不同院校类型(全国重点大学、地方重点大学和非重点大学)的学生在各类课程中的学习成绩的线性相关值是否存在显著差异?

Based on the research scenario, the research question contains the following three parts:

1. Is there a significant *interaction* of the Teaching Modalities (Blended Learning Modality versus Traditional Learning Modality) and the School Types (National Leading versus Local Leading versus Non-leading Universities), in regard to the Linear Combination of students' Composite Scores in their classes in several different subjects?

2. Is there a statistically significant difference between two different Teaching Modalities (Blended Learning Modality versus Traditional Learning Modality) in regard to the Linear Combination students' Composite Scores in their classes in several different subjects?

3. Are there statistically significant differences among the School Types (National Leading versus Local Leading versus Non-leading Universities) in regard to the Linear Combination students' Composite Scores in their classes in several different subjects?

9.4 具有显著统计交互性的多变量析因分析案例的操作流程图

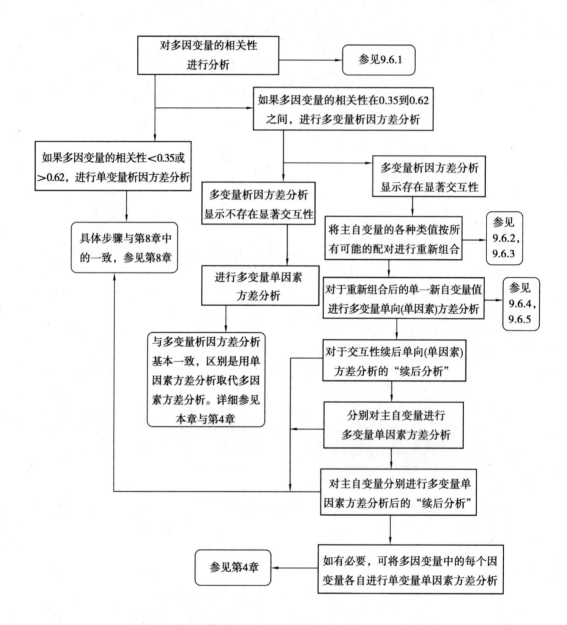

图 9.4.1 具有显著统计交互性案例的多变量析因分析的流程图

9.5 输入 SPSS 后的具体数据

本研究输入 SPSS 后的具体数据如图 9.5.1 所示。

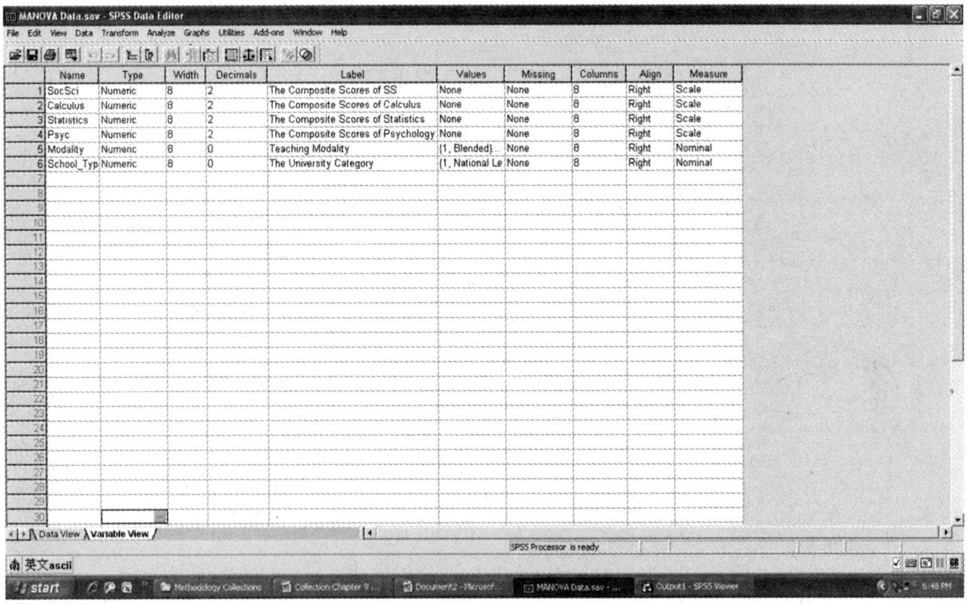

	Name	Type	Width	Decimals	Label	Values	Missing	Columns	Align	Measure
1	SocSci	Numeric	8	2	The Composite Scores of SS	None	None	8	Right	Scale
2	Calculus	Numeric	8	2	The Composite Scores of Calculus	None	None	8	Right	Scale
3	Statistics	Numeric	8	2	The Composite Scores of Statistics	None	None	8	Right	Scale
4	Psyc	Numeric	8	2	The Composite Scores of Psychology	None	None	8	Right	Scale
5	Modality	Numeric	8	0	Teaching Modality	{1, Blended}...	None	8	Right	Nominal
6	School_Typ	Numeric	8	0	The University Category	{1, National Le	None	8	Right	Nominal

图 9.5.1 输入 SPSS 后的 Variable View 和 Data View

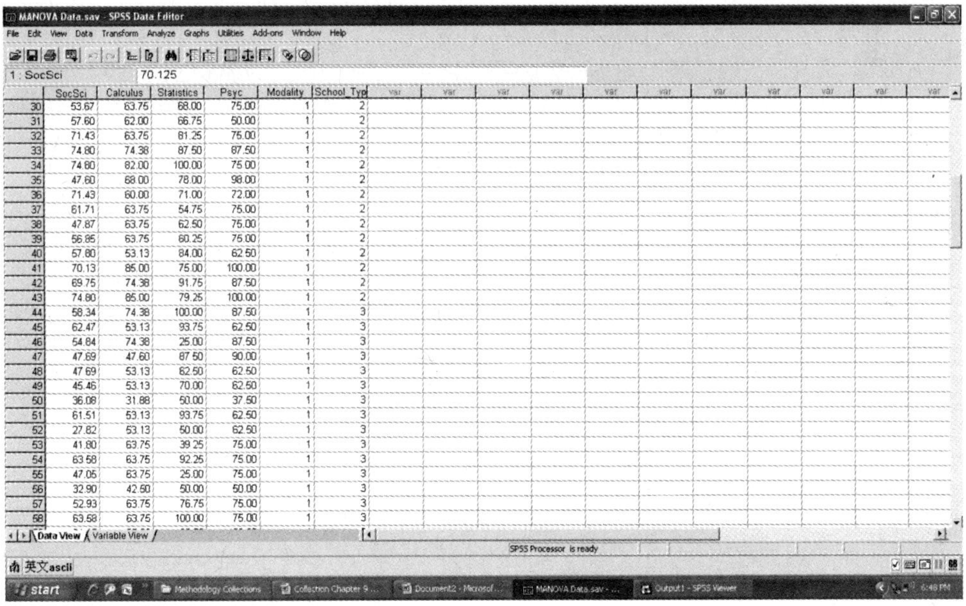

	SocSci	Calculus	Statistics	Psyc	Modality	School_Typ
30	53.67	63.75	68.00	75.00	1	2
31	57.60	62.00	66.75	50.00	1	2
32	71.43	63.75	81.25	75.00	1	2
33	74.80	74.38	87.50	87.50	1	2
34	74.80	82.00	100.00	75.00	1	2
35	47.60	68.00	78.00	98.00	1	2
36	71.43	60.00	71.00	72.00	1	2
37	61.71	63.75	54.75	75.00	1	2
38	47.87	63.75	62.50	75.00	1	2
39	56.85	63.75	60.25	75.00	1	2
40	57.80	53.13	84.00	62.50	1	2
41	70.13	85.00	75.00	100.00	1	2
42	69.75	74.38	91.75	87.50	1	2
43	74.80	85.00	79.25	100.00	1	2
44	58.34	74.38	100.00	87.50	1	3
45	62.47	53.13	93.75	62.50	1	3
46	54.84	74.38	25.00	87.50	1	3
47	47.69	47.60	87.50	90.00	1	3
48	47.69	53.13	62.50	62.50	1	3
49	45.46	53.13	70.00	62.50	1	3
50	36.08	31.88	50.00	37.50	1	3
51	61.51	53.13	93.75	62.50	1	3
52	27.82	53.13	50.00	62.50	1	3
53	41.80	63.75	39.25	75.00	1	3
54	63.58	63.75	92.25	75.00	1	3
55	47.05	63.75	25.00	75.00	1	3
56	32.90	42.50	50.00	50.00	1	3
57	52.93	63.75	76.75	75.00	1	3
58	63.58	63.75	100.00	75.00	1	3

下表显示了 SPSS 生成数据菜单的步骤。进入 SPSS 界面后，点击：

➤ **File =>Display Data File Information =>Working File**

表 9.5.1 SPSS 生成的数据菜单

Variable Information

Variable	Position	Label	Measurement Level	Column Width	Alignment	Print Format	Write Format
SocSci	1	The Composite Scores of SS	Scale	8	Right	F8.2	F8.2
Calculus	2	The Composite Scores of Calculus	Scale	8	Right	F8.2	F8.2
Statistics	3	The Composite Scores of Statistics	Scale	8	Right	F8.2	F8.2
Psyc	4	The Composite Scores of Psychology	Scale	8	Right	F8.2	F8.2
Modality	5	Teaching Modality	Nominal	8	Right	F8	F8
School_Type	6	The University Category	Nominal	8	Right	F8	F8

Variables in the working file

Variable Values

Value		Label
Modality	1	Blended
	2	Traditional
School_Type	1	National Leading
	2	Local Leading
	3	Non-leading

9.6 有显著交互性的多变量析图方差分析法的具体操作过程

9.6.1 分析多因变量之间的相关性的步骤与分析

选择：**Analyze => Correlate => Bivariate**

选择：**Composite Scores of SS，Composite Scores of Calculus，Composite Scores of Statistics，Composite Scores of Psychology**（各类综合成绩值）**=> Variables**

选择：**Pearson，Flag significant correlations**

点击：OK

SPSS 生成的多因变量之间的相关性如表 9.6.1 所示。

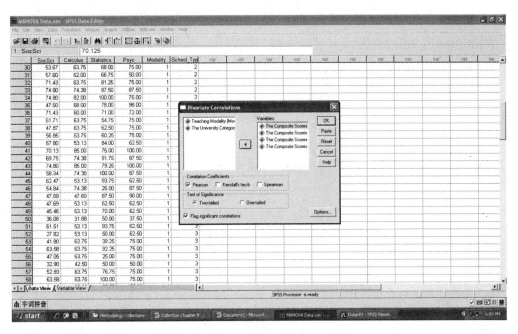

图 9.6.1

表 9.6.1　SPSS 生成的多因变量之间的相关性——**Correlations**

		The Composite Scores of SS	The Composite Scores of Calculus	The Composite Scores of Statistics	The Composite Scores of Psychology
The Composite Scores of SS	Pearson Correlation	1	.415(* *)	.396(* *)	.374(* *)
	Sig. (2-tailed)		.000	.000	.000
	N	122	122	122	122
The Composite Scores of Calculus	Pearson Correlation	.415(* *)	1	.152	.646(* *)
	Sig. (2-tailed)	.000		.094	.000
	N	122	122	122	122
The Composite Scores of Statistics	Pearson Correlation	.396(* *)	.152	1	.271(* *)
	Sig. (2-tailed)	.000	.094		.003
	N	122	122	122	122
The Composite Scores of Psychology	Pearson Correlation	.374(* *)	.646(* *)	.271(* *)	1
	Sig. (2-tailed)	.000	.000	.003	
	N	122	122	122	122

* * Correlation is significant at the 0.01 level (2-tailed).

由表 9.6.1 可知,在多个因变量之间,社会科学类与微积分类学习成绩之间线性相关值为 0.42, 偏中;社会科学类与统计类学习成绩之间线性相关值为 0.40, 偏中;社会科学类与心理类学习成绩之间线性相关值为 0.37,偏中低;微积分类与统计类学习成绩之间线性相关值为 0.15, 偏低;微积分类与心理类学习成绩之间线性相关值为 0.65, 偏高;统计类与心理类学习成绩之间线性相关值为 0.27, 偏低。

根据以上分析,在因变量社会科学类与微积分类学习成绩之间、社会科学类与统计类学习成绩之间,以及社会科学类与心理类学习成绩之间存在恰当的统计相关性(0.35<统计相关系数<0.62),研究应该用多变量析因方差分析对这些因变量的线性相关值进行分析。然而,微积分类与统计类学习成绩之间、微积分类与心理类学习成绩之间,以及统计类与心理类学习成绩之间的线性相关值偏高或偏低,应该对每个因变量分别单独进行单变量析因方差分析。因为在多个因变量之间统计相关性过低或过高的情况下,研究自变量之间在因变量线性相关值上的差异关系没有统计意义。对每个因变量分别单独进行单变量析因方差分析的方法与步骤详见本书第 8 章。

9.6.2 分析总体交互性

由于本研究中的自变量均为"组间变量",且多个因变量是正态分布的, 并且在多对因变量之间存在恰当的相关性,正确的参数分析方法应选用多变量析因方差分析法。

以下步骤显示 SPSS 中多变量析因方差分析法的具体操作过程。本例仅对因变量社会科学类与统计类课程成绩之间的线性相关性进行分析。对于其他因变量之间的线性相关性的分析步骤,与本例完全一致。输入数据文件后,点击:

➤ **Analyze** =>**General Linear Model** =>**Multivariate**

➤ Reset; 选择: Composite Scores of SS, Composite Scores of Statistics => Dependent Variables;

选择: School Type (院校类型), Learning Modality (教学模式) => **Fixed Factor**(s);

选择: **Plot**; **School _ Type** => **Horizontal Axis**; **Modality** => **Separate Lines**; 选择: **Add**, **Continue**

选择: **Options** =>**Descriptive statistics**, **Estimates of effect size**, **Homogeneity tests**

点击 **Continue**, 然后 **OK**。

SPSS 对于多变量析因方差分析法量生成的结果如表 9.6.2 (a,b,c,d), 与图 9.6.1a 与 9.6.1b 所示。

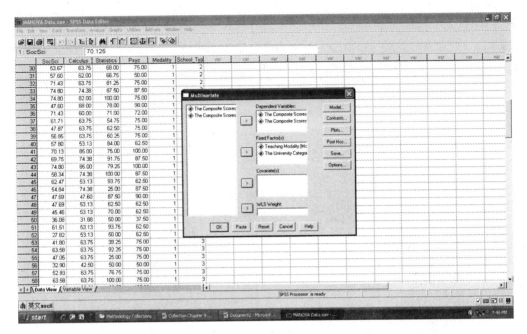

图 9.6.2

9.6.3 对于多变量显著交互性统计结果的解释

表 9.6.2a 多变量析因方差分析法生成的结果的统计数据——**Between-Subjects Factors**

		Value Label	N
Teaching Modality	1	Blended	61
	2	Traditional	61
The University Category	1	National Leading	43
	2	Local Leading	40
	3	Non-leading	39

表 9.6.2a "Between-Subjects Factors" 标明了组间变量"教学模式"(Teaching Modality)和"院校类型"(The University Category)以及这些组间变量的变量值,和每个样本的有效数 N。

表 9.6.2b 多变量析因方差分析法生成的结果的
统计数据——**Box's Test of Equality of Covariance Matrices（a）**

Box's M		45.465
F		2.897
df1		15
df2		67293.634
Sig.		.000

Tests the null hypothesis that the observed covariance matrices of the dependent variables are equal across groups.

a Design：Intercept+Modality+School_Type+Modality ＊ School_Type

表 9.6.2b "Box's test of equality of covariance matrices" 是对因变量方差齐性假设的

检验结果。如果 Sig. 值不显著的话,方差齐性假设成立,我们即用表 9.6.2c 中"Wilks' Lambda"一行的数据进行分析。然而,如果 Sig. 值是显著的话,我们则在推翻数据分布均匀一致的假定下用表中 Pillai's Trace 一行的数据进行分析。

表 9.6.2c 多变量析因方差分析法生成的结果的统计数据——**Multivariate Tests(c)**

Effect		Value	F	Hypothesis df	Error df	Sig.	Partial Eta Squared
Intercept	Pillai's Trace	.973	2043.409(a)	2.000	115.000	.000	.973
	Wilks' Lambda	.027	2043.409(a)	2.000	115.000	.000	.973
	Hotelling's Trace	35.538	2043.409(a)	2.000	115.000	.000	.973
	Roy's Largest Root	35.538	2043.409(a)	2.000	115.000	.000	.973
Modality	Pillai's Trace	.080	4.996(a)	2.000	115.000	.008	.080
	Wilks' Lambda	.920	4.996(a)	2.000	115.000	.008	.080
	Hotelling's Trace	.087	4.996(a)	2.000	115.000	.008	.080
	Roy's Largest Root	.087	4.996(a)	2.000	115.000	.008	.080
School_Type	Pillai's Trace	.180	5.719	4.000	232.000	.000	.090
	Wilks' Lambda	.822	5.927(a)	4.000	230.000	.000	.093
	Hotelling's Trace	.215	6.132	4.000	228.000	.000	.097
	Roy's Largest Root	.207	12.022(b)	2.000	116.000	.000	.172
Modality * School_Type	Pillai's Trace	.082	2.483	4.000	232.000	.045	.041
	Wilks' Lambda	.919	2.490(a)	4.000	230.000	.044	.041
	Hotelling's Trace	.088	2.496	4.000	228.000	.044	.042
	Roy's Largest Root	.076	4.398(b)	2.000	116.000	.014	.070

a Exact statistic

b The statistic is an upper bound on F that yields a lower bound on the significance level.

c Design: Intercept+Modality+School_Type+Modality * School_Type

表 9.6.2c"Multivariate Tests"中的 Modality(教学模式), School_Type(院校类型), Modality * School_Type(教学模式 * 院校类型)三行提供了数据差异性和交互性的重要信息。Modality * School_Type(教学模式 * 院校类型)一行的 Sig. = 0.045, 表示教学模式与院校类型之间存在多变量显著交互性。

对表 9.6.2c 进一步分析,School_Type(院校类型)一行的 $p<0.05$(Sig. = 0.000), 表示院校类型之间存在多变量显著差异。同理,Modality(教学模式)一行的 Sig. = 0.008, 表示教学模式之间也存在多变量显著差异。

表 9.6.2d 多变量析因方差分析法生成的结果的统计数据——**Tests of Between-Subjects Effects**

Source	Dependent Variable	Type III Sum of Squares	Df	Mean Square	F	Sig.	Partial Eta Squared
Corrected Model	The Composite Scores of SS	6325.738(a)	5	1265.148	6.820	.000	.227
	The Composite Scores of Statistics	2538.228(b)	5	507.646	2.387	.042	.093

续表

Source	Dependent Variable	Type III Sum of Squares	Df	Mean Square	F	Sig.	Partial Eta Squared
Corrected Model	The Composite Scores of SS	6325.738(a)	5	1265.148	6.820	.000	.227
	The Composite Scores of Statistics	2538.228(b)	5	507.646	2.387	.042	.093
Intercept	The Composite Scores of SS	395933.571	1	395933.571	2134.360	.000	.948
	The Composite Scores of Statistics	731137.726	1	731137.726	3437.730	.000	.967
Modality	The Composite Scores of SS	690.895	1	690.895	3.724	.056	.031
	The Composite Scores of Statistics	555.214	1	555.214	2.611	.109	.022
School_Type	The Composite Scores of SS	4455.939	2	2227.969	12.010	.000	.172
	The Composite Scores of Statistics	996.101	2	498.050	2.342	.101	.039
Modality * School_Type	The Composite Scores of SS	1336.287	2	668.143	3.602	.030	.058
	The Composite Scores of Statistics	1205.078	2	602.539	2.833	.063	.047
Error	The Composite Scores of SS	21518.528	116	185.505			
	The Composite Scores of Statistics	24670.922	116	212.680			
Total	The Composite Scores of SS	433063.848	122				
	The Composite Scores of Statistics	767703.188	122				
Corrected Total	The Composite Scores of SS	27844.266	121				
	The Composite Scores of Statistics	27209.150	121				

a R Squared = .227 (Adjusted R Squared = .194)

b R Squared = .093 (Adjusted R Squared = .054)

表 9.6.2d "Tests of Between-Subjects Effects"是对两个因变量分别单独进行单变量析因方差分析的分析结果。例如,在不同教学模式(Modality)之间,学生的社会科学类成绩的 Sig. = 0.056,统计类成绩的 Sig. = 0.109,均为非显著。在不同院校类型(School_Type)之间,学生的社会科学类成绩的 Sig. = 0.000,为统计显著,统计类成绩的 Sig. = 0.101,为统计非显著。就不同教学模式(Modality)与不同院校类型(School_Type)之间的交互性而言,学生的社会科学类成绩的 Sig. = 0.030,为显著交互,统计类成绩的 Sig. = 0.063,为非

显著交互。对于无显著交互性的析因方差分析法的进一步解释与第 6 章第 1 节中的一致,详细步骤可参见第 6 章第 1 节;而对于有显著交互性的析因方差分析法的进一步解释与第 8 章中的一致,详细步骤可参见第 8 章。

由于自变量之间对于因变量的线性相关性存在着显著统计交互性,研究首先必须对统计交互性进行分析。分析统计交互性的第一步,是将两个主自变量的各种类值按所有可能的配对进行重新组合。每一对重新组合的新变值为一个"单体"新变量。因为本研究的一个自变量拥有全国重点、地方重点、非重点三大类值;而另一个自变量拥有混合教学模式和传统教学模式两大类值,所以按自变量类值间所有可能的配对进行重新组合后的"单体"新变量为:

1-混合教学模式 * 全国重点大学

2-混合教学模式 * 地方重点大学

3-混合教学模式 * 非重点大学

4-传统教学模式 * 全国重点大学

5-传统教学模式 * 地方重点大学

6-传统教学模式 * 非重点大学

对于按自变量类值间所有可能的配对进行重新组合"单体"新变量的步骤的进一步解释与第 8 章中的一致,详细步骤可参见第 8 章。唯一的区别,在于这里的"因变量"不仅仅是单独的变量,而是多个因变量的线性相关性。

9.6.4 显著交互性续后分析的具体操作过程

首先,定义与输入以上讨论的按自变量类值间所有可能的配对进行重新组合后的"单体"新变量。

点击:**Transform** => **Compute Variable**;在 **Target Variable** 的框内,定义目标变量为:**InterCombo**(交互性组合):

点击:**Type & Label...**;在 **Label** 的框内,输入变量定义名:**Six New Combinations**(6 个新的变量组合):

点击:**Continue**;在 **Numeric Expression** 的框内,输入:**1**

点击:**If...** => **Include if case satisfies condition**;输入:**Modality** = 1 & **School_Type** = 1(**Modality** = 1 为混合教学模式;**School_Type** = 1 为全国重点,因此,以上输入为:1-混合教学模式与全国重点大学的新的变量组合)。

点击:**Continue** => **OK**;在 **Numeric Expression** 的框内,输入:**2**

点击:**If...** => **Include if case satisfies condition**;输入:**Modality** = 1 & **School_Type** = 2(**Modality** = 1 为混合教学模式;**School_Type** = 2 为地方重点,因此,以上输入为:2-混合教学模式与地方重点大学的新的变量组合)。

点击:**Continue** => **OK**;在 **Numeric Expression** 的框内,输入:**3**

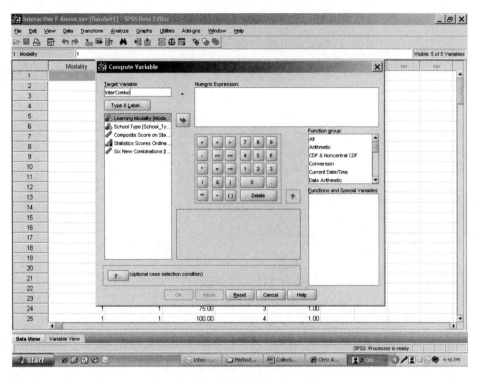

图 9.6.3

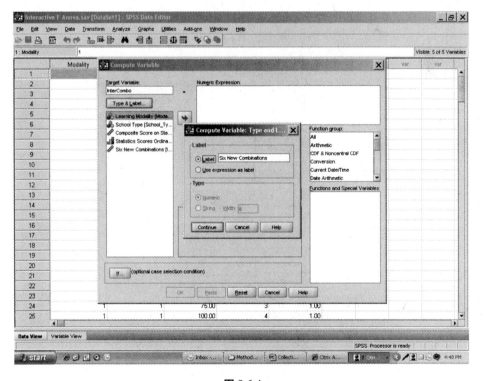

图 9.6.4

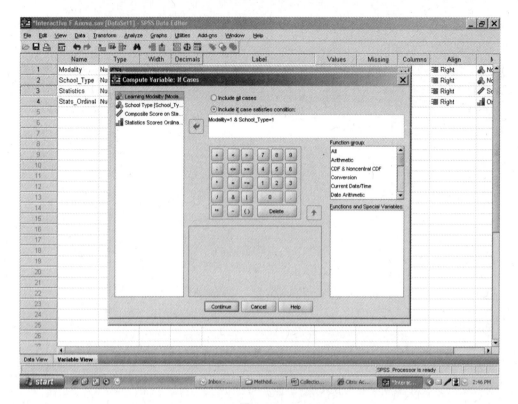

图 9.6.5

点击：**If...** =>**Include if case satisfies condition**；输入：**Modality** = 1 & **School_Type** = 3（**Modality** = 1 为混合教学模式；**School_Type** = 3 为非重点，因此，以上输入为：3-混合教学模式与非重点大学的新的变量组合）。

点击：**Continue** =>**OK**；在 **Numeric Expression** 的框内，输入：**4**

点击：**If...** =>**Include if case satisfies condition**；输入：**Modality** = 2 & **School_Type** = 1（**Modality** = 2 为传统教学模式；**School_Type** = 1 为全国重点，因此，以上输入为：4-传统教学模式与全国重点大学的新的变量组合）。

点击：**Continue** =>**OK**；在 **Numeric Expression** 的框内，输入：**5**

点击：**If...** =>**Include if case satisfies condition**；输入：**Modality** = 2 & **School_Type** = 2（**Modality** = 2 为传统教学模式；**School_Type** = 1 为地方重点，因此，以上输入为：5-传统教学模式与地方重点大学的新的变量组合）。

点击：**Continue** =>**OK**；在 **Numeric Expression** 的框内，输入：**6**

点击：**If...** =>**Include if case satisfies condition**；输入：**Modality** = 2 & **School_Type** = 3（**Modality** = 2 为传统教学模式；**School_Type** = 3 为非全国重点，因此，以上输入为：6-传统教学模式与非重点大学的新的变量组合）。

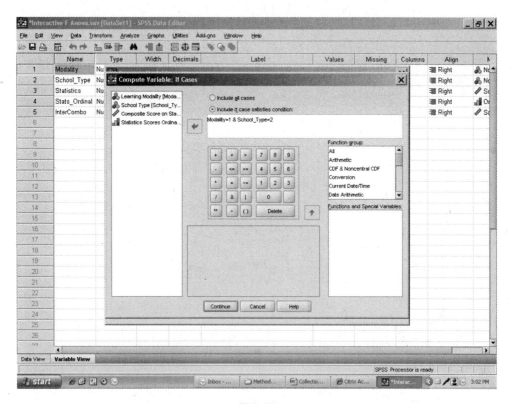

图 9.6.6

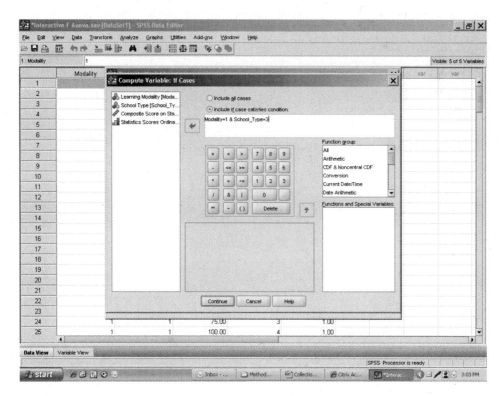

图 9.6.7

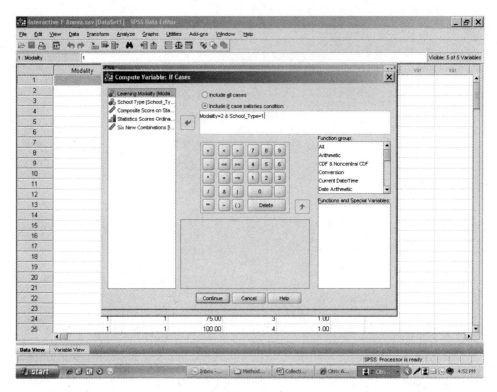

图 9.6.8

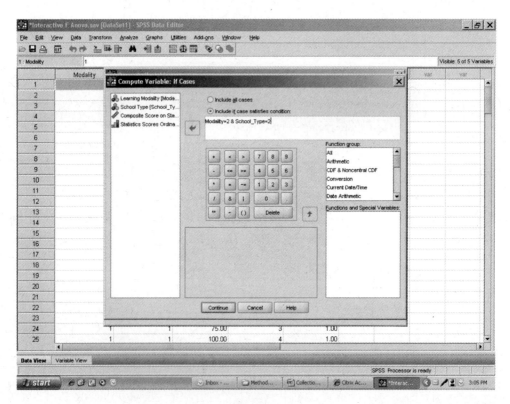

图 9.6.9

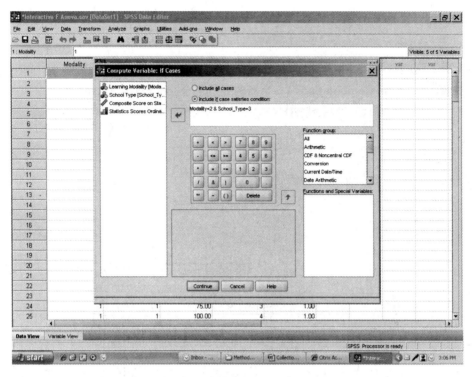

图 9.6.10

在下列重新组合后的"单体"新变量:1-混合教学模式*全国重点大学;2-混合教学模式*地方重点大学;3-混合教学模式*非重点大学;4-传统教学模式*全国重点大学;5-传统教学模式*地方重点大学;6-传统教学模式*非重点大学。全部输入后,续后分析便转化成对于具有 6 个变值的单一自变量的单因素方差分析。

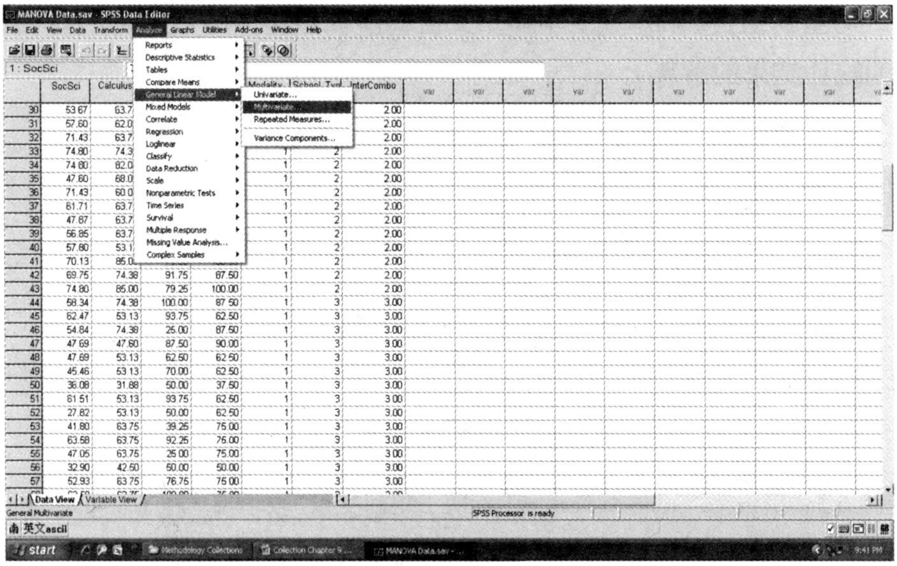

图 9.6.11

表 9.6.3d　SPSS 对于 6 个新的变量组合的多变量单因素方差分析生成
的结果——Multivairate Tests（c）

Effect		Value	F	Hypothesis df	Error df	Sig.	Partial Eta Squared
Intercept	Pillai's Trace	.973	2043.409（a）	2.000	115.000	.000	.973
	Wilks' Lambda	.027	2043.409（a）	2.000	115.000	.000	.973
	Hotelling's Trace	35.538	2043.409（a）	2.000	115.000	.000	.973
	Roy's Largest Root	35.538	2043.409（a）	2.000	115.000	.000	.973
InterCombo	Pillai's Trace	.303	4.135	10.000	232.000	.000	.151
	Wilks' Lambda	.714	4.210（a）	10.000	230.000	.000	.155
	Hotelling's Trace	.376	4.283	10.000	228.000	.000	.158
	Roy's Largest Root	.295	6.837（b）	5.000	116.000	.000	.228

a Exact statistic

b The statistic is an upper bound on F that yields a lower bound on the significance level.

c Design：Intercept+InterCombo

　　表 9.6.3d"Multivariate Tests"中的 InterCombo（6 个新的变量组合）中的数据具有十分重要的统计意义。InterCombo（6 个新的变量组合）中的 Sig. = 0.000,表示 InterCombo（6 个新的变量组合）之间对于**不同因变量的线性相关度**存在显著差异。根据表 9.6.3d 所示,在下列重新组合后的"单体"新变量的学生之间:①混合教学模式*全国重点大学的学生;②混合教学模式*地方重点大学的学生;③混合教学模式*非重点大学的学生;④传统教学模式*全国重点大学的学生;⑤传统教学模式*地方重点大学;⑥传统教学模式*非重点大学的学生,他们在社会科学类课程和统计类课程的学习成绩的**线性相关度**上存在显著的统计差异,$F(10, 232) = 4.14$,$p = 0.000$。

　　由于"Multivariate Tests"表仅仅给出了 6 个变量值间是否存在总体显著差异,因此,仅根据"Multivariate Tests"表无法确定究竟在哪一对或哪几对变量之间存在多变量单对显著差异。所以,如果总体 F 值存在显著差异的话,必须进一步用"续后分析法"来确定究竟在哪一对或哪几对变量之间存在多变量单对显著差异。

表 9.6.3e　SPSS 对于 6 个新的变量组合的多变量单因素方差分析生成的结果
——Tests of Between-Subjects Effects

Source	Dependent Variable	Type III Sum of Squares	df	Mean Square	F	Sig.	Partial Eta Squared
Corrected Model	The Composite Scores of SS	6325.738（a）	5	1265.148	6.820	.000	.227
	The Composite Scores of Statistics	2538.228（b）	5	507.646	2.387	.042	.093

续表

Source	Dependent Variable	Type III Sum of Squares	df	Mean Square	F	Sig.	Partial Eta Squared
Intercept	The Composite Scores of SS	395933.571	1	395933.571	2134.360	.000	.948
	The Composite Scores of Statistics	731137.726	1	731137.726	3437.730	.000	.967
InterCombo	The Composite Scores of SS	6325.738	5	1265.148	6.820	.000	.227
	The Composite Scores of Statistics	2538.228	5	507.646	2.387	.042	.093
Error	The Composite Scores of SS	21518.528	116	185.505			
	The Composite Scores of Statistics	24670.922	116	212.680			
Total	The Composite Scores of SS	433063.848	122				
	The Composite Scores of Statistics	767703.188	122				
Corrected Total	The Composite Scores of SS	27844.266	121				
	The Composite Scores of Statistics	27209.150	121				

a R Squared = .227 (Adjusted R Squared = .194)

b R Squared = .093 (Adjusted R Squared = .054)

表 9.6.3e"Tests of Between-Subjects Effects"是对两个因变量分别单独进行单变量(单因变量)单因素方差分析的分析结果。该表表明,在 6 个新的变量组合(InterCombo)之间,学生的社会科学类成绩的 Sig. = 0.000, 为统计显著,统计类成绩的 Sig. = 0.042,也为统计显著。对于单变量单因素方差分析法和相应的续后分析法的进一步解释与第 4 章第 1 节中的一致,详细步骤可参见第 4 章第 1 节。

9.6.6 交互性续后单因素方差分析的"续后分析"的具体操作步骤

交互性续后单因素方差分析的"续后分析"的具体操作步骤的进一步解释与第 8 章第 6 节中的一致,详细步骤可参见第 8 章第 6 节。

分别对两大自变量进行分析的步骤和对统计结果的解释可参见第 6 章和第 8 章。

9.7 撰写研究结果的中英文正式规范

9.7.1 总结多变量析因总体交互性

多变量析因方差分析结果表明,比较与分析在两类不同教学模式(混合教育模式与传统教育模式)和三类不同院校(全国重点大学、地方重点大学和非重点大学)之间对于因变量的**线性相关度**(学生在社会科学类和统计类课程中学习成绩综合均值的线性相关值)存在显著统计交互性,Pillai's Trace = 0.082,$F(4, 232) = 2.48$,$p = 0.045$,多变量 $eta^2 = 0.041$,如表 9.7.1 所示。

多变量析因方差分析结果同时表明,比较与分析在三类不同院校(全国重点大学、地方重点大学和非重点大学)之间对于因变量的**线性相关度**(学生在社会科学类和统计类课程中学习成绩综合均值的线性相关值)存在显著统计差异,Pillai's Trace = 0.18,$F(4, 232) = 5.72$,$p = 0.000$,多变量 $eta^2 = 0.09$,如表 9.7.1 所示。

多变量析因方差分析结果最后表明,比较与分析在两类不同教学模式(混合教育模式与传统教育模式)之间对于因变量的**线性相关度**(学生在社会科学类和统计类课程中学习成绩综合均值的线性相关值)存在显著统计差异,Pillai's Trace = 0.08,$F(2, 115) = 5.00$,$p = 0.008$,多变量 $eta^2 = 0.08$,如表 9.7.1 所示。

表 9.7.1　不同教学模式和三类不同院校类型之间
对于因变量线性相关性的统计交互性

Variance and Source	df	F	eta^2
因变量线性相关性			
不同院校类型	4	5.72*	0.09
不同教学模式	2	5.00*	0.08
院校类型*教学模式	4	2.48*	0.041
误差	233		

*$p < .05$

因为不同的教学模式与不同的院校类型之间存在显著统计交互性,本研究先对统计交互性进行分析(用多变量单因素方差分析法的分析结果),然后再分别对不同的教学模式与不同的院校类型两大自变量单独进行多变量统计差异分析。

9.7.2　对统计交互性进行分析(用多变量单因素方差分析法分析)的总结

用多变量单因素方差分析法来分析与比较 6 对重新组合的"单体"变量(1-混合教学模式*全国重点大学的学生;2-混合教学模式*地方重点大学的学生;3-混合教学模式*非重点大学的学生;4-传统教学模式*全国重点大学的学生;5-传统教学模式*地方重点大学;6-传统教学模式*非重点大学之间)对于因变量的线性相关性的分析结果表明整体 F 值具有显著统计差异,Pillai's Trace = 0.303,$F(10, 232) = 4.14$,$p = 0.000$,多变量 $eta^2 = 0.15$。

交互性续后单因素方差分析的"续后分析"的结果的规范写法,分别对不同教育模式及不同院校类型两大自变量进行差异分析的总结结果的规范写法,和对于分别对主自变量进行多变量单因素方差分析后的"续后分析"结果的规范写法,在本书第 8 章第 7 节中均有详细的解释。读者可参见第 8 章第 7 节中的讨论。

9.7.3 对于统计结果的英文规范写法如下

Factorial MANOVA (multivariate analysis of variance with more than one independent variable) was executed to determine whether there were significant interactions and/or significant differences among the three School Types and two Teaching Modalities, in regard to the Linear Combination of students' Composite Scores on several different subjects. The test results showed that there was a significant interaction effect of different teaching modalities and school types, in regard to the Linear Combination of the Composite Scores on students' subject in Social Sciences and Statistics, Pillai's Trace = 0.082, $F(4, 232) = 2.48$, $p = 0.045$, multivariate $eta^2 = 0.041$, $p = 0.045$. Meanwhile, there was a significant difference between two different Teaching Modalities, in regard to the Linear Combination of the Composite Scores on students' subject in Social Sciences and Statistics, Pillai's Trace = 0.08, $F(2, 115) = 5.00$, $p = 0.008$, multivariate $eta^2 = 0.08$. A statistically significant difference was also found among the three school types (National Leading, Local Leading, and Non-leading Universities) in regard to the Linear Combination of the Composite Scores on students' subject in Social Sciences and Statistics, Pillai's Trace = 0.18, $F(4, 232) = 5.72$, $p = 0.000$, multivariate $eta^2 = 0.09$.

Table 9.7.2.shows the interaction of the Linear Combination of students' scores in Social Sciences and Statistics as a function of different Teaching Modalities and different School Types.

Table 9.7.2 **The Interaction of the Linear Combination of Students' Scores in Social Sciences and Statistics Subjects as a Function of Teaching Modality and School Types**

Variance and Source	df	F	eta^2
The Linear Combination			
School_Type	4	5.72*	0.09
Modality	2	5.00*	0.08
School_Type*Modality	4	2.48*	0.04
Error	233		

*$p<.05$

对于多自变量、多因变量有显著交互性比较研究有兴趣的读者可以进一步参考有关文献,以加深对其理论基础、案例应用和操作步骤的理解(Bray & Maxwell, 1985;Gliner & Morgan, 2006;Jaccard & Turrisi, 1998;Jaccard & Turrisi, 2003;蓝石, 2006;蓝石, 2009;Leech, Barrett,& Morgan, 2004)。

10 两个变量的相关分析实例

10.1 皮尔逊系数法

如果在社会科学的相关研究中拥有两个变量且均为正态分布,正确的参数分析方法应选用皮尔逊系数法或二元回归法。实例如下。

10.1.1 研究问题的中英文规范写法

在学生微积分类成绩与心理类成绩之间是否存在线性相关?

Is there a relationship or correlation between students' academic scores in Calculus subject and their scores in Psychology subject?

10.1.2 本研究输入 SPSS 后的具体数据

本研究输入 SPSS 后的具体数据如图 10.1.1 所示。

	Name	Type	Width	Decimals	Label	Values	Missing	Columns	Align	Measure
1	Modality	Numeric	8	0	Learning Modality	{1, Blended ...	None	6	Right	Nominal
2	Experimental	Numeric	8	2	Composite Sco...	None	None	8	Right	Scale
3	Psychology	Numeric	8	2	Composite Sco...	None	None	8	Right	Scale
4	Statistics	Numeric	8	2	Composite Sco...	None	None	8	Right	Scale
5	Social_Scie...	Numeric	8	2	Composite Sco...	None	None	8	Right	Scale
6	Calculus	Numeric	8	2	Composite Sco...	None	None	8	Right	Scale
7	Satisfaction	Numeric	8	0	Student Satisfa...	{1, Very Dis...	None	8	Right	Ordinal
8	Taking_Again	Numeric	8	0	Will Student Ta...	{1, Yes I will...	None	8	Right	Nominal

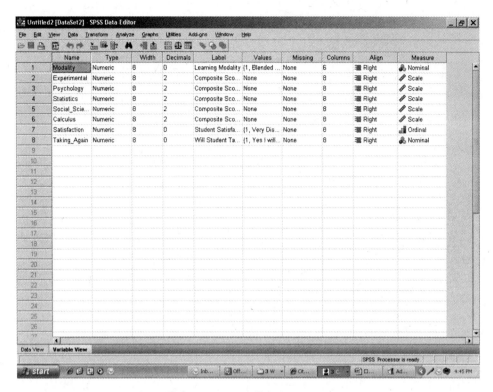

图 10.1.1a SPSS 的 Variable View

	Modality	Experimental	Psychology	Statistics	Social_Sciences	Calculus	Satisfaction	Taking_Again
1	1	85.00	100.00	93.75	91.75	94.50	5	1
2	1	75.00	87.50	91.75	80.00	58.25	5	2
3	1	75.00	37.50	75.00	100.00	60.50	5	1
4	1	75.00	75.00	88.00	90.00	75.00	5	1
5	1	85.00	75.00	87.50	67.25	83.00	5	1
6	1	60.00	37.50	50.00	62.50	52.25	1	2
7	1	55.00	62.50	85.00	56.25	71.75	5	1
8	1	90.00	87.50	100.00	100.00	100.00	5	2
9	1	75.00	75.00	83.25	79.25	73.00	5	1
10	1	95.00	100.00	45.00	90.00	60.00	5	1
11	1	70.00	50.00	100.00	91.25	100.00	5	2
12	1	91.75	75.00	100.00	100.00	67.25	5	2
13	1	66.75	75.00	58.25	75.00	43.25	5	1
14	1	87.50	81.25	95.00	87.50	88.25	.	1
15	1	83.25	100.00	87,50	95.00	83.25	1	1
16	1	100.00	87.50	87.50	91.75	81.75	5	1
17	1	66.75	68.75	.	.	.	.	2
18	1	50.00	25.00	50.00	67.75	57.25	5	1
19	1	100.00	75.00	62.50	70.00	70.50	5	1
20	1	66.75	50.00	87.50	75.00	77.25	4	1
21	1	75.00	87.50	100.00	75.00	98.25	5	1
22	1	.	.	75.00	55.00	62.00	5	2
23	1	65.00	50.00	55.00	81.25	40.00	1	1
24	1	60.00	50.00	75.00	50.00	56.00	5	1

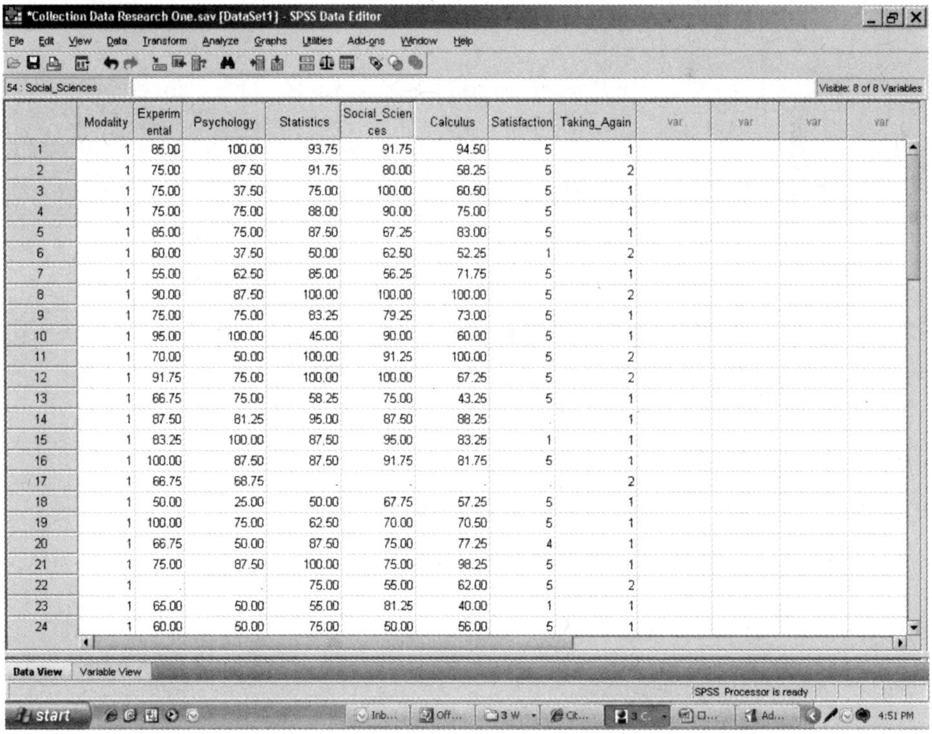

图 10.1.1b SPSS 的 Data View

10.1.3 皮尔逊系数方法的具体操作过程

由于本相关研究的两个变量均为正态分布,正确的参数分析方法应选用皮尔逊系数法或二元回归法。

以下步骤显示 SPSS 对于皮尔逊系数法的具体操作过程。输入数据文件后,点击:

➤ **Analyze =>Correlate =>Bivariate**

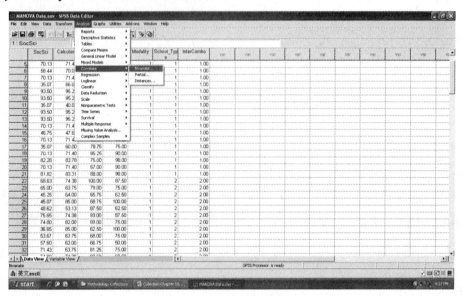

图 10.1.2

选择:Composite Scores of Calculus, Composite Scores of Psychology => **Variables**;

选择:**Pearson,Two-tailed;Flag significant correlations**

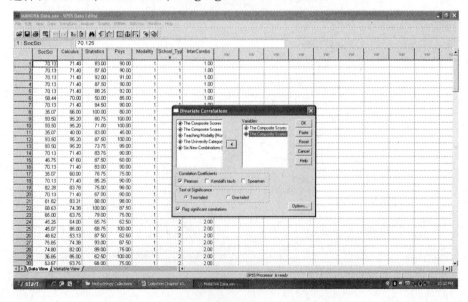

图 10.1.3

选择：**Options => Means and standard deviations**，**Cross-product deviations and covariances**

点击 **Continue**，然后 **OK**。

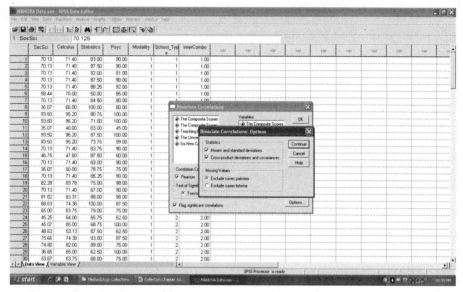

图 10.1.4

SPSS 对于皮尔逊系数法生成的结果如表 10.1.1 所示。

表 10.1.1　皮尔逊系数法生成的统计数据 **Descriptive Statistics**

	Mean	Std. Deviation	N
The Composite Scores of Calculus	66.4070	14.07044	122
The Composite Scores of Psychology	81.1947	13.31498	122

Correlations

		The Composite Scores of Calculus	The Composite Scores of Psychology
The Composite Scores of Calculus	Pearson Correlation	1	.646(* *)
	Sig. (2-tailed)		.000
	Sum of Squares and Cross-products	23955.257	14641.927
	Covariance	197.977	121.008
	N	122	122
The Composite Scores of Psychology	Pearson Correlation	.646(* *)	1
	Sig. (2-tailed)	.000	
	Sum of Squares and Cross-products	14641.927	21451.939
	Covariance	121.008	177.289
	N	122	122

* * Correlation is significant at the 0.01 level (2-tailed).

10.1.4　对统计结果的解释

表 10.1.1 中的"Descriptive Statistics"显示了微积分类课程成绩与心理类课程成绩的均值与标准均方差。第二个表格,"Correlations",显示了皮尔逊相关系数 r 的值(0.646**)。表中的 Sig.(2-tailed) 是 p 值,表明统计结果呈显著(Sig. = 0.000)。表中的 N 值为样本数量。表中含有重复数据。

10.1.5　撰写研究结果的中英文正式规范

本研究使用皮尔逊系数方法对学生的微积分类课程成绩与心理类课程成绩之间的相关性进行了分析。分析结果表明,学生的微积分类课程成绩与心理类课程成绩之间存在显著相关,$r(122) = 0.646$, $p<0.01$。相关的方向呈正值,表明在微积分类课程中取得较好成绩的学生同样在心理类课程中取得较好的成绩。根据科恩(1988)的标准,相关尺度(effect size)为中偏高。皮尔逊系数的平方(r^2)进一步表明,学生的心理类课程的成绩变化值的42%可以用他们的微积分的成绩值来进行预测。

There was a statistically significant correlation between students' scores in Calculus and in Psychology, $r(122) = 0.646$, $p < 0.01$. The direction of the correlation was positive, which meant that students obtaining high scores in Calculus tended to obtain high scores in Psychology. Using Cohen's (1988) guidelines, the r indicates a medium to large effect size. The r-squared indicates that 42% of the variance in students' Psychology scores can be predicted from their Calculus scores.

10.2　斯皮尔曼-RHO 检验法

如果研究对象的两个变量均为有序变量,正确的非参数相关分析法应选用堪代尔—陶或斯皮尔曼-RHO 检验法。实例如下。

10.2.1　研究问题的中英文规范写法

比较同一组学生在不同时间参加的关于"量化研究方法论的分类理解"的测验结果的有序值, 在第一次测验和第三次测验的有序值之间是否存在显著相关?

What is the correlation between the two *ordinal* test scores, Test 1 and Test 3, to evaluate students' understanding of the quantitative research methodology?

10.2.2　本研究输入 SPSS 后的具体数据

本研究输入 SPSS 后的具体数据如图 10.2.1 所示。

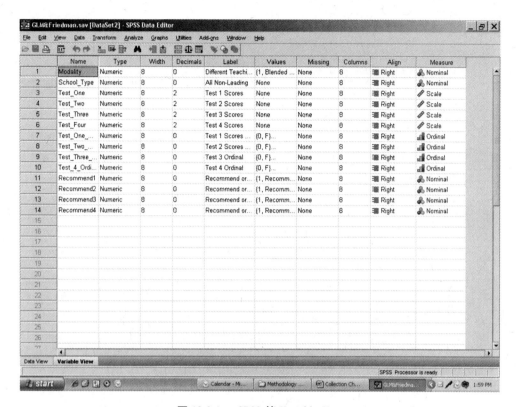

图 10.2.1a SPSS 的 Variable View

10.2.3 斯皮尔曼-RHO 检验法的具体操作过程

由于本研究的对象的两个变量均为有序变量,正确的非参数分析法应选用斯皮尔曼-RHO 检验法。

以下步骤显示 SPSS 对于斯皮尔曼-RHO 检验法的具体操作过程。输入数据文件后,点击:

➢ **Analyze**

➢ **Correlate**

➢ **Bivariate**

选择: Test 1 Scores Ordinal 和 Test 3 Ordinal => **Variables**

选择: **Kendall's tau-b, Spearman, Two-tailed, Flag significant correlations**

选择: **Options...** => **Means and standard deviations, Exclude cases listwise**

点击 **Continue, OK**。

SPSS 对于斯皮尔曼-RHO 检验法生成的结果如表 10.2.1 所示。

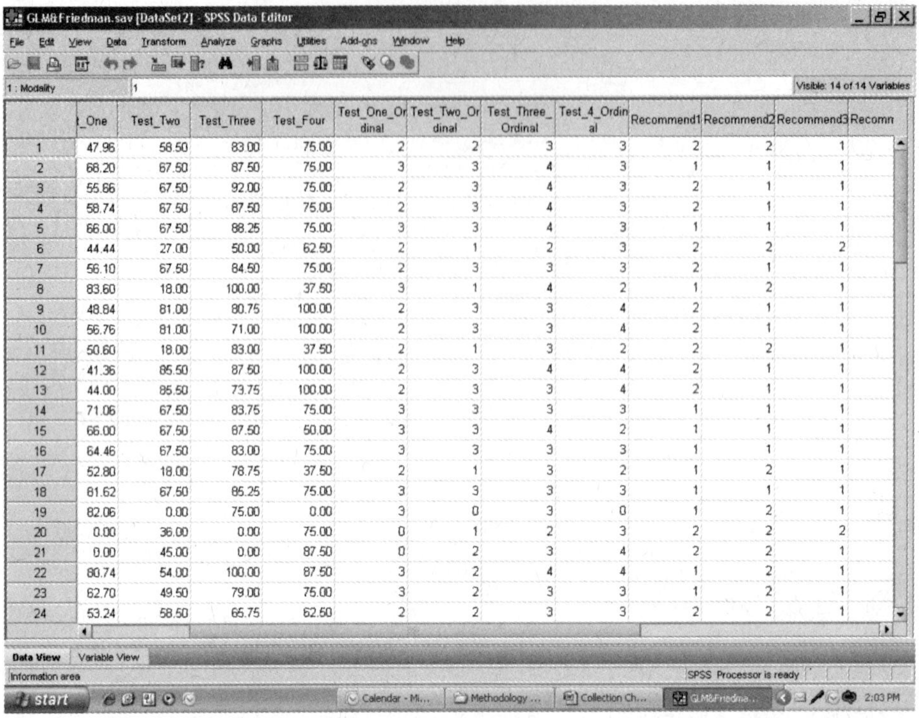

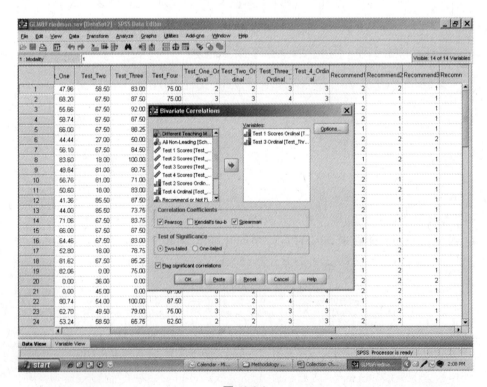

图 10.2.1b　SPSS 的 Data View

图 10.2.2

表 10.2.1 斯皮尔曼-RHO 检验法生成的统计数据

Descriptive Statistics

	Mean	Std. Deviation	N
Test 1 Scores Ordinal	2.47	.984	57
Test 3 Ordinal	3.07	.821	57

Correlations

			Test 1 Scores Ordinal	Test 3 Ordinal
Spearman's rho	Test 1 Scores Ordinal	Correlation Coefficient	1.000	.434 **
		Sig. (2-tailed)	.	.001
		N	57	57
	Test 3 Ordinal	Correlation Coefficient	.434 **	1.000
		Sig. (2-tailed)	.001	.
		N	57	57

＊＊. Correlation is significant at the 0.01 level (2-tailed).

10.2.4 对统计结果的解释

表 10.2.1 中 Descriptive Statistics 显示了第一次测验与第三次测验成绩有序值的均值和标准均方差。第二个表格,"Correlations",显示了斯皮尔曼-RHO 检验法的 r 值 (0.434＊＊)。表中的 Sig.(2-tailed) 是 p 值,表明统计结果呈显著(Sig. = 0.001)。表中的 N 值为样本数量。表中含有重复数据。斯皮尔曼-RHO 检验法与第一节讨论的皮尔逊系数方法很类似,不同之处是斯皮尔曼-RHO 检验法用于变量值是有序值(A、B、C、D、F,或 4、3、2、1、0 的等级排位)的情况。在撰写研究结论时,不能同时报告斯皮尔曼-RHO 检验法和皮尔逊系数方法的结果,必须二选一。

10.2.5 撰写研究结果的中英文正式规范

本研究使用斯皮尔曼-RHO 检验法方法对学生的第一次测验和第三次测验的有序值之间的相关性进行了分析。分析结果表明,学生在第一次测验和第三次测验的有序值之间存在显著相关,$r(57) = 0.434$, $p = 0.01$。相关的方向呈正值,表明在第一次测验取得较好成绩的学生同样在第三次测验取得较好的成绩。根据科恩(1988)的标准,相关尺度(effect size)偏中。斯皮尔曼-RHO 检验法的平方(r^2)进一步表明,学生的第三次测验成绩有序值变化值的 19% 可以用他们第一次测验的有序值来进行预测。

There was a statistically significant correlation between students' ordinal scores in Test 1 and in Test 3, $r(57) = 0.434$, $p = 0.01$. The direction of the correlation was positive, which meant that students obtaining high ordinal scores in Test 1 tended to obtain high ordinal cores in Test 3. Using Cohen's (1988) guidelines, the r indicates a medium effect size. The r-squared indicates that 19% of the variance in students' ordinal scores in Test 3 can be predicted from their ordinal scores in Test 1.

10.3 艾塔法（ETA）

如果研究对象的两个变量中的一个为正态分布，另一个为名义变量，正确的非参数分析法应选用艾塔法（ETA）。实例如下。

10.3.1 研究问题的中英文规范写法

在学生第三次测验中取得的成绩与教师是否向研究生院推荐该学生的决定之间是否存在相关关系？

What is the correlation between the Test 3 scores in association with professor's decision whether the professor will recommend the student to the graduate school or not?

本研究输入 SPSS 后的具体数据与图 10.2.1 所示相同。

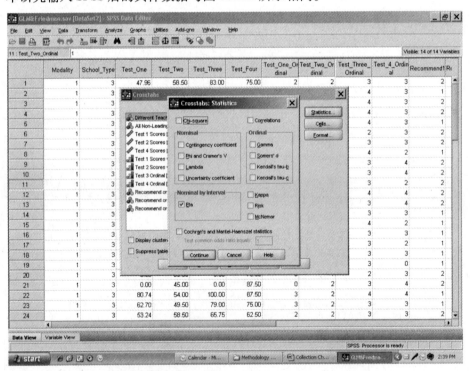

10.3.2 艾塔法的具体操作过程

由于本研究的对象的两个变量中的一个为正态分布（测验成绩），另一个为名义变量（推荐与否），正确的非参数分析法应选用艾塔法。

以下步骤显示 SPSS 对于艾塔法的具体操作过程。点击：

- ➢ **Analyze**
- ➢ **Descriptive Statistics**

➤ Crosstabs

选择: Test 3 Scores => Rows, Recommend or Not Third => Columns

选择: Statistics, Eta

点击 **Continue**

选择: **Cells => Expected, Observed**

点击 **Continue, OK**。

SPSS 对于艾塔法(ETA)生成的结果如表 10.3.1 所示。

表 10.3.1　艾塔法生成的统计数据

Test 3 Scores * Recommend or Not Third Crosstabulation

			Recommend or Not Third		
			Recommend	Not Recommend	Total
Test 3 Scores	0	Count	1	4	5
		Expected Count	3.9	1.1	5.0
	25	Count	1	1	2
		Expected Count	1.6	.4	2.0
	39.25	Count	0	1	1
		Expected Count	.8	.2	1.0
	50	Count	0	4	4
		Expected Count	3.2	.8	4.0
	54.75	Count	0	1	1
		Expected Count	.8	.2	1.0
	60.25	Count	0	1	1
		Expected Count	.8	.2	1.0
	62.5	Count	3	0	3
		Expected Count	2.4	.6	3.0
	65.75	Count	1	0	1
		Expected Count	.8	.2	1.0
	66.75	Count	1	0	1
		Expected Count	.8	2	1.0
	68	Count	1	0	1
		Expected Count	.8	.2	1.0
	68.75	Count	1	0	1
		Expected Count	.8	.2	1.0
	70	Count	1	0	1
		Expected Count	.8	.2	1.0
	71	Count	1	0	1
		Expected Count	.8	.2	1.0
	73.75	Count	1	0	1
		Expected Count	.8	.2	1.0
	75	Count	2	0	2
		Expected Count	1.6	.4	2.0

续表

			Recommend or Not Third		
			Recommend	Not Recommend	Total
Test 3 Scores	76.75	Count	1	0	1
		Expected Count	.8	.2	1.0
	78.75	Count	1	0	1
		Expected Count	.8	.2	1.0
	79	Count	1	0	1
		Expected Count	.8	.2	1.0
	79.25	Count	1	0	1
		Expected Count	.8	.2	1.0
	80.75	Count	1	0	1
		Expected Count	.8	.2	1.0
	81.25	Count	1	0	1
		Expected Count	.8	.2	1.0
	83	Count	3	0	3
		Expected Count	2.4	.6	3.0
	83.75	Count	1	0	1
		Expected Count	.8	.2	1.0
	84.5	Count	1	0	1
		Expected Count	.8	.2	1.0
	85.25	Count	1	0	1
		Expected Count	.8	.2	1.0
	87.5	Count	7	0	7
		Expected Count	5.5	1.5	7.0
	88.25	Count	1	0	1
		Expected Count	.8	.2	1.0
	91.75	Count	1	0	1
		Expected Count	.8	.2	1.0
	92	Count	1	0	1
		Expected Count	.8	.2	1.0
	92.25	Count	1	0	1
		Expected Count	.8	.2	1.0
	93.75	Count	2	0	2
		Expected Count	1.6	.4	2.0
	100	Count	6	0	6
		Expected Count	4.7	1.3	6.0
Total		Count	45	12	57
		Expected Count	45.0	12.0	57.0

Directional Measures

			Value
Nominal by Interval	Eta	Test 3 Scores Dependent	.708
		Recommend or Not Third Dependent	.929

10.3.3 对于统计结果的解释

表"Test 3 Scores * Recommend or Not Third Crosstabulation"显示了教授基于第三次测验成绩的每个成绩段(范围)而作出推荐与否的决定的实际数值与期望值。例如,在测验成绩等于 50 分的成绩段,推荐的实际值为 0,期望值为 3.2, 而不推荐的实际值为 4,期望值为 0.8。一般说来,如果在"Recommend"一列中的上半部中的实际值与期望值之间的差为正值,而在同一列中的下半部中的实际值与期望值之间的差为负值;或者在"Recommend"一列中的上半部中的实际值与期望值之间的差为负值,而在同一列中的下半部中的实际值与期望值之间的差为正值,则说明在两个变量间存在相关性。与所有的相关性方向一致,相关系数必定在−1.0 与+1.0 之间。

在本例中,相关系数 ETA = 0.708(见表"Directional Measures")。教授推荐与否的决定在很大程度上取决于学生的测验成绩。相关尺度偏高。$ETA^2 = 0.50$,说明教授是否推荐的决定变化值的 50%可以用学生的测验成绩值来进行预测。ETA 方法不检验结果的统计显著性。

10.3.4 撰写研究结果的中英文正式规范

本研究使用 ETA 方法分析了在学生第三次测验中取得的成绩与教师是否向研究生院推荐该学生的决定之间是否存在相关。检验表明在学生第三次测验中取得的成绩与教师是否推荐该学生的决定之间存在相关,ETA(57)= 0.708。$ETA^2 = 0.50$,相关尺度偏高。教授推荐的决定在很大程度上取决于学生的测验成绩。教授是否推荐的决定变化值的 50%可以用学生的测验成绩值来进行预测。教授倾向于推荐测验成绩较好的学生。

ETA was used to determine the strength of the association between Test 3 scores and the professor's decision as to whether the professor would recommend the student to the graduate school. An association was found, ETA = 0.708, $ETA^2 = 0.50$, which was a large effect size according to Cohen (1988). The professor tended to recommend the student who obtained better scores in Test 3.

10.4 PHI 方法(PHI Test)

如果研究对象的两个变量均为名义变量或两分变量,正确的非参数相关分析法应选用 PHI 方法,或者克雷默尔-V 法(Cramer's V)。实例如下。

10.4.1 研究问题的中英文规范写法

比较教授的第一次推荐决定(是与否)和第四次推荐的决定(是与否),在两次推荐决定之间是否存在显著相关?

　　What is the correlation between professor's first recommendation and the fourth recommendation?

本研究输入 SPSS 后的具体数据参见图 10.2.1。

10.4.2　PHI 方法和克雷默尔-V 方法的具体操作过程

由于本研究对象的两个变量为 2×2 名义变量,正确的非参数分析法应选用 PHI 方法 (PHI Test)。一般说来,如果研究对象的两个变量为 2×2 名义变量或两分变量,正确的非参数分析法应选用 PHI 方法(PHI Test);然而,如果研究对象的两个变量为 3×3(或以上)名义变量,正确的非参数分析法应选用克雷默尔-V 法(Cramer's V)。两种方法的操作过程相同。

以下步骤显示 SPSS 对于 PHI 方法的具体操作过程。点击:

➢ **Analyze**

➢ **Descriptive Statistics**

➢ **Crosstabs**

选择: Recommend or Not First => Rows, Recommend or Not Fourth => Columns

选择: Statistics, Phi and Cramer's V

点击 **Continue**

选择: **Cells => Expected, Observed**

点击 **Continue, OK**。

SPSS 对于克雷默尔-V 法生成的结果如表 10.4.1 所示。

表 10.4.1　克雷默尔-V 法生成的统计数据

Recommend or Not First * Recommend or Not Fourth Crosstabulation

			Recommend or Not Third		Total
			Recommend	Not Recommend	
Recommend or Not First	Recommend	Count	28	5	33
		Expected Count	27.8	5.2	33.0
	Not Recommend	Count	20	4	24
		Expected Count	20.2	3.8	24.0
	Total	Count	48	9	57
		Expected Count	48.0	9.0	57.0

Symmetric Measures

		Value	Approx. Sig.
Nominal by Nominal	Phi	.021	.877
	Cramer's V	.021	.877
	N of Valid Cases	57	

10.4.3　对于统计结果的解释

由于本研究对象的两个变量为 2×2 名义变量(两个名义值:是与否),正确的数据应选用 PHI 值。表"Symmetric Measures"中的 PHI 值为 0.21,Sig. = 0.877。比较教授的第一次推荐决定(是与否)和第四次推荐的决定(是与否),在两次推荐决定之间不存在显著相关。

10.4.4　撰写研究结果的中英文正式规范

本研究使用 PHI 检验法对教授的第一次推荐决定(是与否)和第四次推荐的决定(是与否)之间是否存在显著相关性进行了分析。检验表明在两次推荐决定之间不存在显著相关, PHI=0.21, p=0.877(>0.05)。

A PHI-test was performed to identify if there was correlation between the professor's first recommendation and the fourth recommendation. The PHI-test indicated that there was no significant correlation, PHI=0.21, p=0.877(>0.05).

11 多个自变量（多维变量）的相关分析实例

11.1 多元回归法

如果多个自变量均为正态分布，或为正态分布与名义变量的混合，或均为名义变量，或均为两分变量，而因变量为正态分布，正确的相关分析方法应选用多元回归法。多元回归法的实例如下。

11.1.1 实例背景

本研究对学生在第一次测验、第二次测验、第三次测验和第四次测验的成绩（基于百分制）的均值之间是否存在相关关系进行了分析。本案例同时还研究了用学生在第一次测验、第二次测验和第三次测验成绩均值的线性综合值来推测其第四次测验成绩均值，并比较了用综合成绩值是否比单独使用学生在第一次测验，或第二次测验，或第三次测验各自的成绩均值来推测第四次测验的成绩均值，其推测效果更为准确？

11.1.2 研究问题的中英文规范写法

如果运用学生在第一次测验、第二次测验和第三次测验成绩均值的线性综合值来推测其第四次测验成绩均值，其线性综合值是否比单独使用学生在第一次测验，或第二次测验，或第三次测验各自的成绩均值来推测第四次测验的成绩均值的推测效果更为准确？

Is there a linear combination of students' scores in their Test 1, Test 2, and Test 3, that predict their scores in Test 4 better than the predictive effect of the Test 1, or Test 2, or Test 3 alone?

11.1.3　输入 SPSS 后的具体数据

本研究输入 SPSS 后的具体数据如图 11.1.1 所示。

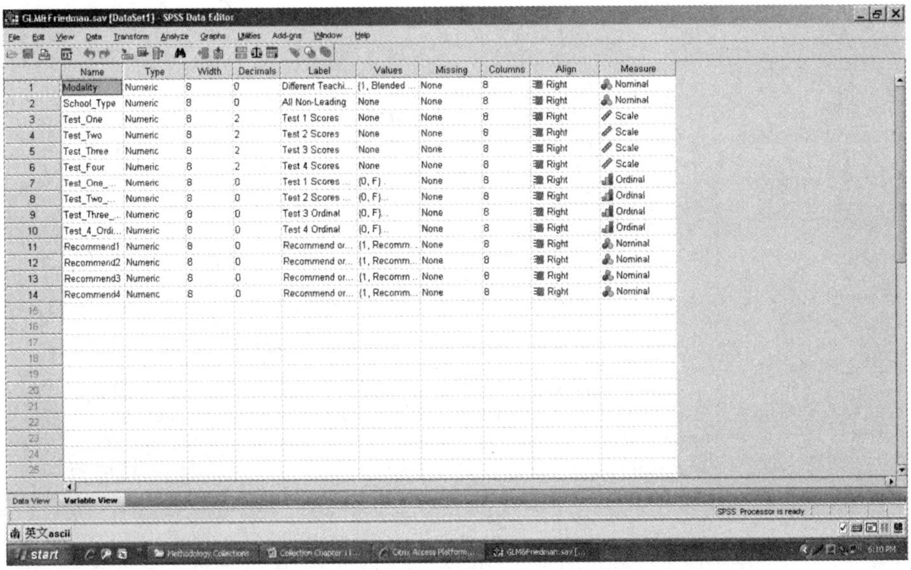

	Name	Type	Width	Decimals	Label	Values	Missing	Columns	Align	Measure
1	Modality	Numeric	8	0	Different Teachi...	{1, Blended ...	None	8	Right	Nominal
2	School_Type	Numeric	8	0	All Non-Leading	None	None	8	Right	Nominal
3	Test_One	Numeric	8	2	Test 1 Scores	None	None	8	Right	Scale
4	Test_Two	Numeric	8	2	Test 2 Scores	None	None	8	Right	Scale
5	Test_Three	Numeric	8	2	Test 3 Scores	None	None	8	Right	Scale
6	Test_Four	Numeric	8	2	Test 4 Scores	None	None	8	Right	Scale
7	Test_One_...	Numeric	8	0	Test 1 Scores ...	{0, F}...	None	8	Right	Ordinal
8	Test_Two_...	Numeric	8	0	Test 2 Scores ...	{0, F}...	None	8	Right	Ordinal
9	Test_Three_...	Numeric	8	0	Test 3 Ordinal	{0, F}...	None	8	Right	Ordinal
10	Test_4_Ordi...	Numeric	8	0	Test 4 Ordinal	{0, F}...	None	8	Right	Ordinal
11	Recommend1	Numeric	8	0	Recommend or...	{1, Recomm...	None	8	Right	Nominal
12	Recommend2	Numeric	8	0	Recommend or...	{1, Recomm...	None	8	Right	Nominal
13	Recommend3	Numeric	8	0	Recommend or...	{1, Recomm...	None	8	Right	Nominal
14	Recommend4	Numeric	8	0	Recommend or...	{1, Recomm...	None	8	Right	Nominal

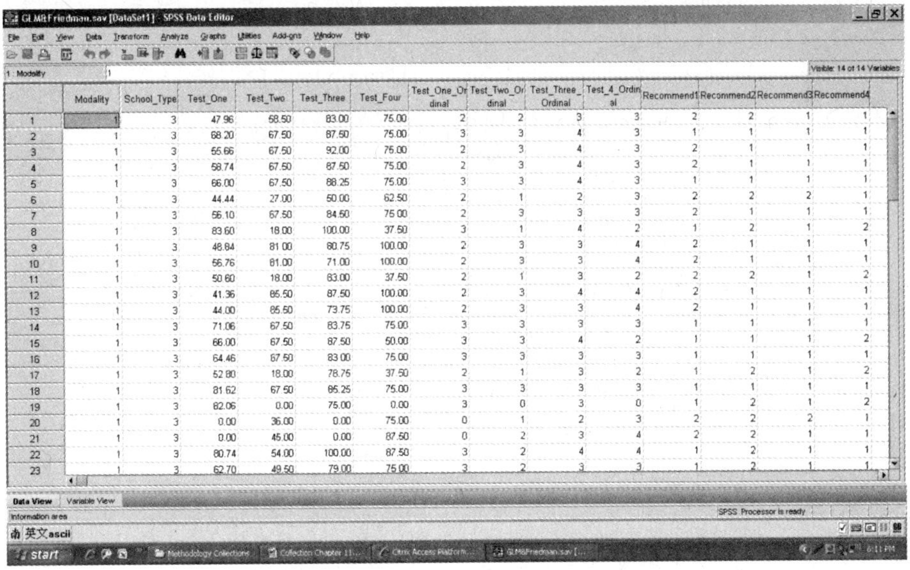

	Modality	School_Type	Test_One	Test_Two	Test_Three	Test_Four	Test_One_Ordinal	Test_Two_Ordinal	Test_Three_Ordinal	Test_4_Ordinal	Recommend1	Recommend2	Recommend3	Recommend4
1	1	3	47.96	58.50	83.00	75.00	2	2	3	3	2	2	1	1
2	1	3	68.20	67.50	87.50	75.00	3	3	4	3	1	1	1	1
3	1	3	55.66	67.50	92.00	75.00	2	3	4	3	2	1	1	1
4	1	3	58.74	67.50	87.50	75.00	2	3	4	3	2	1	1	1
5	1	3	66.00	67.50	88.25	75.00	3	3	4	3	1	1	1	1
6	1	3	44.44	27.00	50.00	62.50	2	1	2	3	2	2	2	1
7	1	3	56.10	67.50	84.50	75.00	2	3	3	3	2	1	1	1
8	1	3	83.60	18.00	100.00	37.50	3	1	4	2	1	2	1	2
9	1	3	48.84	81.00	80.75	100.00	2	3	3	4	2	1	1	1
10	1	3	56.76	81.00	71.00	100.00	2	3	3	4	2	1	1	1
11	1	3	50.60	18.00	83.00	37.50	2	1	3	2	2	2	1	2
12	1	3	41.36	85.50	87.50	100.00	2	3	4	4	2	1	1	1
13	1	3	44.00	85.50	73.75	100.00	2	3	3	4	2	1	1	1
14	1	3	71.06	67.50	83.75	75.00	3	3	3	3	1	1	1	1
15	1	3	66.00	67.50	87.50	50.00	3	3	4	2	1	1	1	2
16	1	3	64.46	67.50	83.00	75.00	3	3	3	3	1	1	1	1
17	1	3	52.80	18.00	78.75	37.50	2	1	3	2	1	2	1	2
18	1	3	81.62	67.50	85.25	75.00	3	3	3	3	1	1	1	1
19	1	3	82.06	0.00	75.00	0.00	3	0	3	0	1	2	1	2
20	1	3	0.00	36.00	0.00	75.00	0	1	2	3	2	2	2	1
21	1	3	0.00	45.00	0.00	87.50	0	2	3	4	2	2	1	1
22	1	3	80.74	54.00	100.00	87.50	3	2	4	4	1	2	1	1
23	1	3	62.70	49.50	79.00	75.00	3	2	3	3	1	2	1	1

图 11.1.1　输入 SPSS 后的 Variable View 和 Data View

11.1.4　分析相关性的步骤

研究首先比较与分析多个变量之间的统计相关性。

选择：**Analyze =>Correlate =>Bivariate**

选择：**Test 1 Scores，Test 2 Scores，Test 3 Scores，Test 4 Scores => Variables**

选择：**Pearson，Flag significant correlations**

选择：**Options…，Exclude cases listwise**

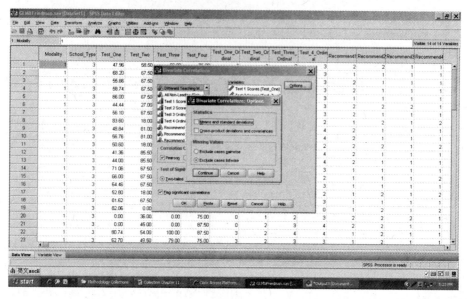

图 11.1.2

点击：**OK**

SPSS 生成的多变量之间的相关性如表 11.1.1 所示。

表 11.1.1　SPSS 生成的多变量之间的相关性——**Correlations**ᵃ

		Test 1 Scores	Test 2 Scores	Test 3 Scores	Test 4 Scores
Test 1 Scores	Pearson Correlation	1.000	.294*	.788**	−.029
	Sig.（2-tailed）		.026	.000	.833
Test 2 Scores	Pearson Correlation	.294*	1.000	.220	.771**
	Sig.（2-tailed）	.026		.099	.000
Test 3 Scores	Pearson Correlation	.788**	.220	1.000	−.025
	Sig.（2-tailed）	.000	.099		.853
Test 4 Scores	Pearson Correlation	−.029	.771**	−.025	1.000
	Sig.（2-tailed）	.833	.000	.853	

*. Correlation is significant at the 0.05 level（2-tailed）.

**. Correlation is significant at the 0.01 level（2-tailed）.

a. Listwise N = 57

　　由表 11.1.1 可知,在多个变量之间,Test 1 与 Test 2 之间的相关系数为 0.294, $p =$ 0.026,统计显著;由于这种相关是正向的,意味着在 Test 1 取得较高成绩的学生极有可能在 Test 2 取得较高成绩。在 Test 1 与 Test 3 之间的相关系数为 0.788, $p = 0.000$,统计显著;相关关系是正向的,意味着在 Test 1 取得较高成绩的学生极有可能在 Test 3 取得较高成绩。在 Test 1 与 Test 4 之间的相关系数为−0.029, $p = 0.833$,统计非显著;在 Test 2

与 Test 3 之间的相关系数为 0.220, $p=0.099$, 统计非显著;在 Test 2 与 Test 4 之间的相关系数为 0.771, $p=0.000$, 统计显著;由于这种相关也是正向的,这意味着在 Test 2 取得较高成绩的学生极有可能在 Test 4 取得较高成绩。在 Test 3 与 Test 4 之间的相关系数为 -0.025, $p=0.853$, 统计非显著。

根据以上分析,在 Test 1 与 Test 2 之间、Test 1 与 Test 3 之间, 以及 Test 2 与 Test 4 之间存在显著相关;而在 Test 1 与 Test 4 之间、Test 2 与 Test 3 之间,和 Test 3 与 Test 4 之间不存在显著相关。

在多个自变量的组对之间存在显著相关的情况下,研究多个自变量对于因变量的预测效果会减弱预测的统计意义。一般而言,如果在若干对自变量之间存在显著相关,可以在后续的多元回归分析时将存在显著相关的每对变量中的一个变量除去。例如,本案例中的 Test 1 与 Test 2 之间存在显著相关,在后续的多元回归分析时可以将这对变量中的 Test 1 或 Test 2 除去。然而,因为本案例的主要目的在于解释和学习多元回归分析法,所以在以下的讨论中将保留所有的自变量,尽管在 Test 1 与 Test 2 之间、Test 1 与 Test 3 之间、Test 2 与 Test 4 之间存在显著相关。

11.1.5　多元回归法的具体步骤

选择: **Analyze =>Regression =>Linear**

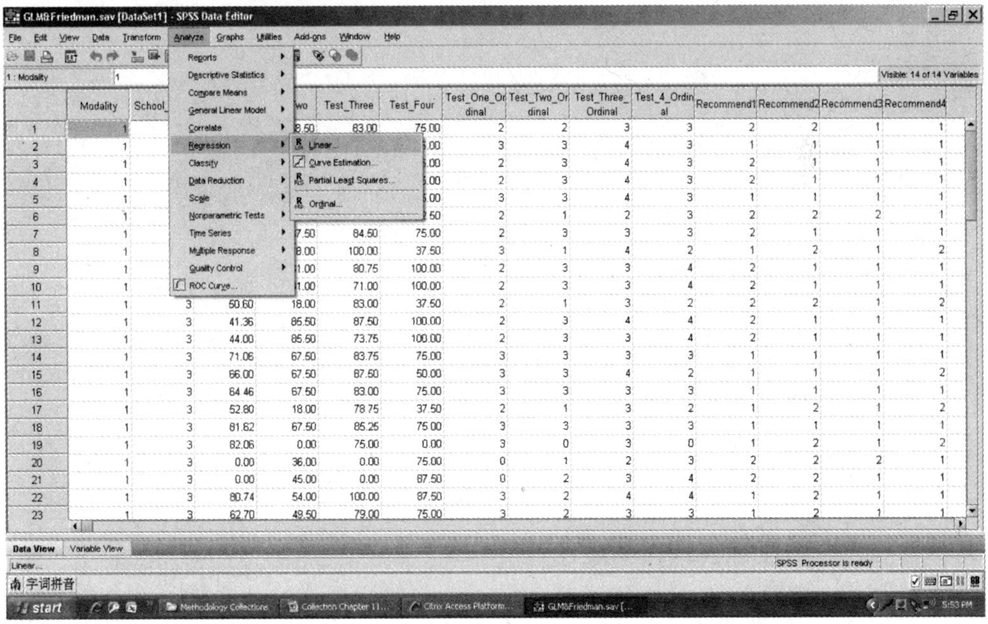

图 11.1.3

选择: **Test 4 Scores => Dependant**

选择: **Test 1 Scores, Test 2 Scores, Test 3 Scores => Independent(s)**

选择: **Statistics... Estimates, Model fit, Descriptives, Colinearity disgnositcs**

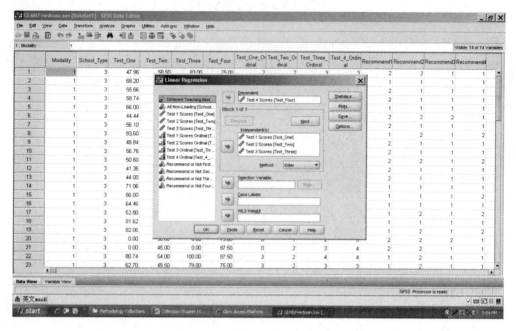

图 11.1.4

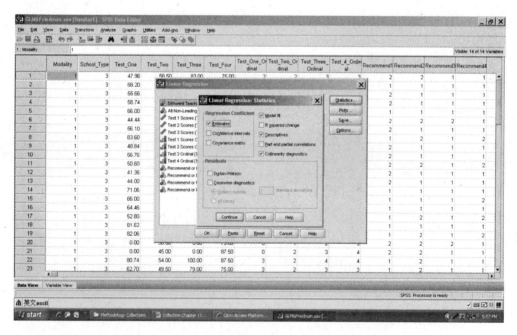

图 11.1.5

选择：选择：**Options…**, **Exclude cases listwise**

点击：**Continue**, **OK**

SPSS 对于多元回归分析法生成的结果如表 11.1.2 所示。

11.1.6　对多元回归分析法生成结果的解释

表 11.1.2a　SPSS 对于多元回归分析法生成的结果——Descriptive Statistics

	Mean	Std. Deviation	N
Test 4 Scores	70.8333	21.56455	57
Test 1 Scores	60.4035	23.65771	57
Test 2 Scores	60.8684	21.07438	57
Test 3 Scores	69.6184	27.96989	57

表 11.1.2b　SPSS 对于多元回归分析法生成的结果——Correlations

		Test 4 Scores	Test 1 Scores	Test 2 Scores	Test 3 Scores
Pearson Correlation	Test 4 Scores	1.000	−.029	.771	−.025
	Test 1 Scores	−.029	1.000	.294	.788
	Test 2 Scores	.771	.294	1.000	.220
	Test 3 Scores	−.025	.788	.220	1.000
Sig. (1-tailed)	Test 4 Scores	.	.416	.000	.426
	Test 1 Scores	.416	.	.013	.000
	Test 2 Scores	.000	.013	.	.050
	Test 3 Scores	.426	.000	.050	.
N	Test 4 Scores	57	57	57	57
	Test 1 Scores	57	57	57	57
	Test 2 Scores	57	57	57	57
	Test 3 Scores	57	57	57	57

表 11.1.2c　SPSS 对于多元回归分析法生成的结果——Variables Entered/Removed[b]

Model	Variables Entered	Variables Removed	Method
1	Test 3 Scores, Test 2 Scores, Test 1 Scores[a]	.	Enter

a. All requested variables entered.

b. Dependent Variable: Test 4 Scores

表 11.1.2a "Descriptive Statistics" 显示了学生在第一次测验、第二次测验、第三次测验和第四次测验成绩的均值、标准均方差;表 11.1.2b"Correlations"显示了各个变量间的相关性(即每个变量与其他所有变量的相关程度);表 11.1.2c "Variables Entered/Removed"表示将用三个测验值同步进行多元回归分析。

由表 11.1.2b 可知,在多个变量之间,Test 1 与 Test 2 之间的相关系数为 0.294,$p = 0.026$,统计显著;由于这种相关性是正向的,意味着在 Test 1 取得较高成绩的学生有可能在 Test 2 取得较高成绩;反之亦然。根据 Cohen(1988)的规则,r 表示较低的"效应尺度"。由于 $r^2 = 0.086$,表示 Test 2 中 8.6% 的变化范围可以通过 Test 1 的成绩值来预测。Test 1 与 Test 3 之间的相关系数为 0.788,$p = 0.000$,统计显著;相关性是正向的,意味着在 Test 1 取得较高成绩的学生极有可能在 Test 3 取得较高成绩,反之亦然。根据科恩(1988)的规则,r 表示较大的效应尺度。由于 $r^2 = 0.62$,表示 Test 3 中 62% 的变化范围可以通过 Test 1 的成绩值来预测。Test 1 与 Test 4 之间的相关系数为 −0.029,$p = 0.833$,统计非显著。Test 2 与 Test 3 之间的相关系数为 0.220，$p = 0.099$，统计非显著。Test 2 与 Test 4 之间的相关系数为 0.771，$p = 0.000$，统计显著；由于这种相关性也是正向的，意味着在 Test 2 取得较高成绩的学生极有可能在 Test 4 取得较高成绩，反之亦然。由于 $r^2 = 0.59$，表示 Test 4 中 59% 的变化范围可以通过 Test 2 的成绩值来预测。Test 3 与 Test 4 之间的相关系数为 -0.025，$p = 0.853$，统计非显著。

表 11.1.2d　SPSS 对于多元回归分析法生成的结果——Model Summary

Model	R	R Square	Adjusted R Square	Std. Error of the Estimate
1	.817ª	.667	.648	12.79549

a. Predictors：(Constant)，Test 3 Scores, Test 2 Scores, Test 1 Scores

表 11.1.2d"Model Summary"中的数据显示调整相关度 $R^2 = 0.648$，这表明对第四次测验成绩值而言，64.8% 的变化范围可以通过用学生在第一次测验、第二次测验和第三次测验成绩均值的线性综合值来进行同步预测。

表 11.1.2e　SPSS 对于多元回归分析法生成的结果——Coefficientsª

Model		Unstandardized Coefficients		Standardized Coefficients	t	Sig.	Collinearity Statistics	
		B	Std. Error	Beta			Tolerance	VIF
1	(Constant)	32.867	6.205		5.297	.000		
	Test 1 Scores	−.269	.120	−.295	−2.246	.029	.364	2.744
	Test 2 Scores	.874	.085	.854	10.292	.000	.913	1.095
	Test 3 Scores	.015	.099	.019	.146	.884	.380	2.634

a. Dependent Variable：Test 4 Scores

表 11.1.2e"Coefficients"显示，三个贝塔值(Beta)对于学生第四次测验成绩值都具有显著影响。这个研究结果证实，比较单独运用学生在第一次测验，或第二次测验，或第三次测验成绩均值来推测第四次测验成绩均值，用学生在所有三次测验成绩的线性综合值来推测第四次测验的成绩均值的推测效果将更为准确。

表 11.1.2f　SPSS 对于多元回归分析法生成的结果——ANOVAᵇ

Model		Sum of Squares	df	Mean Square	F	Sig.
1	Regression	17364.269	3	5788.090	35.353	.000ª
	Residual	8677.397	53	163.724		
	Total	26041.667	56			

a. Predictors：(Constant)，Test 3 Scores, Test 2 Scores, Test 1 Scores

b. Dependent Variable：Test 4 Scores

表 11.1.2f "ANOVA"结果显示，综合三次成绩均值，在总体上具有显著的预测效果，$F_{(3, 53)} = 35.353$，$p = .000$。

11.1.7　撰写研究结果的中英文正式规范

本研究采用多元回归分析法分析了用学生在第一次测验、第二次测验和第三次测验成绩均值的线性综合值来推测其第四次测验成绩均值，其线性综合值是否比单独使用学生在第一次测验,或第二次测验,或第三次测验各自的成绩均值来推测第四次测验的成绩均值的推测效果更为准确的问题。表 11.1.3a 显示了学生各次测验成绩的均值、标准均方差,以及相关性(即每个变量与其他变量的相关程度)。表 11.1.3a 显示的高相关系数表明它们之间存在一定的多元共线性。

表 11.1.3a 学生第一次测验、第二次测验、第三次测验和第四次测验成绩的均值、标准均方差,以及相互之间的相关性

Variable	M	SD	第一次	第二次	第三次
第四次测验	70.83	21.56	−0.029	0.771**	−0.025
推测变量					
1. 第一次测验	60.40	23.66	—	0.024*	0.778**
2. 第二次测验	60.87	21.07	—	—	0.22
3. 第三次测验	69.62	27.97	—	—	—

$^*p < .005$; $^{**}p < .001$

表 11.1.3b 汇总了学生第一次测验、第二次测验、第三次测验和第四次测验成绩均值的同步多元回归分析的结果。分析结果表明,比较单独运用学生第一次测验,或第二次测验,或第三次测验的成绩均值来推测第四次测验成绩均值,用学生三次测验成绩的线性综合值来推测第四次测验的成绩均值将更为准确,并在总体上具有显著的预测效果,F (3, 53) = 35.353, p < .001。表中的其他值表明,第二次测验的成绩值对于第四次测验成绩具有最好的预测效果,而第三次测验的成绩值对于第四次测验成绩则预测效果最弱。调整相关度的平方 $R^2 = 0.648$,这指出第四次测验的成绩值变化范围的 64.8% 可以用第一次测验,第二次测验和第三次测验的线性综合值来进行推测。根据科恩(1988)的规则,这属于偏高的效应尺度。

表 11.1.3b 学生第一次测验、第二次测验、第三次测验和第四次测验成绩均值的同步多元回归分析

变量	B	SEB	Beta
第一次测验	−0.269	0.12	−0.295
第二次测验	0.874	0.085	0.854**
第三次测验	0.015	.099	.019
常数(Constant)	32.867	6.204	

注:$R^2 = .667$; $F(3, 53) = 35.353$; $^{**}p < .001$

对于统计结果的英文规范写法如下:

The Multiple Regression was conducted to determine the effect of the linear combination of the Test 1, Test 2, and Test 3 scores for predicting the Test 4 scores. The means, standard deviations, and inter-correlations can be found in Table 11.1.4a. This linear combination of the independent variables significantly predicted the Test 4 scores, F (3, 56) = 35.353, p < 0.001, with only Test 2 scores contributing significantly to the prediction of the dependent variable (the contributions of Test 1 and Test 3 scores to the prediction of the Test 4 scores were insignificant). The Beta weighting values, illustrated in Table 11.1.4b, indicated that the Test 2 scores contribute the most to the prediction of the Test 4 scores, and the Test 3 scores contribute the least. The adjusted R squared value was 0.648, meaning that 64.8% of the variance in the Test 4 scores could be explained by the linear combination of the Test 1, Test 2, and Test 3 scores. According to Cohen (1988), this was a large effect size.

Table 11.1.4a   Means, Standard Deviations, and Inter-correlations

Variable	M	SD	Test 1	Test 2	Test 3
Test 4	70.83	21.56	−0.029	0.771**	−0.025
Predictors					
1.Test 1	60.40	23.66	—	0.024*	0.778**
2.Test 2	60.87	21.07		—	0.22
3.Test 3	69.62	27.97			—

$*p < .005$; $**p < .001$

Table 11.1.4b   Multiple Regression Analysis of Test Scores

Variables	B	SEB	Beta
Test 1	−0.269	0.12	−0.295
Test 2	0.874	0.085	0.854**
Test 3	0.015	.099	.019
Constant	32.867	6.204	

Note: $R^2 = .687$; $F(2, 68) = 75.52$; $**p < .001$

对于多元回归法的实例与理论,读者可以进一步参考有关文献以加深理解(Cohen, 2003; 蓝石等, 2004; Leech, Barrett, & Morgan, 2004)。

11.2 判别分析法

如果多个自变量均为正态分布,因变量为名义变量或两分变量,正确的分析方法应选用判别分析法。克莱卡(Klecka,1990)在《判别分析法》一书中,以恐怖分子劫持人质为例,对判别分析法在社会科学中运用的变量规则作了论述。克莱卡认为,在恐怖分子劫持人质的非常情况下,最关键的问题(因变量)在于在恐怖分子的要求未被满足的情况下,人质能否安然无恙,重获自由。而对于以上结果能否实现的主要判别因素(自变量),则取决于恐怖分子的人数、恐怖分子在当地的群众基础、恐怖分子是独立组织还是属于某个大型的恐怖集团、恐怖分子在肇事过程中的放话语调、恐怖分子所持武器的种类和质量、恐怖分子与人质的人数比,等等。通过判别分析法,可以对以上诸多因素加以"判别",以确定哪些因素对因变量(人质安然获释与否)具有显著预测所用(Klecka,1990)。读者也可以参考其他书籍或文献对本节介绍的判别分析方法做更多了解(Gliner & Morgan, 2000; Gliner &

Morgan, 2006；Leech, Barrett, & Morgan, 2004)。本节的实例如下。

11.2.1　实例背景与研究问题的中英文规范写法

学生第一次测验、第二次测验和第三次测验的成绩均值的综合值对于判别教授是否会向研究生院推荐该学生(判别"是"与"否")是否具有显著预测效果? 其判别效果比单独使用学生在第一次测验,或第二次测验,或第三次测验的各自的成绩均值来判别教授推荐与否是否更为准确?

Does the combination of three predictive variables, Test 1 scores, Test 2 scores, and Test 3 scores, collectively distinguish the professor's recommendations of the student to the graduate school, or not? Does the combination of three predictive variables, Test 1 scores, Test 2 scores, and Test 3 scores, distinguish the professor's recommendations better than the predictive effect of the Test 1, or Test 2, or Test 3 alone?

11.2.2　输入 SPSS 后的具体数据

本研究输入 SPSS 后的具体数据与在 11.1.1 中的完全一致。

11.2.3　判别分析法中对自变量相关性分析的操作步骤

判别分析法中的第一步首先比较与分析多个自变量之间的统计相关性①。

选择: **Analyze =>Correlate =>Bivariate**

选择: **Test 1 Scores, Test 2 Scores, Test 3 Scores => Variables**

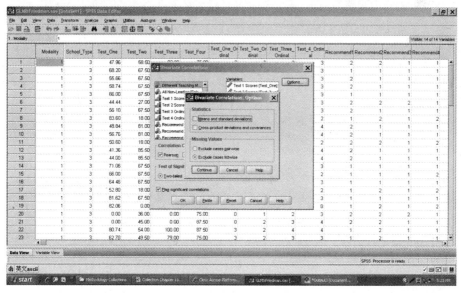

图 11.2.1

① 讨论自变量之间的相关性在于剔选相关性较低的自变量,而因变量不在剔选考虑之中,所以不考虑其相互之间的相关性。

选择: **Pearson**, **Flag significant correlations**

选择: **Options...**, **Exclude cases listwise**

点击: **OK**

SPSS 生成的多个自变量之间的相关性如表 11.2.1 所示。

表 11.2.1 **SPSS 生成的多个自变量之间的相关性——Correlations**[a]

		Test 1 Scores	Test 2 Scores	Test 3 Scores
Test 1 Scores	Pearson Correlation	1.000	.294[*]	.788[**]
	Sig. (2-tailed)		.026	.000
Test 2 Scores	Pearson Correlation	.294[*]	1.000	.220
	Sig. (2-tailed)	.026		.099
Test 3 Scores	Pearson Correlation	.788[**]	.220	1.000
	Sig. (2-tailed)	.000	.099	

[*]. Correlation is significant at the 0.05 level (2-tailed).

[**]. Correlation is significant at the 0.01 level (2-tailed).

a. Listwise N = 57

由表 11.2.1 可知,在多个自变量之间,Test 1 与 Test 2 之间的相关系数为 0.294, $p = 0.026$, 统计显著;由于这种相关性是正向的,这意味着在 Test 1 取得较高成绩的学生极有可能在 Test 2 取得较高成绩。Test 1 与 Test 3 之间的相关系数为 0.788, $p = 0.000$, 统计显著;相关性是正向的,意味着在 Test 1 取得较高成绩的学生极有可能在 Test 3 取得较高成绩。Test 2 与 Test 3 之间的相关系数为 0.220, $p = 0.099$, 统计非显著。

在多个自变量的组对之间存在显著相关的情况下,研究多个自变量对于因变量的预测效果会减弱预测的统计意义。一般而言,如果在若干对自变量之间存在显著相关,可以在后续的判别分析时将存在显著相关的每对变量中的一个变量除去。例如,本案例中的 Test 1 与 Test 2 之间存在显著相关,在后续的判别分析时可以将这对变量中的 Test 1 或 Test 2 除去。然而,因为本案例的主要目的在于解释和学习判别分析法,所以在以下的讨论中将保留所有的自变量,虽然在 Test 1 与 Test 2 之间,以及在 Test 1 与 Test 3 之间存在显著相关。

11.2.4 判别分析法的具体步骤

选择: **Analyze =>Classify =>Discriminant...**

选择: **Recommend or Not Third =>Grouping Variable**

选择: **Test 1 Scores, Test 2 Scores, Test 3 Scores => Independent(s);**

选择: **Enter independents together**

选择: **Statistics:Means, Box's M; Univariate ANOVA; Total Covariance**

选择: **Classify: All groups equal, Summary table, Within groups**

点击: **Continue, OK**

SPSS 对于判别分析法生成的数据结果如表 11.2.2 (a,b,c,d,e,f,g) 所示。

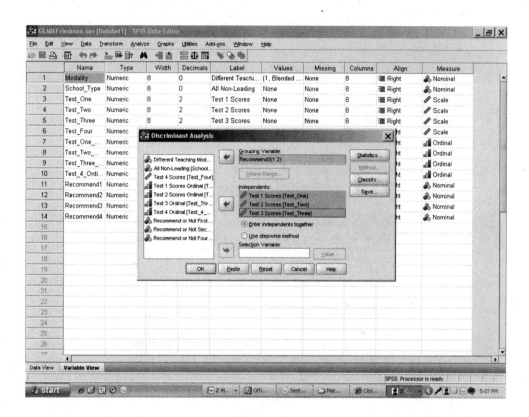

图 11.2.2

11.2.5 对判别分析法生成结果的解释

表 11.2.2a SPSS 对于判别分析法生成的数据结果——**Group Statistics**

Recommend or Not Third		Mean	Std. Deviation	Valid N（listwise）	
				Unweighted	Weighted
Recommend	Test 1 Scores	66.4742	17.57285	45	45.000
	Test 2 Scores	63.4000	21.87402	45	45.000
	Test 3 Scores	79.7556	18.48652	45	45.000
Not Recommend	Test 1 Scores	37.6383	29.96606	12	12.000
	Test 2 Scores	51.3750	14.91967	12	12.000
	Test 3 Scores	31.6042	24.87662	12	12.000
Total	Test 1 Scores	60.4035	23.65771	57	57.000
	Test 2 Scores	60.8684	21.07438	57	57.000
	Test 3 Scores	69.6184	27.96989	57	57.000

表 11.2.2b SPSS 对于判别分析法生成的数据结果——**Tests of Equality of Group Means**

	Wilks' Lambda	F	df1	df2	Sig.
Test 1 Scores	.749	18.464	1	55	.000
Test 2 Scores	.945	3.206	1	55	.079
Test 3 Scores	.499	55.304	1	55	.000

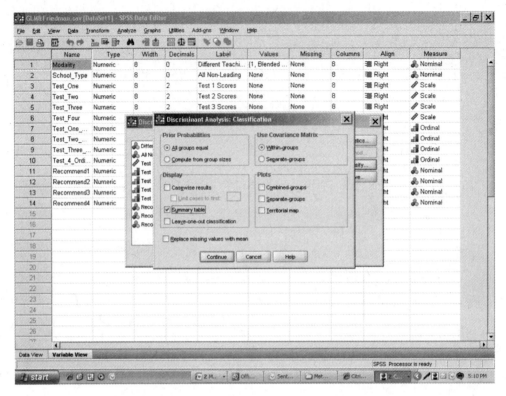

图 11.2.3

在表 11.2.2a "Group Statistics" 中分别显示了每一个自变量(第一次测验、第二次测验和第三次测验的成绩值)各自对于因变量(教授推荐与否)的基本统计数据结果。表 11.2.2b "Tests of Equality of Group Means" 说明了对于因变量而言:①自变量第一次测验值本身具有显著判别效果,$F(1,55) = 18.464$,$p<0.001$;②自变量第三次测验值本身也具有显著判别效果,$F(1,55) = 55.304$,$p<0.001$;③自变量第二次测验值不具有显著判别效果($Sig. = 0.079$)。

表 11.2.2c SPSS 对于判别分析法生成的数据结果——Test Results

Box's M		10.077
F	Approx.	1.502
	df1	6.000
	df2	2359.477
	Sig.	.174

Tests null hypothesis of equal population covariance matrices.

表 11.2.2c "Test Results" 是对方差齐性假设的检验。如果该检验的 F 值不显著的话,方差齐性假设成立,我们在数据分布均匀一致的假定下进行结果分析。换言之,如果该检验的 Sig. 值是显著的话,方差齐性假设不成立,则我们在推翻数据分布均匀一致的假定下进行结果分析。在表"Test Results 中",第三列的 Sig.值 = 0.174,数据分布的均匀

一致性假设成立。

表 11.2.2d SPSS 对于判别分析法生成的数据结果——Wilks' Lambda

Test of Function(s)	Wilks' Lambda	Chi-square	df	Sig.
1	.480	39.260	3	.000

表 11.2.2e SPSS 对于判别分析法生成的数据结果——Standardized Canonical Discriminant Funtion Coefficients

	Function
	1
Test 1 Scores	−.315
Test 2 Scores	.206
Test 3 Scores	1.170

在表 11.2.2d "Wilks' Lambda" 中, Sig.=0.000, 表明对于在判别"教授推荐"决定的"是"与"否"之间, 学生第一次测验、第二次测验和第三次测验成绩的综合值具有显著的判别效果。表 11.2.2e "Standardized Canonical Discriminant Function Coefficients" 显示了各个自变量对于因变量判别效果的相对权重。该表说明, 第三次测验的成绩值具有最强的判别效果, 而第二次测验值则判别效果最弱。

表 11.2.2f SPSS 对于判别分析法生成的数据结果——Structure Matrix

	Function
	1
Test 3 Scores	.964
Test 1 Scores	.557
Test 2 Scores	.232

Pooled within-groups correlations between discriminating variables and standardized canonical discriminant functions

Variables ordered by absolute size of correlation within function.

表 11.2.2g SPSS 对于判别分析法生成的数据结果——Classification Results[a]

		Recommend or Not Third	Predicted Group Membership		
			Recommend	Not Recommend	Total
Original	Count	Recommend	43	2	45
		Not Recommend	1	11	12
	%	Recommend	95.6	4.4	100.0
		Not Recommend	8.3	91.7	100.0

a.94.7% of original grouped cases correctly classified.

表 11.2.2f "Structure Matrix" 提供的信息与 "Standardized Canonical Discriminant Function Coefficients" 一表提供的信息相似, 表明了各个自变量对于因变量总的判别函数中各自的权重。

表 11.2.2g "Classification Results" 显示了统计分析的结果对于教授推荐与否的判别预测的精确度。例如, 统计结果对于教授"推荐"的 95.6% 的判别是准确的, 而对于教授

"不推荐"的 91.7% 的判别是准确的。

11.2.6 撰写研究结果的中英文正式规范

本研究采用判别分析法分析了用学生第一次测验,第二次测验和第三次测验成绩均值的综合值判别教授是否会向研究生院推荐该学生的决定(判别"是"与"否")是否具有显著预测效果;其判别效果比单独使用学生在第一次测验,或第二次测验,或第三次测验各自的成绩均值来判别教授推荐与否是否更为准确。

分析结果表明,比较单独运用学生在第一次测验,第二次测验,或第三次测验的成绩均值来推测与判别教授是否会向研究生院推荐该学生的决定的预测效果,用学生在三次测验的成绩综合值来推测与判别将更为准确,并在总体上具有显著判别效果,Wilks' Lambda = 0.48, χ^2 = 39.26, p < .001。表 11.2.3 显示了标准函数系数和各变量与判别函数相关系数值。该表显示了第三次测验的成绩值对于教授推荐与否的决定具有最强的判别效果,而第二次测验值判别效果最弱。虽然第二次测验的判别性最弱且不具显著性,它对于总体预测能力仍然起到了助长作用。

统计结果同时表明,统计结果对于教授"推荐"的 95.6% 的判别是准确的,而对于教授"不推荐"的 91.7% 的判别是准确的。

表 11.2.3　标准函数系数和各变量与判别函数相关系数

	标准函数系数	各变量与判别函数相关系数
测验成绩 1	−0.315	0.557
测验成绩 1	0.206	0.232
测验成绩 3	1.170	0.964

对于统计结果的英文规范写法如下:

The Discriminant Analysis was conducted to assess whether the combination of three predictive variables, Test 1 scores, Test 2 scores, and Test 3 scores, could collectively distinguish the professor's recommendations of the student to the graduate school, or not. The outcome of the Discriminant Analysis indicated that the combination of the test scores would distinguish professor's decision of recommendations significantly, Wilks' Lambda = 0.48, Chi-square (χ^2) = 39.26, p < 0.001. Table 11.2.4 illustrates the Standardized Function Coefficients, which demonstrate that Test 1 scores contribute significantly to distinguishing the recommendation decisions (Yes or No), $F_{(1, 55)}$ = 18.464, p < 0.001, that Test 3 scores also contribute significantly to distinguishing the recommendation decisions (Yes or No), $F_{(1, 55)}$ = 55.304, p < 0.001, and that Test 2 scores contribute to distinguishing the Yes or No recommendations insignificantly. The Discriminant Analysis results demonstrate that the overall discriminant function accurately predicts

95.6% of the positive recommendations (Yes) and 91.7% of the negative recommendations (No). The correlation Coefficients in the table illustrate that although Test 2 scores did not contribute significantly to the general discriminant function, they were somewhat correlated with the overall discriminant function.

Table 11.2.4 Standardized Function Coefficients and Correlation Coefficients

	Standardized Function Coefficients	Correlations between variables and Discriminant Function
Test 1	-0.315^*	0.557
Test 2	0.206	0.232
Test 3	1.170^*	0.964

$^* p<.001$

11.3 Logistic 回归法

如果多个自变量为正态分布与名义变量的混合,或均为名义变量,或均为两分变量,而因变量为名义变量或两分变量,正确的分析方法应选择 Logistic 回归法。实例如下。

11.3.1 研究问题的中英文规范写法

用学生在第一次考试成绩均值和第二次考试成绩均值,加上教授面试评估(满意或不满意)的决定的综合值,判别教授是否会向研究生院推荐该学生的决定(推荐与否)是否具有显著预测效果?用以上学生综合值的判别效果比单独使用学生在第一次考试,或第二次考试各自的成绩均值,或教授面试评估满意与否的决定分别来判别教授向研究生院推荐与否,是否更为准确?

Would the combination of three predictive variables, Exam 1 scores, Exam 2 scores, and the professor's Interview Assessment Decisions, collectively predict the professor's decision of a recommendation for the student to the graduate school? Would the combination of three predictive variables distinguish the professor's recommendation decisions better than the predictive effect of Exam 1, or Exam 2, or the professor's Interview Assessment alone?

11.3.2 输入 SPSS 后的具体数据

本研究输入 SPSS 后的具体数据如图 11.3.1 所示。

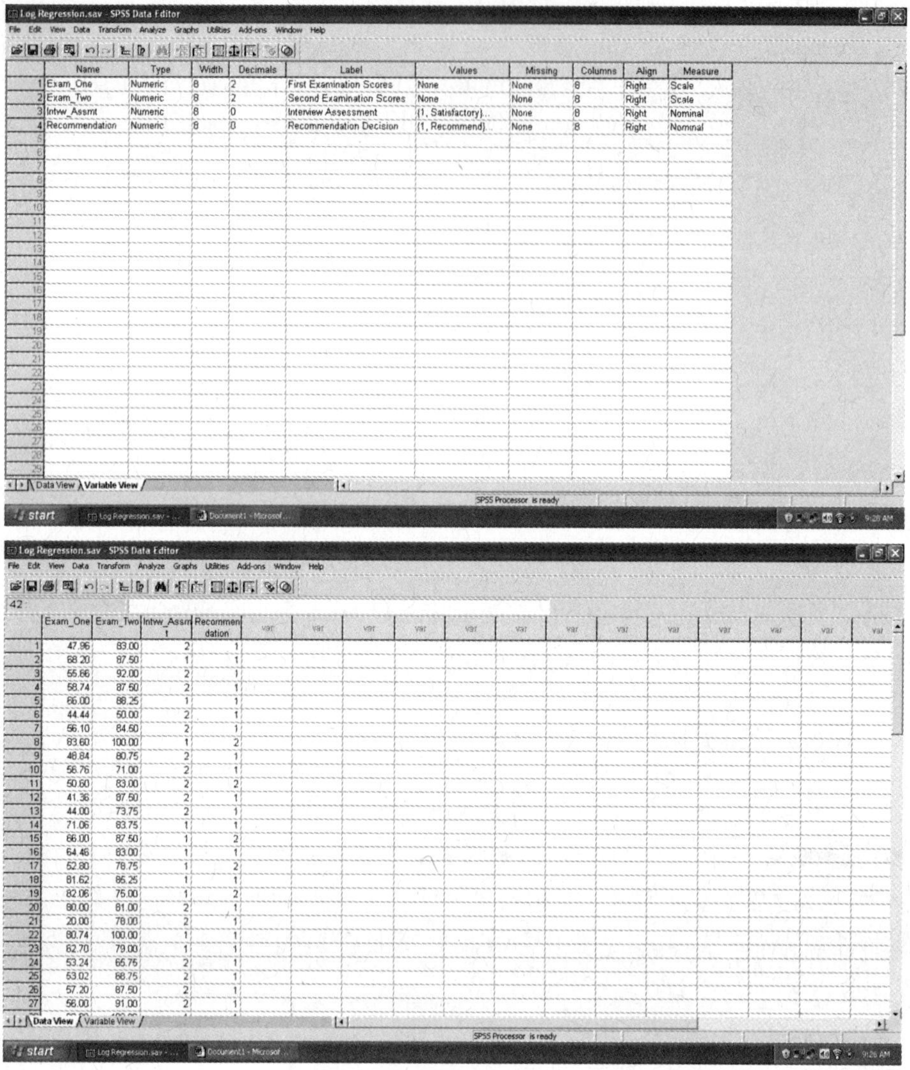

图 11.3.1

11.3.3 Logistic 回归法中对自变量的相关性分析

Logistic 回归法第一步应首先比较与分析多个自变量之间的统计相关性。由于 Logistic 回归法本身不存在比较与分析多个自变量之间的统计相关性的现成步骤,读者可以参考本章的第 1 节和第 2 节中的相关讨论。

在多个自变量的组对之间存在显著相关的情况下,研究多个自变量对于因变量的预测效果会减弱预测的统计意义。一般而言,如果在若干对自变量之间存在显著相关,可以在后续的判别分析时将存在显著相关的每对变量中的一个变量除去。然而,因为本案例的主要目的在于解释和学习 Logistic 回归分析法,所以在以下的讨论中将保留所有的自变量。

11.3.4　Logistic 回归法的具体步骤

选择：**Analyze =>Regression =>Binary Logistic**

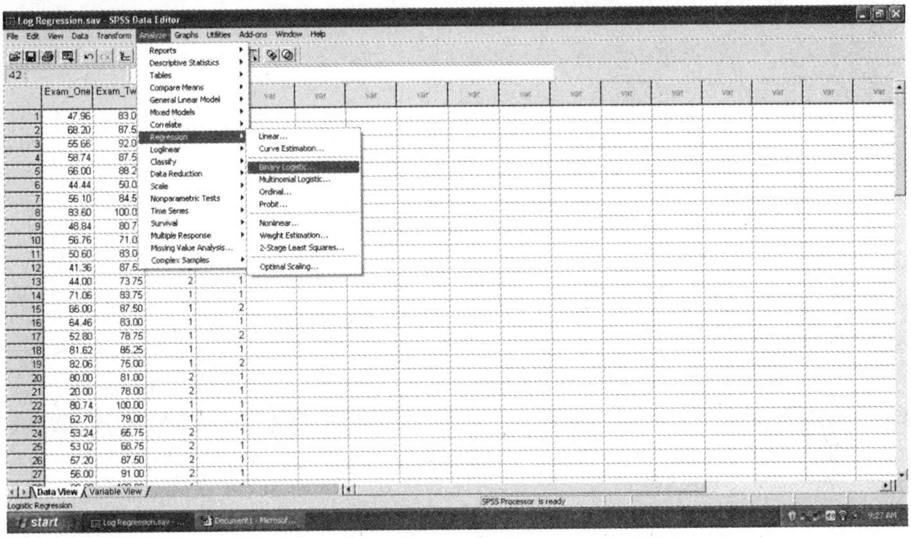

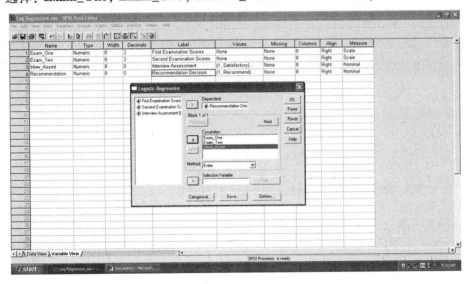

图 11.3.2

选择：**Recommendation Decision =>Dependent Variable**

选择：**Exam_One，Exam_Two，Intview_Assmt => Covariates**；

图 11.3.3

在 Method 中选择：**Enter**

选择：**Options；CI for Exp(B)；=>95**

点击：**OK**

SPSS 对于 Logistic 回归法生成的数据结果如表 11.3.1 所示。

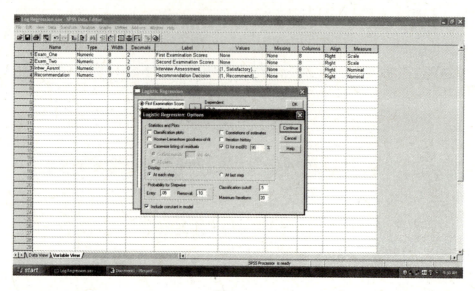

图 11.3.4

11.3.5 对于 Logistic 回归法生成结果的解释

本研究采用 Logistic 回归法分析了用学生在第一次考试成绩均值和第二次考试成绩均值,加上教授面试评估(满意或不满意)的决定的综合值,判别教授是否会向研究生院推荐该学生的决定(推荐与否)是否具有显著预测效果,以及是否其判别效果比单独使用学生在第一次考试,或第二次考试各自的成绩均值,或教授面试评估满意与否的决定分别来判别教授向研究生院推荐与否更为准确的问题。

表 11.3.1a　SPSS 对于 Logistic 回归法生成的数据结果——Dependent Variable Encoding

Original Value	Internal Value
Recommend	0
Not Recommend	1

表 11.3.1b　SPSS 对于 Logistic 回归法生成的数据结果——Classification Table（a,b）

Observed		Predicted		
		Recommendation Decision		Percentage Correct
		Recommend	Not Recommend	
Step 0 Recommendation Decision	Recommend	47	0	100.0
	Not Recommend	10	0	.0
Overall Percentage				82.5

a Constant is included in the model.

b The cut value is .500

表 11.3.1c　SPSS 对于 Logistic 回归法生成的数据结果——Variables in the Equation

		B	S.E.	Wald	df	Sig.	Exp(B)
Step 0	Constant	−1.548	.348	19.748	1	.000	.213

表 11.3.1a "Dependent Variable Encoding" 显示了因变量 "教授推荐与否" 的内部编码值（"0"为推荐；"1"为不推荐）。表 11.3.1b，第一个 "Classification Table" 中的 47 为推荐数量，10 为不推荐数量。82.5 显示了如果预测教授将推荐（内部编码为"0"）所有的学生的话，预测正确性的百分率为 82.5%。表 11.3.1c，第一个 "Variables in the Equation" 表明，如果预测教授将推荐（内部编码为"0"）所有的学生的话，该预测将具有显著统计效果（Sig. = 0.000）。

表 11.3.1d　SPSS 对于 Logistic 回归法生成的数据结果——Variables not in the Equation

			Score	df	Sig.
Step 0	Variables	Exam_One	5.565	1	.018
		Exam_Two	5.326	1	.021
		Intvw_Assmt	.310	1	.578
	Overall Statistics		8.787	3	.032

表 11.3.1d，第一个 "Variable not in the Equation" 显示了，如果预测教授将推荐（内部编码为"0"）所有的学生的话，第一次考试成绩（Sig. = 0.018）和第二次考试成绩（Sig. = 0.021）均值分别对教授推荐决定的预测具有显著效果；而教授的面试评估则对教授的推荐决定的预测不具有显著效果（Sig. = 0.578）。

表 11.3.1e　SPSS 对于 Logistic 回归法生成的数据结果——Omnibus Tests of Model Coefficients

		Chi-square	df	Sig.
Step 1	Step	7.620	3	.055
	Block	7.620	3	.055
	Model	7.620	3	.055

表 11.3.1f　SPSS 对于 Logistic 回归法生成的数据结果——Model Summary

Step	-2 Log likelihood	Cox & Snell R Square	Nagelkerke R Square
1	45.322(a)	.125	.207

a Estimation terminated at iteration number 5 because parameter estimates changed by less than .001.

表 11.3.1e "Omnibus Tests of Model Coefficients" 显示了该预测模型的总体显著性。在第三行的 Model 中，Sig. = 0.055>0.05，表示总体模型的预测性为非显著，或接近临界显著（0.05 为临界点）。表 11.3.1f "Model Summary" 显示了 R^2 值，其意义与定义与在多元线性回归法中讨论的一致，请参见本章第 1 节中对于 R^2 的讨论。表中的 Cox & Snell R Square 为 R^2 的下限值，而 Nagelkerke R Square 为 R^2 的上限值。

表 11.3.1g　SPSS 对于 Logistic 回归法生成的数据结果——Classification Table（a）

Observed			Predicted		
			Recommendation Decision		Percentage Correct
			Recommend	Not Recommend	
Step 1	Recommendation Decision	Recommend	47	0	100.0
		Not Recommend	8	2	20.0
	Overall Percentage				86.0

a The cut value is .500

表 11.3.1g, 第二个"Classification Table" 显示了本 Logistic 回归模型对于"教授推荐"的决定具有 100% 的预测准确性,而对"教授不推荐"的决定仅具有 20% 的预测准确性。模型的总体预测准确性为 86%。

表 11.3.1h　SPSS 对于 Logistic 回归法生成的数据结果——Variables in the Equation

		B	S.E.	Wald	df	Sig.	Exp（B）	95.0% C.I.for EXP(B)	
								Lower	Upper
Step 1(a)	Exam_One	−.056	.034	2.787	1	.095	.945	.885	1.010
	Exam_Two	−.011	.020	.322	1	.570	.989	.951	1.028
	Intvw_Assmt	−1.480	1.164	1.618	1	.203	.228	.023	2.227
	Constant	4.751	3.150	2.274	1	.132	115.662		

a Variable(s) entered on step 1：Exam_One, Exam_Two, Intvw_Assmt.

表 11.3.1h, 第二个"Variables in the Equation" 显示了,就"教授推荐"与"教授不推荐"的预测性而言,每个自变量对于所有自变量综合影响的各自的单独作用。该表显示,就"教授推荐"与"教授不推荐"的预测性而言,每个自变量对于所有自变量综合影响的各自的单独作用均非统计显著,或者说,每个自变量对于所有自变量的综合影响并没有起到单独的显著贡献。由于 exp(B){Odds Ratios} 均小于 1,说明所有的自变量对于因变量的预测效果都没有起到显著的增加作用(如果大于 1 的话,Odds Ratio-1 即为该自变量对于因变量预测精确度的增量的百分比)。

11.3.6　撰写研究结果的中英文正式规范

本研究采用 Logistic 回归法分析了用学生在第一次考试成绩均值和第二次考试成绩均值,加上教授面试评估(满意或不满意)的决定的综合值,判别教授是否会向研究生院推荐该学生的决定(推荐与否)是否具有显著预测效果,并进一步分析了其判别效果比单独使用学生在第一次考试,或第二次考试各自的成绩均值,或教授面试评估满意与否的决定,来判别教授向研究生院推荐与否是否更为准确的问题。分析结果表明,虽然学生在第一次考试成绩均值和第二次考试成绩均值,加上教授面试评估(满意或不满意)的决定的综合值对于判别教授是否会向研究生院推荐该学生的决定(推荐与否)不具有显著预测效果,其预测效果却界于临界值,Chi-square (χ^2) = 7.62, df=3, N= 57, p=0.055>0.05。

表 11.3.2 汇总了学生在第一次考试成绩均值,第二次考试成绩均值,教授面试评估(满意或不满意)的决定的综合值对于判别教授是否会向研究生院推荐该学生的决定(推荐与否)的 Logistic 回归分析法分析的结果。该表显示,就"教授推荐"与"教授不推荐"的预测性而言,每个自变量对于所有自变量综合影响的各自的单独作用均为非统计显著,或者说,每个自变量对于所有自变量的综合影响并没有起到单独的显著贡献。由于 exp(B){Odds Ratios} 均小于 1,说明所有的自变量对于因变量的预测效果都没有起到显著增加作用。

表 11.3.2 考试成绩均值,和教授面试评估综合值对于判别教授是否推荐的 Logistic 回归分析法的分析结果

Variable	Beta	SE	Odds Ratio	p
第一次考试	−0.56	0.034	0.945	0.095
第二次考试	−0.011	0.02	0.989	0.570
面试评估	−1.48	1.164	0.228	0.203
常数	4.751	2.274	115.662	0.132

对于统计结果的英文规范写法如下:

The Logistic Regression was executed to determine whether or not three predictive variables, Exam 1 scores, Exam 2 scores, and the professor's Interview Assessment Decisions, would collectively predict the professor's decision of recommendation for the student to the graduate school. The outcome of the Logistic Regression analysis indicated that although the combination of the examination scores and the interview assessment decisions would not predict the professor's decisions of recommendations significantly, such prediction was at the critically significant value, Chi-square (χ^2) = 7.62, df=3, N=57, p=0.055. Table 11.3.3 illustrates the Odd Ratios and the significance levels for the Exam 1, Exam 2, and professor's Interview Assessment status.

Table 11.3.3 Logistic Regression Predicting Professor's Recommendations Based on Exam 1 and Exam 2 Scores and Interview Assessment

Variable	Beta	SE	Odds Ratio	p
Exam 1	−0.56	0.034	0.945	0.095
Exam 2	−0.011	0.02	0.989	0.570
Interview Assmt	−1.48	1.164	0.228	0.203
Constant	4.751	2.274	115.662	0.132

12 结构方程模型初探

12.1 结构方程模型简介

　　人们对于社会科学各项研究中现象、事物、事件和它们的本质的认知均是基于量与质的综合推断。社会科学定量研究的最终目的是在对量化数据的运算和推理的基础上,实现向质的理论的升华。由于社会科学或行为科学研究中所描述的对象、变量和模型结构的不可观测性和模糊性,研究中的潜在变量往往必须通过对一些显在指标的测量来对其进行间接测量。结构方程模型是对传统社会科学定量研究方法的重要补充和发展,是现代社会科学与行为科学研究多元因果关系、预测模型和潜变量分析模型的有效工具,也是处理多元数据和进行多维数据分析的重要途径(蓝石,2010)。

　　建立结构方程模型的主要目的在于探索、分析、判断和验证可直测变量对于不可直测变量的预测关系。结构方程模型中既包含可直接观测的“显变量”,也包含无法直接观测的“潜变量”。结构方程模型可以用于多重回归、路径分析、因子分析、协方差分析等普遍运用的传统定量研究,并可用于进一步导出阐明单项指标对总体的作用,以及单项指标间的相互关系。

　　结构方程模型还可以进一步用于同步分析对多个因变量的预测,并且可以对多个含有潜变量的不同假设模型结构进行交互和比较研究,从而对多个模型进行评价与优劣比较。结构方程模型也可用于对预定的因子结构和预拟模型进行数据吻合与数据检验。

　　结构方程模型中所含的主要变量概念为:1)外生变量(exogenous variables),其变量特点与传统研究中的"自变量"概念相似;2)内生变量(endogenous variables),其变量特点与传统研究中的"因变量"概念相似; 3)显变量(manifest or observed variables),即可以直接观测的变量;4) 隐变量或潜变量(latent or unobserved variables),即不可以直接观测的变量。

　　结构方程模型的基本构成由"测量方程"和"结构方程"组成。测量方程描述潜变量与可测指标之间的关系, 如图 12.1a 所示;结构方程则描述不可测变量(潜变量)之间的关系, 如图 12.1b 所示。解析结构方程模型的专门软件主要有 LISREL、EQS、Mplus、RAMONA、AMOS 等。本章将介绍在现代社会科学与行为科学中用得极广的 AMOS 软件。

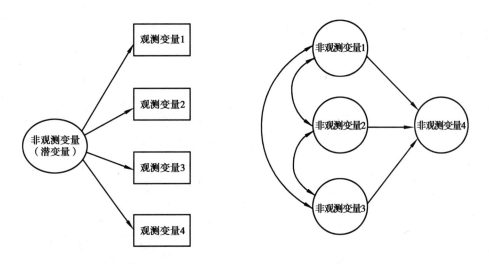

图 12.1a　结构方程模型中的测量方程　　　　图 12.1b　结构方程模型中的结构方程

　　AMOS 软件配有视窗软件和符号指令系统, 是求解与分析结构方程模型、探索与验证变量间关系的有效计算工具。AMOS 的主要特点在于它建模方便,并能很快解出和检验变量之间的相互影响及其因果关系,进而得出准确的比较与分析结果。AMOS 为研究人员提供了丰富的窗口图形环境,并能够在工具选择菜单和工具图标与模型评估视窗区域中,通过以鼠标轻点其直观式图标便能绘制、修改、演算、分析结构方程模型。AMOS 能够在进行多组模型分析时很快得出系统化的多组分析比较结果,高效率地完成繁琐复杂的计算、模型识别、参数估计和参数标签等步骤和过程,并同时生成详细易读的测试文件和数据表格。本书的附录 4 通过一个实际例子,手把手地引导读者快速掌握 AMOS 的基本输入、操作与运行方法。

12.1.1　结构方程模型与 AMOS 的线性回归分析

　　本书的 11.1 节曾讨论多元回归法的分析步骤,并采用多元回归分析法分析了用学生在第一次测验、第二次测验、第三次测验的成绩均值的线性综合值来推测其第四次测验成绩均值,是否比单独使用学生在第一次测验或第二次测验或第三次测验各自的成绩均值来推测更为准确的问题。

11.1 节 SPSS 的相关分析结果表明,多个变量之间在 Test 1 与 Test 2 之间的相关系数为 0.294, $p=0.026$, 统计显著;在 Test 1 与 Test 3 之间的相关系数为 0.788, $p=0.000$, 统计显著;在 Test 2 与 Test 3 之间的相关系数为 0.220, $p=0.099$, 统计非显著。SPSS 的回归分析结果表明, Test 1 对于 Test 4 的回归系数为 -0.295, Test 2 对于 Test 4 的回归系数为 0.854, Test 3 对于 Test 4 的回归系数为 0.019。

SPSS 的分析结果同时表明,"Model Summary"(模型总结)中的数据显示了用学生在第一次测验、第二次测验和第三次测验成绩均值的线性综合值来对第四次测验成绩值进行同步预测的相关度 (调整相关度 $R^2=0.648$)。

对于同样的案例,用 AMOS 软件对其进行回归分析的步骤如下(可以同时参考附录 4 来熟悉 AMOS 的入门操作步骤)。

进入窗口界面,点击 **Amos Graphics**。点击 **File→New**(图 12.1.1)。在 AMOS 的工作界面中,顶部为工具选择菜单,左边为工具图标选择区。操作时既可以点选工具选择菜单选择结构组件或操作工具,也可以在左边的工具图标选择区选择结构组原件或操作工具(见图 12.1.2)。

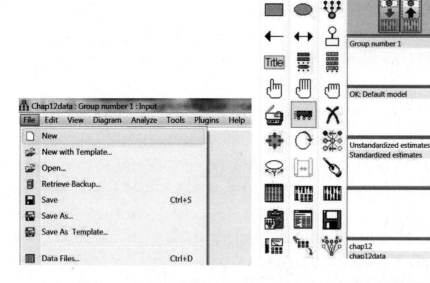

图 12.1.1　AMOS 工作界面
点击 File→New

图 12.1.2　AMOS 工作界面的工具选择菜单
与工具图标选择区

本例采用 chap12data.sav 为数据文件。点击 **File→Data Files…File Name**。假定数据文件存储在 G:2014 Publications \ 文件夹内,文件名为:chap12data. sav。选择文件 chap12data.sav, 如图 12.1.3 所示。

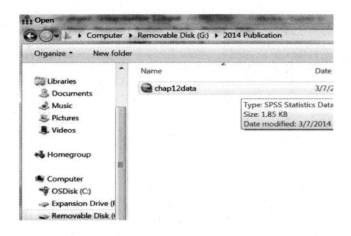

图 12.1.3 **选择文件**：chap12data.sav→Open

在数据文件（Data Files）方框内，选择文件 chap12data.sav→OK（图 12.1.4）。

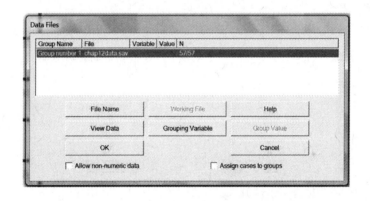

图 12.1.4 **选择文件**：chap12data.sav→OK

读者可以详细参考附录4，完成以下路径图，如图 12.1.5 所示。

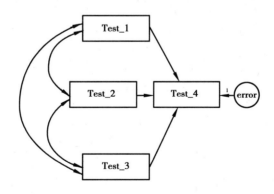

图 12.1.5 **结构模型路径图——AMOS 回归分析路径图**

点击 **File→Save as**；输入文件名："chap12data.amw"。至此，对于本案例用 AMOS 构建的结构方程模型的路径图已经存入，其文件名与文件格式为：chap12data.amw。

以下是对本案例的结果方程模型进行分析的具体步骤。在 chap12data.amw 的界面中，点击 **View→Analysis Properties**；点击 **Output**（也可以在工具图标选择区选择 Analysis Properties 工具图标），选择 **Minimization history**，**Standardized estimates** 和 **Squared multiple correlations**；点击 **X**，如图 12.1.6 所示。

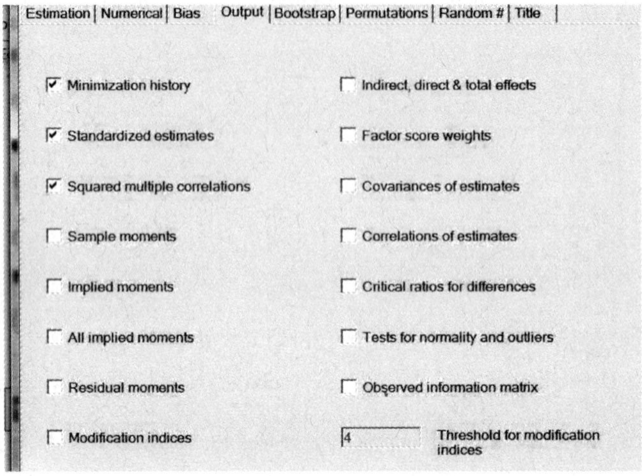

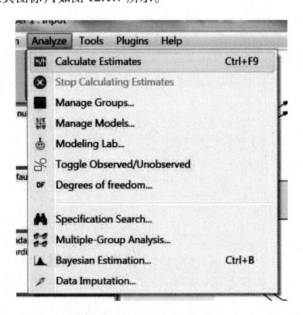

图 12.1.6 **选择** Minimization history，Standardized estimates 和 Squared multiple correlations

在工具选择菜单中的分析（**Analyze**）框内，选择 **Calculate Estimates**（也可以在工具图标选择区选择工具图标），如图 12.1.7 所示。

图 12.1.7 **选择** Calculate estimates

点击 **Save**。在 AMOS 完成计算过程后，选择 **View Text**（图 12.1.8）。

输出文件的部分显示如图 12.1.9 所示。输出文件区的左上角列出了输出文件的标题一览表。

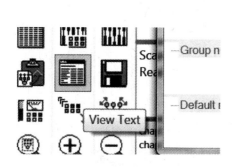

图 12.1.8 选择输出结果文件（**View Text**）

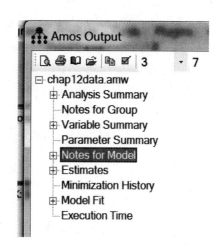

图 12.1.9 输出文件的标题一览表

点选输出路径图（**View the output path diagram**），并点选标准参数估算（**Standardized estimates**），如图 12.1.10 所示。

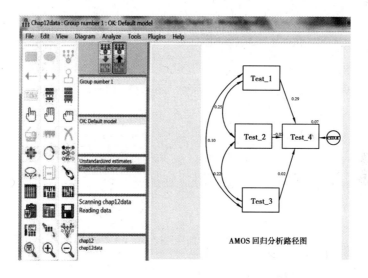

图 12.1.10 点选输出路径图（**View the output path diagram**）

AMOS 软件估算结果的各个参数将在结构方程模型输出路径图上的每个变量、路径和关联线上标出。图 12.1.11 为标准输出路径图。

在标准输出路径图中，双向箭连线上的参数表示相关系数（Correlations），是标准化的参数估算结果；单向箭连线为标准化的回归系数（Standardized Regression Weights）。标准化的估算结果是独立于测量单位的计算结果。如图 12.1.11 可知，0.29 是 Test1 与 Test2 之间的相关系数；0.79 是 Test1 与 Test3 之间的相关系数；0.22 是 Test2 与 Test3 之间的相关系数。同理，−0.29 是 Test1 至 Test4 的标准化回归系数；0.85 是 Test2 至 Test4 的标准化回归系数；0.02 是 Test3 至 Test4 的标准化回归系数。可以选择"Print"打印需要打印的图像或结果。

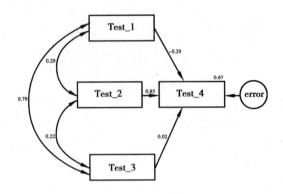

图 12.1.11　AMOS 标准输出路径图

在以上用 AMOS 分析的基础上,选择输出文件→参数估计(**Estimates**),如图 12.1.12 所示。

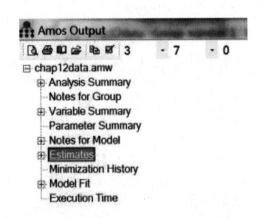

图 12.1.12　选择输出文件→参数估计(**Estimates**)

在输出文件参数估计(Estimates)中选择标准化回归系数(Standardized Regression Weights),如表 12.1.1 所示。

表 12.1.1　标准化回归系数

Standardized Regression Weights:(Group number 1 – **Default model)**

	Estimate
Test_4<---Test_1	−.295
Test_4<---Test_2	.854
Test_4<---Test_3	.019

上表表明:Test1 至 Test4 的贝塔值(Beta)为−0.295;Test2 至 Test4 的贝塔值(Beta)

为 0.854;Test3 至 Test4 的贝塔值(Beta)为 0.019。AMOS 的分析结果与 SPSS 的运行

结果是一致的。

12.1.2　AMOS 回归分析输出文件的详细解释

用 AMOS 软件分析结构方程模型的关键在于对输出文件的理解与解释。本案例所用的分析数据文件为 chap12data.sav（读者可以参照使用）。输入数据文件后，点选参数估算（**Calculate estimates**）、输出数据文件（**View Text**）得到完整的输出数据文件。本节将对 AMOS 得出的关键输出结果作详细解释。

AMOS 软件生成的输出结果文件标题列表（输出结果文件视屏的左列）如表 12.1.2 所示。在以下输出结果文件中，点选模型组注释（**Notes for Group**）。

表 12.1.2　AMOS 软件生成的输出结果文件标题一览表

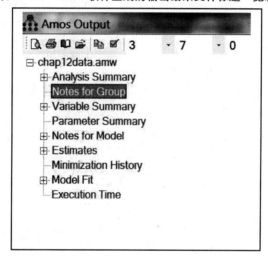

模型组注释的运算结果如下：

Notes for Group（Group number1）

The model is recursive.

Sample size ＝57

在以上输出中，"The model is recursive"表示模型中不存在反馈回路。如果模型组注释（Notes for Group）的运算结论为"The model is nonrecursive"，模型中则存在反馈回路。检验模型中是否含有反馈回路的方法为：从一个变量出发，在走过一段路径并穿越其他变量之后，如果又回到了这个出发变量，模型中即含有反馈回路。如果模型中存在反馈回路，运算过程将无限循环或在程序运行中出现"死循环"，导致模型参数估算无解。

在输出结果文件列表（表 12.1.2）中，点选变量总结（**Variable Summary**）。变量总结的结果如表 12.1.3 所示。

表 12.1.3　变量总结

Variable Summary（Group number 1）
Your model contains the following variables（Group number 1）
Observed，endogenous variables
Test_4
Observed，exogenous variables
Test_1
Test_2
Test_3
Unobserved，exogenous variables
error
Variable counts（Group number 1）
Number of variables in your model：　5
Number of observed variables：　4
Number of unobserved variables：　1
Number of exogenous variables：　4
Number of endogenous variables：　1

表 12.1.3 中的"Observed，endogenous variables"列出了观测内生变量,"Observed，exogenous variables"列出了观测外生变量,"Unobserved，exogenous variables"列出了非观测外生变量(即外生潜变量)。变量总结(Variable Summary)栏内的变量数(Variable Counts)说明在模型中有 5 个变量,其中包括 4 个观测变量,1 个非观测变量(潜变量),4 个外生变量,1 个内生变量。

在输出结果文件列表(表 12.1.2)的变量总结(Variable Summary)表中,点选参数总结表(**Parameter summary**)。参数总结结果如表 12.1.4 所示。参数总结表列出了预置(Fixed)权重系数、共变系数、方差、均值、节距、参数总数,和已标识(Labeled)与未标识(Unlabeled)的权重系数、共变系数、方差、均值、节距,以及参数总数。

表 12.1.4　参数总结结果表
Parameter Summary（Group number 1）

	Weights	Covariances	Variances	Means	Intercepts	Total
Fixed	1	0	0	0	0	1
Labeled	0	0	0	0	0	0
Unlabeled	3	3	4	0	0	10
Total	4	3	4	0	0	11

在输出结果文件列表(表 12.1.2)的模型注释(Notes for Model)中,点选自由度计算(**Computation of degree of freedom**),自由度计算结果如表 12.1.5。

表 12.1.5 自由度计算结果

Computation of degrees of freedom（Default model)
Number of distinct sample moments： 10
Number of distinct parameters to be estimated： 10
Degrees of freedom（10-10)： 0

在自由度计算结果（Computation of degree of freedom）中,列出了模型中的样本矩数（Number of distinct sample moments）,需要进行估算的总体矩数（Number of distinct parameters to be estimated）,和自由度（Degrees of freedom）。

在本案例例中,独立矩数为 10。模型中需要进行估计的独立参数的数量是参数总数量减去预置（Fixed）系数的数量。因此,本例中模型需要进行估计的独立参数的数量为 $11-1=10$。

模型的自由度为独立矩的数量减去需要进行估计的独立参数的数量。因此,本案例中模型的自由度为 $10-10=0$。

在输出结果文件列表（表 12.1.2）中的模型注释（Notes for Model）中,点选模型结论（**Result**）,如表 12.1.6 所示。

表 12.1.6 模型结论

Result（Default model）
Minimum was achieved
Chi-square = 0.000
Degrees of freedom = 0
Probability level cannot be computed

在模型结论（Result）中,"Minimum was achieved"表明所有的方程与共变系数估算完成。p 值（Probability level）对模型模型拟合的零假设作推翻或不推翻的判定。一般而言,如果 p 值小于 0.05,模型拟合的零假设被推翻（即模型不拟合）。反之,如果 p 值（Probability level）大于 0.05,模型拟合的零假设成立（即模型拟合）。如果自由度为零,p 值（Probability level）则没有意义。在本例中,自由度为零,p 值是没有意义的。

在输出结果文件列表（表 12.1.2）中点选参数估计（**Estimates**）。非标准化权重系数（Regression Weights）是不独立于测量单位的回归系数,如表 12.1.7 所示。非标准化回归系数是传统 SPSS 回归分析中的 B 值。读者可以同时参照第 11 章中的表 11.1.2a 进行比较。

表 12.1.7 非标准化回归系数表
Regression Weights：（Group number 1-Default model）

	Estimate	S.E.	C.R.	P	Label
Test_4<---Test_1	−.269	.116	−2.309	.021	
Test_4<---Test_2	.874	.083	10.579	***	
Test_4<---Test_3	.015	.097	.151	.880	

标准化权重系数(Standardized Regression Weights)是独立于测量单位的标准回归系数,即传统 SPSS 回归分析中的 Beta 值, 如表 12.1.8 所示。

表 12.1.8　独立于测量单位的标准回归系数

Standardized Regression Weights：(Group number 1-Default model)

	Estimate
Test_4<---Test_1	−.295
Test_4<---Test_2	.854
Test_4<---Test_3	.019

上表中的标准回归系数表明:1)Test_1 至发展潜力指标 Test_4 的贝塔值(Beta)为 −0.295; 2)Test_2 至 Test_4 的贝塔值(Beta)为 0.854; 3)Test_1 至 Test_4 的贝塔值(Beta)为 0.019。

协方差系数(Covariances)是不独立于测量单位的共变系数,如表 12.1.9 所示。

表 12.1.9　本案例的共变系数

Covariances：(Group number 1-Default model)

	Estimate	S.E.	C.R.	P	Label
Test_1<-->Test_2	144.247	68.235	2.114	.035	
Test_2<-->Test_3	127.673	79.245	1.611	.107	
Test_1<-->Test_3	511.977	110.578	4.630	***	

方差表列出了不独立于测量单位的方差系数(Variances),如表 12.1.10 所示。

表 12.1.10　本案例的方差系数

Variances：(Group number 1-Default model)

	Estimate	S.E.	C.R.	P	Label
Test_1	549.868	103.915	5.292	***	
Test_2	436.338	82.460	5.292	***	
Test_3	768.590	145.250	5.292	***	
error	152.235	28.770	5.292	***	

在共变系数表与方差表中,同时列出了标准误差(S.E.)、临界比值(C.R.)和 p(显著性检验)值。一般说来,临界比值(C.R.)大于 1.96 为统计显著,临界比值(C.R.)小于1.96 为非统计显著。p(显著性检验)值*** 表示 p 值小于 0.01。

相关系数表列出了独立于测量单位的相关系数(Correlations),如表 12.1.11 所示。相关系数(Correlations)是在共变系数与方差系数估算结果的基础上生成的标准估算值。

表 12.1.11　独立于测量单位的相关系数（Correlations）

Correlations：（Group number 1-Default model）

	Estimate
Test_1<-->Test_2	.294
Test_2<-->Test_3	.220
Test_1<-->Test_3	.788

　　输出结果文件列表（表 12.1.2）中的参数估计（Estimates）中列出的多元相关平方值（Squared Multiple Correlations）如表 12.1.12 所示。

表 12.1.12　多元相关平方值

Squared Multiple Correlations：（Group number 1-Default model）

	Estimate
Test_4	.667

　　AMOS 软件生成的多元相关平方值（Squared Multiple Correlations）$R^2 = 0.667$，表明对第四次测验成绩值而言，66.7% 的变化范围可以通过学生在第一次测验、第二次测验和第三次测验成绩均值的线性综合值来进行预测。

　　以上的讨论仅为对 AMOS 生成的部分关键输出结果的理解提供了入门基础。读者可以参考《现代社会科学研究中结构方程模型的拟合与建立》（蓝石，2011）来进一步理解对于更加复杂的模型拟合以及输出结果文件的详细解释。

　　在本书第 11 章中列出了对本案例进行多元回归分析研究结果的 APA 规范表格。读者可以进一步对 AMOS 与传统 SPSS 生成的结果进行比较，以加深对以上分析的理解。

12.2　交叉使用 SPSS 与 AMOS 进行因子分析的研究实例

　　结构方程模型主要建立在因子分析基础之上。因子分析包括探索性因子分析和验证性因子分析，两者相辅相成。探索性因子分析的目的在于摸索现象内在的因果结构；而验证性因子分析则致力于验证已经确定的模型结构是否真正经得起反复检验，从而证实模型的普适性与合理性。

　　探索性因子分析的主要目的在于从大量的数据中探索哪些数据可以聚类在一起，反映同一种潜在的因素与理念，并在对显变量相关性分析的基础上，理解与判断在哪些显变量的背后"潜藏"着决定这些显变量值变化的共同因子。因为探索性因子分析在很大程度上以相关分析为基础，数据样本的分布与变量关系应该大致是线性的。因此，其线性度可以用数据分布矩阵图来进行检验（Leech，Barrett & Morgan，2004）。

　　探索性因子分析的主要步骤为：1）收集实测数据；2）设定因子个数（往往在质性论的基础上进行初始设定）；3）用软件进行主成份方法、加权最小平方法或极大似然法运算，进而将多项实测数据加以聚类并提取共同因子;4)用软件进行"因子旋转"进而将因子结构合理化;5)对因子结构、负载(回归系数)大小进一步加以分析、解释与总结。一般说来,在建立、发展、论证科学理论的过程中,首先应通过探索性因子分析建立初步模型,然后再用验证性因子分析对模型加以比较、验证、修正和完善。在现代社会科学研究中,探索性因子分析和验证性因子分析是整个因子分析研究过程中不可分割的有机整体,两者必须同时进行、配套运用,才能得到理想的研究效果。

本节主要讨论用 SPSS 和 AMOS 进行探索性因子分析的步骤与案例,并为验证性因子分析的讨论打下基础。本节基于一个一般性的案例,介绍如何用探索性因子分析方法,得出用直接测量数据值来"聚类"反映潜变量因子模型结构的一般性步骤。

本案例的直测数据是对一届工程毕业班学生毕业设计进行评估的的 8 组评估值(基于百分),分别为:eval1,eval2,eval3,eval4,eval5,eval6,eval7,eval8。各评估值所反映的能力如表 12.2.1 所示。

表 12.2.1　各评估值所反映的评估能力

评估码	评估能力	评估能力英文
eval1	实验能力	Lab Skills
eval2	设计能力	Design Skills
eval3	终身学习能力	Life-long Learning Skills
eval4	逻辑思维能力	Logic Thinking
eval5	团队能力	Team Skills
eval6	沟通能力	Communications Skills
eval7	文史哲能力	Liberal Arts
eval8	数理能力	Math and Science

分析的第一步是对这 8 组评估值进行聚类分析并提取潜变量因子,从而导出用显变量来反映潜变量的模型结构。

对于以上数据值的数据文件(ExpFAdata1.sav),用 SPSS 进行探索性因子分析的详细步骤以及结果如下。在 SPSS 的操作界面中,选择:

Analyze＝>Dimension Reduction＝>Factor⋯

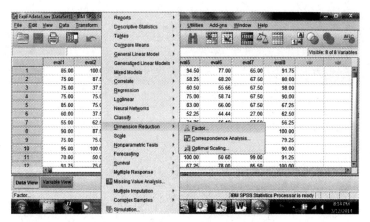

选择：Lab Skills，Design Skills，Life-long Learning Skills，Logic Thinking，Team Skills，Communications Skills，Liberal Arts，Math and Science=>**Variables**：

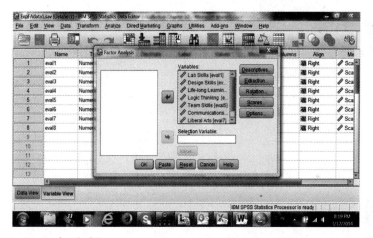

在 **Descriptives** 中选择：Initial solution；Coefficients，KMO and Bartlett's test of sphericity，点击 **Continue**：

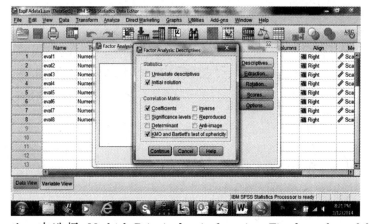

在 **Extraction** 中选择：Method：Principal axis factoring；Fixed number of factors-Factors to extract：2；点选取消 Unrotated factor solution，点选 **Continue**：

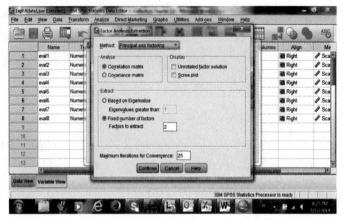

在 **Rotation** 中选择：Verimax，Rotated solution，loading plot(s)，点选 **Continue**：

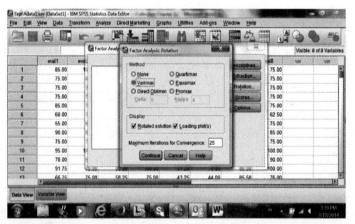

在 **Options** 中选择：Exclude case listwise；Sorted by size，Suppress small coefficients-Absolute value below：0.3，点选 **Continue**：

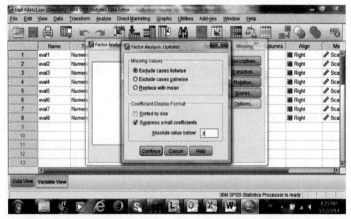

点击：**OK**。SPSS 生成的探索性因子分析的相关结果如表 12.2.2 所示。

表 12.2.2　SPSS 生成的探索性因子分析的相关结果

Crrelation Matrix

		Lab Skills	Design Skills	Life-long learning Skills	Logic Thinking	Team Skills	Commun-ications Skills	Liberal Arts	Math and Science
Correlation	Lab Skills	1.000	.500	.217	.143	.312	.226	.095	.376
	Design Skills	0.500	1.000	.215	.119	.174	.189	.077	.291
	Life-long Learning Skills	0.217	.215	1.000	.037	.321	.108	.114	.238
	Logic Thinking	0.143	.119	.037	1.000	.133	.372	.467	.227
	Team Skills	0.312	.174	.321	.133	1.000	.225	.094	.316
	Communic-ations Skills	0.226	.189	.108	.372	.225	1.000	.467	.143
	Liberal Arts	0.095	.077	.114	.467	.094	.467	1.000	.172
	Math and Science	0.376	.291	.238	.227	.316	.143	.172	1.000

　　表 12.2.2 列出了各个直接测量指标值之间的相关系数。在表 12.2.1 中,相关系数高的指标"聚类"在一起反映了相同的潜变量因子。例如,在实验能力(Lab Skills)、设计能力(Design Skills)、终身学习能力(Life-long Learning Skills)、团队能力(Team Skills)、数理能力(Math and Science)之间存在较高的相关系数,这 5 个指标反映了同一个潜变量因子。同理,在沟通能力(Communications Skills)、文史哲能力(Liberal Arts)与逻辑思维能力(Logic Thinking)之间存在较高的相关系数,这 3 个指标反映了同一个潜变量因子。

　　SPSS 生成的 KMO-巴尔特列特检验(KMO and Bartlett's Test)如表 12.2.3 所示。

表 12.2.3　SPSS 生成的 KMO-巴尔特列特检验系数

KMO and Bartlett's Test

Kaiser-Meyer-Olkin Measure of Sampling Adequacy.		.713
Bartlett's Test of Sphericity	Approx. Chi-Square	224.144
	df	28
	Sig.	.000

　　在 KMO-巴尔特列特检验(KMO and Bartlett's Test)表中,一般要求 KMO 样本充要度(Kaiser-Meyer-Olkin Measure of Sampling Adequacy)大于 0.70。本案例的 KMO>0.70,说明直接测量值拥有足够的数量来充分反映每项潜变量因子。表中的 Sig. 必须小于 0.05,说明变量间具有显著相关性。

　　SPSS 生成的总方差解释(Total Variance Explained)如表 12.2.4 所示。

表 12.2.4　SPSS 生成的总方差解释
Total Variance Explained

Factor	Initial Eigenvalues			Rotation Sums of Squared Loadings		
	Total	% of Variance	Cumulative %	Total	% of Variance	Cumulative %
1	2.611	32.633	32.633	1.555	19.440	19.440
2	1.480	18.500	51.133	1.364	17.053	36.493
3	.954	11.928	63.061			
4	.769	9.610	72.671			
5	.713	8.907	81.578			
6	.554	6.920	88.498			
7	.469	5.865	94.363			
8	.451	5.637	100.000			

Extraction Method: Principal Axis Factoring.

以上总方差解释(Total Variance Explained)表的第 1、第 2 列提供了因子有效"聚类"的特征值。如果因子的特征值大于 1,说明该因子对测量值具有意义。例如,在上表中,因子 1(Factor1)与因子 2(Factor2)的特征值大于 1。这两个因子对于反映它们的直接测量值是有意义的,是本研究中探索出来的两个有效因子。而其他因子在直接测量值中皆没有体现足够的有效信息。在许多研究中,如果研究人员不事先假定因子数量,探索性研究可以根据因子特征值来帮助确定因子的数量。

SPSS 生成的旋转因子矩阵(Rotated Factor Matrix)如表 12.2.5 所示。

表 12.2.5　SPSS 生成的旋转因子矩阵(Rotated Factor Matrix)
Rotated Factor Matrix[a]

	Factor	
	1	2
Lab Skills	.719	
Design Skills	.573	
Life-long Learning Skills	.393	
Logic Thinking		.597
Team Skills	.465	
Communications Skills		.576
Liberal Arts		.779
Math and Science	.521	

Extraction Method: Principal Axis Factoring.
Rotation Method: Varimax with Kaiser Normalization.
a. Rotation converged in 3 iterations.

旋转因子矩阵(Rotated Factor Matrix)表明了探索性因子分析的重要结果。由表 12.2.5可知,实验能力(Lab Skills)、设计能力(Design Skills)、终身学习能力(Life-long Learning Skills)、团队能力(Team Skills)、数理能力(Math and Science)5 个直接测量指标

为一组,集中反映了潜变量因子 1。同理,沟通能力(Communications Skills)、文史哲能力(Liberal Arts)与逻辑思维能力(Logic Thinking)3 个直接测量指标为一组,集中反映了潜变量因子 2。根据总方差解释(Total Variance Explained)表(表 12.2.4)的第 7 列,运算结果的 19.44%的变化范围取决于因子 1;运算结果的 36.493%的变化范围取决于因子 2 。

以下用 AMOS 继续进行探索性因子分析。参照前面与附录 4 所介绍的 AMOS 操作步骤,在 AMOS 界面中输入 ExpFAdata1.sav 数据文件,并完成以下路径分析图,并将其存入 Save as:"Expfa.amw"。路径分析图如图 12.2.1 所示。

在图 12.2.1 中,直接测量值 eval1,eval2,eval3,eval4,eval5,eval6,eval7 与 eval8 为显变量。Factor1 和 Factor 为潜变量。研究目的旨在用显变量 eval1,eval2,eval3,eval4,eval5,eval6,eval7 与 eval8 来进行聚类分析并提取潜变量因子,从而导出用显变量来反映潜变量的模型结构。

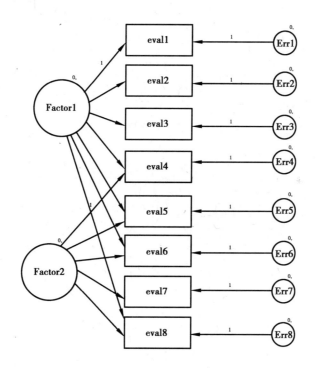

图 12.2.1　结构方程路径分析图

在 Expfa.amw 界面中,点击 **Analyze ->Analysis Properties**,选择参数估算(**Calculate estimates**;也可以在工具图标选择区选择工具图标),选择输出路径图(View the output path diagram,Standardized estimates)。标准输出路径分析图如图 12.2.2 所示。

选择输出数据文件(View Text Output;也可选择图标)。本案例的输出结果文件标题列表如表 12.2.6 所示。

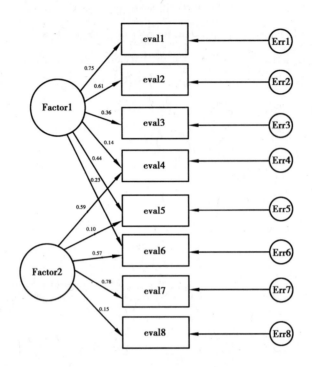

图 12.2.2　AMOS 标准输出路径图

表 12.2.6　输出结果文件列表

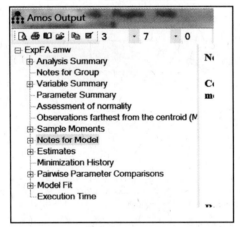

在输出结果文件中,点选模型注释(Notes for Model)。模型注释中的自由度计算值(Computation of degrees of freedom)与模型结论(Result)如表 12.2.7 所示。

AMOS 软件在分析结构方程模型过程中生成的模型注释(Notes for Model),其中不仅含有对模型结构的重要的评估信息,而且对模型可能存在的误差或错误给出警告。对于本例而言,模型注释对基本模型结构与参数没有发现错误或提出警告。因此,可以进一步对模型参数进行参数分析与比较。

表 12.2.7　模型注释中的自由度计算值与模型结论

Computation of degrees of freedom(Default model)

Number of distinct samlpe moments:	44
Number of distinct parameters to be estimated:	28
Degrees of freedom(44-28):	16

Result(Default model)

Minimum was achieved
Chi-square = 22.424
Degrees of freedom = 16
Probability level = .130

模型注释（Notes for Model）中的卡方值（Chi-square）一般必须偏低，表明"结构模型拟合"的零假设（Null Hypothesis）成立。同时，与传统的统计方法一致，对于卡方值的概率水平（Probability level）一般要求大于 0.05，表示统计非显著，即不推翻"结构模型拟合"的零假设。根据上表，卡方值（Chi-square）= 22.424，概率水平 p 值（Probability Level）= 0.130，自由度（Degrees of freedom）= 16，模型计算结果为统计非显著，不推翻"结构模型拟合"的零假设。也就是说，模型的拟合程度理想。

在输出结果文件列表（表 12.2.6）中点选参数估计（**Estimates**）。标准化权重系数（Standardized Regression Weights）如表 12.2.8 所示。

表 12.2.8　标准化权重系数
Standardized Regression Weights：(Group number 1-Default model)

	Estimate
eval1<―――Factor1	.752
eval3<―――Factor1	.361
eval4<―――Factor1	.138
eval2<―――Factor1	.613
eval5<―――Factor1	.436
eval8<―――Factor2	.152
eval7<―――Factor2	.785
eval6<―――Factor2	.566
eval5<―――Factor2	.103
eval4<―――Factor2	.587
eval6<―――Factor1	.231
eval8<―――Factor1	.502

由标准回归系数表可知,潜变量因子 Factor1 对直接测量值 eval1 的标准负载系数为 0.752,对直接测量值 eval3 的标准负载系数为 0.361,对直接测量值 eval4 的标准负载系数为 0.138,对直接测量值 eval2 的标准负载系数为 0.613,对直接测量值 eval5 的标准负载系数为 0.436,对直接测量值 eval6 的标准负载系数为 0.231,对直接测量值 eval8 的标准负载系数为 0.502。潜变量因子 Factor2 对直接测量值 eval8 的标准负载系数为 0.152,对直接测量值 eval7 的标准负载系数为 0.785,对直接测量值 eval5 的标准负载系数为 0.103,对直接测量值 eval4 的标准负载系数为 0.587,对直接测量值 eval6 的标准负载系数为 0.566。

综合以上分析,如果将负载系数小于 0.36 的路径剔去,探索性因子分析的结论为:直接测量值 eval1、直接测量值 eval3、直接测量值 eval2、直接测量值 eval5、直接测量值 eval8 为一组,反映了潜变量因子 Factor1;直接测量值 eval7、直接测量值 eval4、直接测量值 eval6 为一组,反映了潜变量因子 Factor2。

基于探索性因子分析简化结构模型如图 12.2.3 所示。

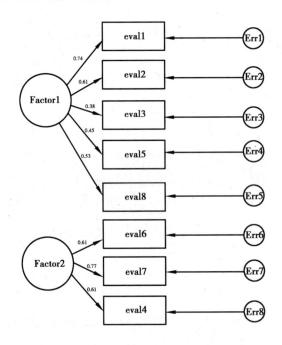

图 12.2.3　基于探索性因子分析的简化结构模型

用 SPSS 进行探索性因子分析的结论与用 AMOS 软件生成的分析结论一致。

$\boldsymbol{13}$ 验证性因子分析及模型拟合

13.1   验证性因子分析

本章在探索性因子分析的基础上,对验证性因子分析以及结构方程模型拟合过程进行详细讨论,并对 AMOS 所生成输出结果文件的各个部分做详细的数据解释。

探索性因子分析与验证性因子分析是有区别的。探索性因子分析的特点为:1)所有的显变量(或大多数显变量)与所有的潜变量(或大多数潜在变量)相联;2)所有的误差项均不相关;3)所有的变量均根据数据进行评估。验证性因子分析的特点为:1)显变量仅与预定的潜变量相联。在理想的情况下,每个显变量仅为一个潜变量因子的反映指标(而反之不亦然);2)某些误差项可能是相关的;3)可以将模型中的某些参数值加以预置,也可以将模型中的两个或多个参数预置为等值(Blunch,2010)。相关细节可进一步参考《现代社会科学研究中结构模型的拟合与建立》(蓝石, 2011)中的详细讨论。

13.1.1   验证性模型拟合案例

本节的案例为对第 12 章案例分析的拓延。本案例的路径分析图如图 13.1.1 所示(路径分析图文件为 SEMpath.amw;数据文件为 ExpFAdata1.sav。读者可以参考使用本书所提供的配套数据,配套数据获得方式见 275 页)。

为了全面解释输出文件,在"View->Analysis Property"的"Output"中选择所有的分析输出, 如图 13.1.2 所示。

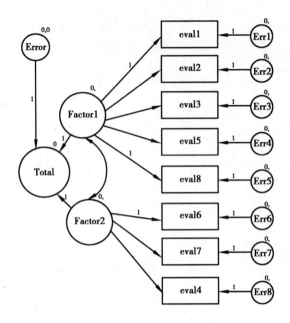

图 13.1.1　验证性模型拟合的路径分析图

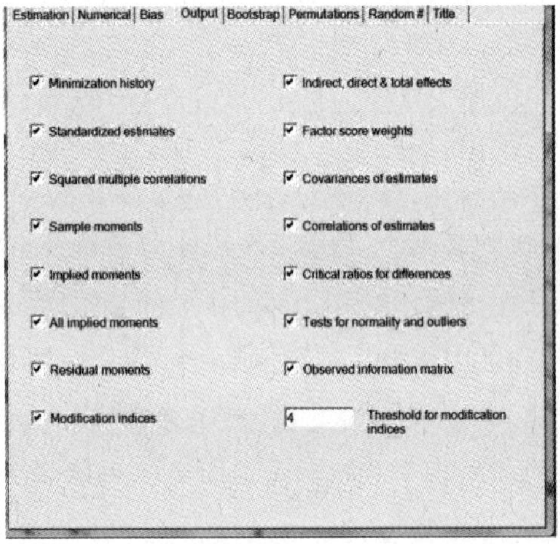

图 13.1.2　在"Analysis Property"的"Output"中选择所有的分析输出文件

点选输出文件（**Text Output**，也可选择图标），输出文件列表如表 13.1.1 所示。

表 13.1.1 包括了如下主要输出文件：①分析总结（Analysis Summary）；②变量总结（Variable Summary）；③样本矩（Sample Moments）；④模型注释（Notesfor Model）；⑤参数估计（Estimates）；⑥修正指数（Modification Indices）；⑦每对参数比较（Pairwise Parameter Comparisons）；⑧模型拟合总结（Model Fit Summary）。本章的以下各部分详细解释上述每个输出文件中的数据涵义。

表 13.1.1 模型拟合案例的输出文件列表

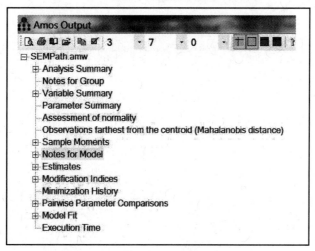

13.1.2 变量总结(Variable Summary)

在输出结果文件中,点选变量总结(**Variable Summary**)。变量总结表中的变量一览表(Variable List)如表 13.1.2 所示。表 13.1.2 中的"Observed, endogenous variables"列出的内生观测变量为 eval1, eval2, eval3, eval4, eval5, eval6, eval7, eval8,"Unobserved, endogenous variables"列出的内生潜变量为 Total;"Unobserved, exogenous variables"列出的外生潜变量为 Err1, Err2, Err3, Err4, Err5, Err6, Err7, Err8, Factor1, Factor2。

表 13.1.2 模型拟合案例变量总结一览表

Your model contains the following variables(Group number 1)
Observed, endogenous variables
eval1
eval7
eval4
eval3
eval5
eval6
eval8
eval2
Unobserved, endogenous variables
Total
Unobserved, exogenous variables
Factor1
Err7
Err8
Err1
Err3
Err4
Err6
Err5
Err2
Factor2
Error

变量总结(Variable Summary)表的变量数表(Variable Counts)如表 13.1.3 所示。

表 13.1.3   模型拟合案例之一的变量数表

Variable counts (Group number 1)	
Number of variables in your model:	20
Number of observed variables:	8
Number of unobserved variables:	12
Number of exogenous variables:	11
Number of endogenous variables:	9

表 13.1.3 表明在模型中有 20 个变量,其中包括 8 个观测变量,12 个非观测变量(潜变量), 11 个外生变量,9 个内生变量。在输出结果文件中,点选参数总结(**Parameter summary**)。参数总结如表 13.1.4 所示。

表 13.1.4   模型拟合案例的参数总结表

Parameter Summary (Group number 1)

	Weights	Covariances	Variances	Means	Intercepts	Total
Fixed	14	0	1	0	0	15
Labeled	0	0	0	0	0	0
Unlabeled	5	1	10	0	8	24
Total	19	1	11	0	8	39

参数总结表(Parameter summary)分别列出了预置(Fixed)权重系数、共变系数、方差、均值、截距的数目和参数总数,以及已标识(Labeled)与未标识(Unlabeled)的权重系数、共变系数、方差、均值、截距的数目和参数的总数。

在输出结果文件中,点选参数正态化评估(**Assessment of normality**)。参数正态化评估如表 13.1.5 所示。

表 13.1.5   模型拟合案例的参数正态化评估

Assessment of normality (Group number 1)

Variable	min	max	skew	c.r.	kurtosis	c.r.
eval2	25.000	100.000	−.275	−1.421	−.026	−.067
eval8	25.000	100.000	−.475	−2.455	−.214	−.552
eval6	38.500	100.000	−.423	−2.184	−.523	−1.349
eval5	38.000	100.000	−.029	−.151	−.769	−1.985
eval3	20.000	100.000	−.622	−3.212	.502	1.297
eval4	25.000	100.000	−.385	−1.990	.116	.299

续表

Variable	min	max	skew	c.r.	kurtosis	c.r.
eval7	18.000	100.000	−.459	−2.372	.350	.904
eval1	20.000	100.000	−.796	−4.111	1.611	4.160
Multivariate					4.761	2.380

参数正态化评估（Assessment of normality）值对观测参数的正态分布情况进行评估。一般而言，对参数的偏斜度（Skew）和参数的峰度（Kurtosis）用±2.0 来进行临界评价。在上表中，参数的偏斜度（Skew）均小于±2.0；参数的峰度（Kurtosis）也均小于±2.0。

在输出结果文件中，点选偏离矩中心观测值（**Observations farthest from the centroid**：**Mahalanobis distance**），偏离矩中心观测值的一部分如表 13.1.6 所示。

表 13.1.6 模型拟合案例的部分偏离矩中心观测值

Observations farthest from the centroid（Mahalanobis distance）（Group number 1）

Observation number	Mahalanobis d-squared	p1	p2
156	24.614	.002	.251
94	21.767	.005	.212
114	20.979	.007	.110
90	20.735	.008	.039
11	20.561	.008	.012
115	20.024	.010	.006
78	19.026	.015	.010
29	17.954	.022	.024
50	16.671	.034	.093
158	16.345	.038	.082
149	16.051	.042	.072
6	15.145	.056	.193
120	14.512	.069	.318
40	14.026	.081	.424
13	13.645	.092	.500
144	13.402	.099	.518
160	13.364	.100	.433
132	13.255	.103	.389
3	13.196	.105	.325
153	13.056	.110	.306
116	12.829	.118	.334

续表

Observation number	Mahalanobis d-squared	p1	p2
58	12.808	.119	.263
21	12.668	.124	.253
52	12.493	.131	.264
35	12.163	.144	.364
109	12.157	.144	.288
47	12.144	.145	.225
20	11.742	.163	.373
67	11.686	.166	.330
151	11.654	.167	.277
113	11.646	.168	.216
26	11.601	.170	.181
66	11.485	.176	.180
53	11.231	.189	.251
123	11.027	.200	.307
124	10.730	.217	.439
63	10.489	.232	.544
86	10.088	.259	.759
45	9.920	.271	.803
139	9.863	.275	.784
81	9.738	.284	.805
137	9.688	.288	.784
155	9.671	.289	.739
154	9.665	.289	.684
17	9.445	.306	.778
80	9.331	.315	.798
41	9.197	.326	.830
85	9.140	.331	.818
25	9.081	.335	.806
125	9.031	.340	.790
60	8.956	.346	.789
23	8.846	.355	.812
104	8.759	.363	.820
68	8.755	.363	.776
15	8.749	.364	.728

续表

Observation number	Mahalanobis d-squared	p1	p2
118	8.615	.376	.774
138	8.543	.382	.776
12	8.499	.386	.757
145	8.382	.397	.791
130	8.167	.417	.878
112	8.134	.420	.861
46	8.125	.421	.828
51	8.030	.431	.846
84	7.806	.453	.922
152	7.805	.453	.897
148	7.791	.454	.873
88	7.679	.465	.897
71	7.663	.467	.874
143	7.653	.468	.845
61	7.581	.475	.851
69	7.405	.494	.910
28	7.378	.496	.895
54	7.334	.501	.887
106	7.317	.503	.864
18	7.251	.510	.868
73	7.234	.512	.842
56	7.207	.515	.821
75	7.199	.515	.784
110	7.135	.522	.788
70	7.107	.525	.763
95	7.106	.525	.713
101	7.064	.530	.697
76	7.059	.530	.646
82	7.015	.535	.632
128	6.925	.545	.664
34	6.904	.547	.627
150	6.900	.547	.570
64	6.869	.551	.541
96	6.739	.565	.620

续表

Observation number	Mahalanobis d-squared	p1	p2
72	6.720	.567	.580
33	6.603	.580	.645
19	6.576	.583	.614
140	6.535	.588	.597
129	6.450	.597	.629
37	6.447	.597	.570
146	6.424	.600	.533
89	6.411	.601	.483
87	6.089	.637	.769
30	6.061	.640	.744
126	6.016	.645	.735

表 13.1.6 中的偏离矩中心观测值亦称"标准欧几里德距离/马氏距离"(Observations farthest from the centroid:Mahalanobis distance),表明了偏离矩中心的观测值,是该数据与被测数据集的集中心距离的平方值。AMOS 按偏离矩中心观测值(标准欧几里德距离/马氏距离值)的顺序列出了偏离被测数据集中心的 100 个最高数据。一般而言,上表 中的 p1 值的期望值以小为好,而 p2 值偏小则意味着直测数据值远离正态分布的矩中心。例如在上表中,对于 p2 值小于 0.1 的直测数据均应进行个别分析,因为它们的观测值偏离正态分布的矩中心较远。

13.1.3 样本矩(Sample Moments)

在输出结果文件中,点选样本矩(Sample Moments)。在样本矩(Sample Moments)输出表格中,样本共变系数(Sample Covariance)如表 13.1.7 所示。

表 13.1.7 模型拟合案例的样本共变系数表
Sample Covariances (Group number 1)

	eval2	eval8	eval6	eval5	eval3	eval4	eval7	eval1
eval2	244.156							
eval8	74.588	269.364						
eval6	39.207	31.183	176.742					
eval5	41.805	79.703	45.869	235.995				
eval3	49.626	57.798	21.271	72.945	218.487			
eval4	27.725	55.487	73.588	30.401	8.247	221.486		

	eval2	eval8	eval6	eval5	eval3	eval4	eval7	eval1
eval7	18.612	44.035	96.505	22.464	26.191	108.118	242.131	
eval1	114.602	90.666	44.128	70.430	47.144	31.230	21.754	215.296

Condition number = 6.250

Eigenvalues

598.609 333.000 220.216 186.930 160.855 122.869 105.397 95.780

Determinant of sample covariance matrix = 1637178266230310000.000

样本共变系数(Sample Covariances)是在对模型参数不加限制情况下的共变系数值。在样本矩(Sample Moments)输出表格中,样本相关系数(Sample Correlations)如表 13.1.8 所示。

表 13.1.8 模型拟合案例的样本相关系数表

Sample Correlations（Group number 1）

	eval2	eval8	eval6	eval5	eval3	eval4	eval7	eval1
eval2	1.000							
eval8	.291	1.000						
eval6	.189	.143	1.000					
eval5	.174	.316	.225	1.000				
eval3	.215	.238	.108	.321	1.000			
eval4	.119	.227	.372	.133	.037	1.000		
eval7	.077	.172	.467	.094	.114	.467	1.000	
eval1	.500	.376	.226	.312	.217	.143	.095	1.000

Condition number = 5.789

Eigenvalues

2.611 1.480 .954 .769 .713 .554 .469 .451

13.1.4 模型注释(Notes for Model)

在输出结果文件中,点选模型注释(Notes for Model)。表 13.1.9 是在模型注释(Notes for Model)输出表格中的自由度计算(Computation of degree of freedom)。

表 13.1.9 模型拟合案例的自由度计算表

Computation of degrees of freedom（Default model）
Number of distinct sample moments： 36
Number of distinct parameters to be estimated： 16
Degrees of freedom（36-16）： 20

表 13.1.9 表明本模型的独立矩(Number of distinct sample moments)数为 36,须进行估算的独立参数的数量(Number of distinct parameters to be estimated)为 16,自由度(Degrees of freedom)为 20(自由度 =独立矩数−需要进行估计的独立参数的数量)。模型

注释（Notes for Model）中的模型结论（Results）如表 13.1.10 所示。

表 13.1.10　模型拟合案例之一的模型结论

Result（Default model）
Minimum was acgieved
Chi-square = 27.210
Degrees of freedom = 20
Probability level = .129

模型结论表（Result）中的"Minimum was achieved"表明所有的方程与共变系数估算完成。卡方值（Chi-square）为 27.210。因为 p 值（Probability level）大于 0.05，模型拟合的零假设成立（即接受假设模型）。

13.1.5　参数估计（Estimates）

在输出结果文件中，点选参数估算（Estimates）。参数估算中包括标量参数（Scalars）与矩阵参数（Matrices）。标量参数（Scalars）与矩阵参数（Matrices）表格中所包含的各个参数如表 13.1.11 所示。

表 13.1.11　标量参数与矩阵参数中包含的各个参数

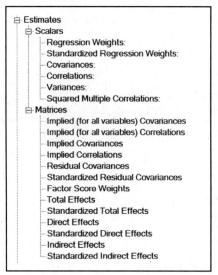

在标量参数输出表格中的非标准化权重系数（Regression Weights）如表 13.1.12 所示。表 13.1.12 列出了被测模型路径分析的非标准路径系数。非标准化路径（权重）系数（Regression Weights）是不独立于测量单位的回归系数，即传统 SPSS 中的 B 值。非标准路径系数与非标准路径图中的路径数据一致，是非标准输出路径图的表格形式。非标准路径图如图 13.1.3 所示。

表 13.1.12　模型拟合案例的非标准化权重系数

Regression Weights：（Group number 1-Default model）

	Estimate	S.E.	C.R.	P	Label
eval1<---Factor1	1.000				
eval3<---Factor1	.591	.147	4.024	＊＊＊	par_1
eval2<---Factor1	.924	.151	6.140	＊＊＊	par_2
eval8<---Factor1	1.000				
eval4<---Factor2	1.085	.210	5.162	＊＊＊	par_3
eval7<---Factor2	1.312	.245	5.351	＊＊＊	par_4
eval6<---Factor2	1.000				
Total<---Factor1	1.000				
Total<---Factor2	1.000				
eval5<---Factor1	.737	.153	4.820	＊＊＊	par_5

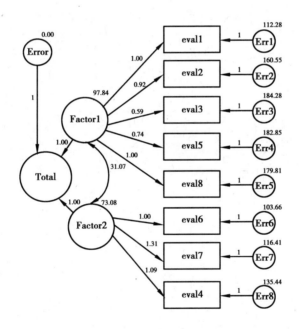

图 13.1.3　模型拟合案例的非标准路径图

　　标量参数输出表格中的标准化权重系数（Standardized Regression Weights）如表 13.1.13 所示。标准化权重系数是独立于测量单位的回归系数，即传统 SPSS 中的 Beta 值。标准路径系数与标准路径图中的路径数据一致，是标准输出路径图的表格形式。标准路径图如图 13.1.4 所示。

表 13.1.13 模型拟合案例的标准化权重系数

Standardized Regression Weights:（Group number 1-Default model）

	Estimate
eval1<———Factor1	.682
eval3<———Factor1	.396
eval2<———Factor1	.585
eval8<———Factor1	.594
eval4<———Factor2	.623
eval7<———Factor2	.721
eval6<———Factor2	.643
Total<———Factor1	.648
Total<———Factor2	.560
eval5<———Factor1	.475

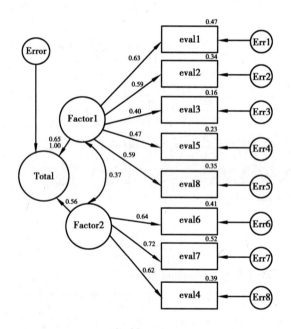

图 13.1.4 模型拟合案例的标准路径图

表 13.1.13 与图 13.1.4 中的标准回归系数表明:1)Factor1 至 eval1 的贝塔值(Beta)为 0.682；2)Factor1 至 eval2 的贝塔值(Beta)为 0.585；3) Factor1 至 eval3 的贝塔值(Beta)为 0.396；4) Factor1 至 eval8 的贝塔值(Beta)为 0.592；5) Factor1 至 eval5 的贝塔值(Beta)为 0.475；6) Factor1 至 Total 的贝塔值(Beta)为 0.648；7)Factor2 至 eval4 的贝塔值(Beta)为 0.623；8)Factor2 至 eval7 的贝塔值(Beta)为 0.721； 9) Factor2 至 eval6 的贝塔值(Beta)为 0.643；10) Factor2 至 Total 的贝塔值(Beta)为 0.560。

表 13.1.14 列出了标量参数输出中的共变系数(Covariances)；表 13.1.15 列出了标量

参数输出中的方差系数（Variances）。

表 13.1.14 标量参数输出中的共变系数
Covariances：（Group number 1-Default model）

	Estimate	S.E.	C.R.	P	Label
Factor1<-->Factor2	31.073	11.138	2.790	.005	par_6

表 13.1.15 标量参数输出中的方差系数
Variances：（Group number 1-Default model）

	Estimate	S.E.	C.R.	P	Label
Factor1	97.842	19.392	5.046	***	par_7
Factor2	73.084	20.402	3.582	***	par_8
Error	.000				
Err7	116.409	24.378	4.775	***	par_9
Err8	135.440	20.912	6.477	***	par_10
Err1	112.276	18.175	6.178	***	par_11
Err3	184.280	22.507	8.188	***	par_12
Err4	182.850	23.633	7.737	***	par_13
Err6	103.658	17.136	6.049	***	par_14
Err5	179.812	24.284	7.405	***	par_15
Err2	160.554	23.220	6.915	***	par_16

标量参数输出中的共变系数表与方差系数表列出了不独立于测量单位的共变系数与方差系数。表中同时列举了标准误差（S.E.）、临界比值（C.R.）和 p（显著性检验）值。在上表中，临界比值（C.R.）大于 1.96 为统计显著，p（显著性检验）值 *** 表示 p 值小于 0.01。AMOS 对在模型路径图初始设置时没有加以命名的变量顺次赋予标符名，例如上述各表中 Label 列中的 Par_1 代表了 Factor1 至 eval3 的非标准化回归系数（表 13.1.12），Par_2 代表了 Factor1 至 eval2 的非标准化回归系数，Par_6 代表了 Factor1 至与 Factor2 之间的共变系数（表 13.1.14），Par_16 代表了 Err2 的方差系数（表 13.1.15），等等。这些系数之间的参数关系将对模型拟合提供重要信息。

表 13.1.16 列出了标量参数输出中的相关系数（Correlations）值。

表 13.1.16 模型拟合案例的相关系数（Correlations）值
Correlations：（Group number 1-Default model）

	Estimate
Factor1<-->Factor2	.367

相关系数（Correlations）是在方差与共变系数估算结果的基础上生成的标准相关系数估算值。

输出结果文件列表中的参数估算中列出的多元相关平方值（Squared Multiple Correlations）如表 13.1.17 所示。

表 13.1.17 模型拟合案例的多元相关平方值
Squared Multiple Correlations：（Group number 1-Default model）

	Estimate
Total	1.000
eval2	.342
eval8	.352
eval6	.414
eval5	.225
eval3	.157
eval4	.388
eval7	.519
eval1	.466

多元相关系数平方值（Squared Multiple Correlations）是标准输出路径图中直测变量的多元相关系数平方值的表格形式。

13.1.6 修正指数（Modification Indices）

在输出结果文件中，点选修改指数（**Modification Indices**）。表 13.1.18 列出了输出结果文件中的修改指数（ModificationIndices）。修改指数对于如何对模型的方差、共变系数、均值等各个指数进行改善提供了重要的信息。

表 13.1.18 模型输出结果文件中的修改指数表

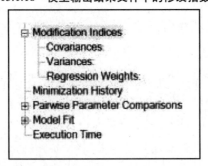

在输出结果文件中，点选最小化进程（**Minimization History**）。表 13.1.19 列出了最小化进程（Minimization History）的输出结果值。

表 13.1.19 最小化进程的输出结果值

Minimization History（Default model）

Iteration	Negative eigenvalues		Condition #	Smallest eigenvalue	Diameter	F	NTries	Ratio
0	e	4		−.134	9999.000	259.382	0	9999.000
1	e	0	27.723		1.387	66.994	20	.799
2	e	0	35.248		.797	43.812	2	.000
3	e	0	71.780		.742	28.505	1	.861
4	e	0	69.211		.102	27.250	1	1.091
5	e	0	67.525		.033	27.210	1	1.027
6	e	0	67.355		.001	27.210	1	1.001
7	e	0	67.355		.000	27.210	1	1.000

最小化进程总结了迭代计算过程的步骤和在迭代过程结束时差异函数（discrepancy function）的终值。差异函数在迭代过程开始时的值等于迭代步骤为 0 时差异函数的值。最小化进程（Minimization History）为重新设计迭代步骤的初始值提供了重要信息。

13.1.7 每对参数比较（Pairwise Parameter Comparisons）

在输出结果文件中，点选每对参数比较（**Pairwise Parameter Comparisons**）。表 13.1.20 列出了每对参数比较中的部分方差-共变系数估算矩阵（Variance-covariance Matrix of Estimates）。

表 13.1.20 每对参数比较中的部分方差-共变系数估算矩阵

Variance-covariance Matrix of Estimates（Default model）

	part_1	part_2	part_3	part_4	part_5	part_6	part_7	part_8	part_9	part_10	part_11	part_12	part_13	part_14	part_15	part_16
part_1	.022															
part_2	.004	.023														
part_3	.000	.000	.044													
part_4	.000	.000	.028	.060												
part_5	.006	.008	.000	.001	.023											
part_6	−.143	−.221	−.741	−1.181	−.113	124.050										
part_7	−1.017	−1.215	.023	.014	−1.145	71.804	376.036									
part_8	−.003	.012	−2.934	−3.713	.034	119.374	10.660	416.250								
part_9	−.044	.003	.392	−3.210	.040	70.171	−.073	111.356	594.284							
part_10	.031	.014	−1.706	−.128	.013	10.603	−1.886	54.349	−68.936	437.302						
part_11	.682	.333	.006	.015	.719	−4.798	−106.880	−.846	−1.379	.000	330.325					
part_12	.772	.006	.012	−.035	−.319	4.866	28.249	.888	5.115	−2.948	−41.557	506.562				
part_13	−.344	.286	.036	.066	−1.055	−1.984	26.280	−4.094	−5.657	−.815	−45.648	30.652	558.526			

续表

	part_1	part_2	part_3	part_4	part_5	part_6	part_7	part_8	part_9	part_10	part_11	part_12	part_13	part_14	part_15	part_16
part_14	0.003	−.012	1.519	2.003	−.034	−50.294	1.485	−158.480	−111.356	−54.349	.846	−.888	4.094	293.638		
part_15	0.172	.537	−.074	−.063	.111	−9.430	−45.434	5.535	2.622	5.143	−22.454	−4.055	8.638	−5.535	589.705	
part_16	0.214	−1.195	.013	.011	.509	11.261	1.396	−.954	−.425	−.908	31.065	−25.224	−74.227	.954	−58.369	539.148

参数比较(Pairwise Parameter Comparisons)中的方差-共变系数估算矩阵列出了每对变量之间的方差与共变系数。如前所述,AMOS 对在模型路径图初始设置时没有加以命名的变量顺次赋予标符名,例如上述各表中 Label 列中的 Par_1 代表了 Factor1 至 eval3 的非标准化回归系数(表 13.1.12),Par_2 代表了 Factor1 至 eval2 的非标准化回归系数,Par_6 代表了 Factor1 至与 Factor2 之间的共变系数(表 13.1.14),Par_16 代表了 Err2 的方差系数(表 13.1.15),等等。

表 13.1.21 列出了在每对参数比较(Pairwise Parameter Comparisons)中的部分相关系数估算(Correlations of Estimates)。

表 13.1.21　每对参数比较中的部分相关系数估算
Correlations of Estimates(Default model)

	part_1	part_2	part_3	part_4	part_5	part_6	part_7	part_8	part_9	part_10	part_11	part_12	part_13	part_14	part_15	part_16
part_1	1.000															
part_2	.164	1.000														
part_3	−.006	−.006	1.000													
part_4	−.007	−.003	.551	1.000												
part_5	.277	.113	−.010	−.014	1.000											
part_6	−.088	−.132	−.316	−.433	−.066	1.000										
part_7	−.357	−.416	.006	.003	−.386	.332	1.000									
part_8	−.001	.004	−.684	−.742	.011	.525	.027	1.000								
part_9	−.012	.001	−.076	−.537	.011	.258	.000	.224	1.000							
part_10	.010	.004	−.388	−.025	.004	.046	−.005	.127	−.135	1.000						
part_11	.255	.122	.002	.003	.259	−.024	−.303	−.002	−.003	.000	1.000					
part_12	−.233	.002	.003	−.006	−.093	.019	.065	.002	.009	−.006	−.102	1.000				
part_13	−.099	.081	.007	.011	−.292	−.008	.057	−.008	−.010	−.002	−.106	.058	1.000			
part_14	.001	−.005	.422	.477	−.013	−.264	.004	−.453	−.267	−.152	.003	−.002	.010	1.000		
part_15	.048	.147	−.014	−.011	.030	−.035	−.096	.011	.004	.010	−.051	−.007	.015	−.013	1.000	
part_16	.063	−.342	.003	.002	.143	.044	.003	−.002	−.001	−.002	.074	.048	−.135	.002	−.104	1.000

表 13.1.22 列出了在每对参数比较(Pairwise ParameterComparisons)中的部分每对参数之间差值临界比(Critical Ratios for Differences between Parameters)。

表 13.1.22　每对参数比较中的部分每对参数之间差值临界比
Critical Ratios for Differences between Parameters(Default model)

	part_1	part_2	part_3	part_4	part_5	part_6	part_7	part_8	part_9	part_10	part_11	part_12	part_13	part_14	part_15	part_16
part_1	.000															
part_2	1.731	.000														
part_3	1.921	.620	.000													
part_4	2.529	1.344	1.039	.000												
part_5	.808	−.927	−1.332	−1.977	.000											
part_6	2.733	2.702	2.676	2.646	2.721	.000										
part_7	5.001	4.982	4.990	4.978	4.992	3.536	.000									
part_8	3.553	3.537	3.504	3.487	3.546	2.419	−.892	.000								
part_9	4.751	4.737	4.727	4.696	4.745	3.550	.596	1.554	.000							
part_10	6.449	6.433	6.400	6.412	6.442	4.491	1.315	2.285	.557	.000						
part_11	6.158	6.133	6.118	6.105	6.150	3.770	.476	1.433	−.136	−.836	.000					
part_12	8.149	8.147	8.139	8.128	8.150	6.149	3.007	3.664	2.055	1.585	2.374	.000				
part_13	7.707	7.702	7.691	7.628	7.691	5.793	2.862	3.501	1.947	1.501	2.254	−.045	.000			
part_14	6.015	5.995	6.017	6.013	6.005	3.188	.225	.954	−.383	−1.097	−.345	−2.847	−2.726	.000		
part_15	7.382	7.373	7.359	7.349	7.376	5.495	2.522	3.384	1.847	1.392	2.174	−.134	−.090	2.546	.000	
part_16	6.892	6.859	6.868	6.858	6.889	5.115	2.076	2.827	1.311	.803	1.699	−.717	−.632	1.974	−.546	.000

13.2　模型拟合总结指标的详细解释

　　本节对上一节中案例分析输出结果数据文件最后一部分作详细讨论。输出结果数据文件中的最后一部分是对模型拟合程度的总结(Model Fit Summary),是决定模型拟合与否、模型拟合优劣程度最关键的指标,它们包括:①卡方拟合指数(x^2);②卡方拟合指数与自由度的比例(CMIN/DF);③均根残差(RMR);④拟合优度指数(GFI);⑤比较拟合指数(CFI);⑥正态化拟合指数(NFI)⑦塔克-路易斯指标(TLI);⑧简化调整测量值(PARSIMONY-ADJUSTED MEASURES);⑨路径删除比率值(PRATIO);⑩统计显著性指标(PCLOSE);⑪赤池信息准则指标(AIC)与期望复核指标(Expected Cross-Validation Index);⑫估计误差均方根(RMSEA)。本节对以上各个数据指标进行详细解释。

　　在输出文件表格中,自动赋置模型(Default Model)是案例中的当前被测模型;饱和模型(Saturated Model)是 AMOS 在整个模型估计中不加以任何参数约制进行拟合的模型;独立模型(Independence Model)是 AMOS 在整个模型估计中对于参数加以最大约制进行拟合的模型。也就是说,独立模型仅仅包含了可测变量的方差估计,并假设所有可测变量间的关系系数为零。

在输出结果文件中，点选模型拟合总结（**Model Fit Summary**），如表 13.2.1 所示。

表 13.2.1　模型拟合总结一览表

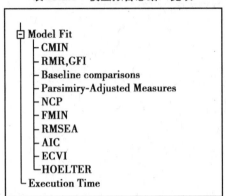

13.2.1　模型拟合总结中的最小卡方值

模型拟合总结（Model Fit Summary）中的最小卡方（CMIN）值如表 13.2.2 所示。

表 13.2.2　模型拟合总结中的最小卡方表

CMIN

Model	NPAR	CMIN	DF	P	CMIN/DF
Default model	16	27.210	20	.129	1.361
Saturated model	36	.000	0		
Independence model	8	229.189	28	.000	8.185

最小卡方（CMIN）表比较案例中的当前被测模型（Default Model）、饱和模型（Saturated Model）和独立模型（Independence Model）之间的卡方值。NPAR 为模型中的参数数量。由表 13.2.2 可知，案例中的当前被测模型（Default Model）具有 16 个参数；案例中的饱和模型（Saturated Model）具有 36 个参数；而案例的独立模型（Independence Model）仅有 8 个参数。

CMIN 为对于各个模型的卡方值的比较。由表 13.2.2 可知，案例中的当前被测模型（Default Model）的卡方值为 27.210；饱和模型（Saturated Model）的卡方值为 0.000；而独立模型（Independence Model）的卡方值为 229.189。DF 为各个模型的自由度：当前被测模型（Default Model）的自由度为 20；独立模型（Independence Model）的自由度为 28。CMIN/DF 为卡方值/自由度的比率：当前被测模型（Default Model）的卡方值/自由度为 1.361；独立模型（Independence Model）的卡方值/自由度为 8.185。

一般而言，当前被测模型（Default Model）的卡方值/自由度愈小愈好，但必须大于 1。并且，如果当前被测模型（Default Model）的卡方值/自由度大于 2 或 3 的话，该模型可能删去过多的路径。

13.2.2　模型拟合总结中的均根残差与拟合优度指数

模型拟合总结(Model Fit Summary)中的均根残差与拟合优度指数(RMR,GFI)如表 13.2.3所示。

表 13.2.3　均方根残差与拟合优度指数表

RMR, GFI

Model	RMR	GFI	AGFI	PGFI
Default model	11.821	.959	.925	.533
Saturated model	.000	1.000		
Independence model	51.780	.681	.590	.530

表 13.2.3 中的均方根残差(RMR)是参数估计方差与实际观测方差的差值;均方根残差(RMR)值越小越好。拟合优度指数 GFI(Goodness of fit index)的最佳值为 1.00, GFI 大于 0.900 为好的拟合。调整拟合优度指数 AGFI(Adjusted goodness of fit index) 值应该接近于 GFI。与拟合优度指数 GFI 相同,AGFI 大于 0.900 表示拟合尚好。简化模型拟合优度度指数 PGFI(Parsimony goodness of fit index)反映了模型路径的简化程度。一般说来,独立模型(Independence Model)的 PGFI 大于当前被测模型(Default Model)的 PGFI。

13.2.3　模型拟合总结中的基本指数比较表

模型拟合总结(Model Fit Summary)中的基本指数比较(Baseline Comparisons)如表 13.2.4所示。

表 13.2.4　基本指数比较表

Baseline Comparisons

Model	NFI Delta1	RFI rho1	IFI Delta2	TLI rho2	CFI
Default model	.881	.834	.966	.950	.964
Saturated model	1.000		1.000		1.000
Independence model	.000	.000	.000	.000	.000

基本指数比较(Baseline Comparisons)表对当前被测模型和独立模型的关键数据进行比较。表中的正态化拟合指标(NFI)是当前被测模型和独立模型的卡方值之差除以独立模型的卡方值。例如在上表中,NFI = (229.189-27.21)/229.289 = 0.881。一般而言,NFI>0.9 说明模型的拟合程度较好。塔克–路易斯指数(TLI)对于数据的非正态分布具有较高的容忍度,0.9-1 代表了好的模型拟合。比较拟合指数(CFI)与正态化拟合指标(NFI)的意义与公式类似。一般而言,CFI>0.9 说明模型的拟合程度较好。

13.2.4　模型拟合总结中的简化调整测量值

模型拟合总结（Model Fit Summary）中的简化调整测量值（Parsimony-Adjusted Measures）如表 13.2.5 所示。

表 13.2.5　简化调整测量值

Parsimony-Adjusted Measures

Model	PRATIO	PNFI	PCFI
Default model	.714	.629	.689
Saturated model	.000	.000	.000
Independence model	1.000	.000	.000

简化-调整测量值（Parsimony-Adjusted Measures）中的路径删除比率值（PRATIO）代表了当前被测模型所删除的路径与可能删除的路径数的比率值。简化正态拟合指标（PNFI）是正态化拟合指标（NFI）与路径删除比率值（PRATIO）的乘积。简化比较拟合指标（PCFI）是比较拟合指标（CFI）与路径删除比率值（PRATIO）的乘积。简化正态拟合指标（PNFI）与简化比较拟合指标（PCFI）旨在对模型简化程度进行择优（模型的路径数愈简化愈佳）。

模型拟合总结（Model Fit Summary）中的非中心性参数（NCP）、最小乖离指标（FMIN）如表 13.2.6 与表 13.2.7 所示。

表 13.2.6　非中心性参数

NCP

Model	NCP	LO 90	HI 90
Default model	7.210	.000	25.011
Saturated model	.000	.000	.000
Independence model	201.189	156.615	253.242

表 13.2.7　最小乖离（FMIN）值

FMIN

Model	FMIN	F0	LO 90	HI 90
Default model	.171	.045	.000	.157
Saturated model	.000	.000	.000	.000
Independence model	1.441	1.265	.985	1.593

非中心性参数（NCP）对于零假设的不可靠程度进行评估。一般而言,非中心性参数（NCP）愈小愈好,愈大则意味着零假设（模型拟合的解释）愈不可靠。

FMIN 与 CMIN 的意义类似,反映了样本协方差与总体协方差的差别。最小乖离指标

（FMIN）<0.05 说明模型的拟合程度较好。在本案例中，FMIN = 0.171 ≥ 0.05 说明模型的拟合程度欠佳。

13.2.5 模型拟合总结中的均方根渐近误差指数

模型拟合总结（Model Fit Summary）中的均方根渐近误差指数（RMSEA）如表 13.2.8 所示。

表 13.2.8 均方根渐近误差指数表

RMSEA

Model	RMSEA	LO 90	HI 90	PCLOSE
Default model	.048	.000	.089	.496
Independence model	.213	.188	.239	.000

均方根渐近误差指数（RMSEA）是对当前被测模型与饱和模型拟合误差的估计值。一般而言，均方根渐近误差指数（RMSEA）小于 0.06 代表了较好的拟合程度，小于 0.08 为拟合程度尚可。上表中的 LO90 与 HI90 为 90% 估计置信区间的上下区间值。表中的 PCLOSE 是统计显著性指标，即 p 值。一般说来，p 值必须大于 0.05，说明检验结果不推翻"模型参数估计拟合"的零假设。在本案例中，均方根渐近误差指数（RMSEA）= 0.048<0.06，90% 估计置信区间的上下区间值为 0.000~0.089，表示模型拟合程度尚可。同时，p 值 >0.05，说明检验结果不推翻"模型参数拟合"的零假设。

13.2.6 模型拟合总结中的赤池信息准则

模型拟合总结（Model Fit Summary）中的赤池信息准则（AIC）如表 13.2.9 所示。

表 13.2.9 赤池信息准则表

AIC

Model	AIC	BCC	BIC	CAIC
Default model	59.210	61.130	108.413	124.413
Saturated model	72.000	76.320	182.706	218.706
Independence model	245.189	246.149	269.791	277.791

赤池信息准则（AIC）表中所示的 AIC（Akaike Information Criterion）指标和 CAIC 指标主要用来比较两个或多个模型。一般说来，AIC 指标与 CAIC 指标较小的模型比 AIC 指标、CAIC 指标较大的模型拟合程度更好。BIC、BCC 两个指标与 AIC 与 CAIC 两个指标的意义类似，指标主要用来比较两个或多个模型，它们同时对样本不断增大提出警告。

13.2.7 模型拟合总结中的期望复核指标

模型拟合总结（Model Fit Summary）中的期望复核指标（Expected Cros-Validation Index）如表 13.2.10 所示。

表 13.2.10　期望复核指标表
ECVI

Model	ECVI	LO 90	HI 90	MECVI
Default model	.372	.327	.484	.384
Saturated model	.453	.453	.453	.480
Independence model	1.542	1.262	1.869	1.548

ECVI 指标也是用来比较两个或多个模型的指标,ECVI 指标较小的模型比 ECVI 指标较大的模型拟合程度更好。这个指标同时对结构较为简单的模型择优。也就是说,ECVI 对于过多数据提出警告。

13.2.8　模型拟合总结中的赫尔特指标

模型拟合总结(Model Fit Summary)中的赫尔特指标(HOELTER)如表 13.2.11 所示。

表 13.2.11　赫尔特指标(HOELTER)
HOELTER

Model	HOELTER 0.05	HOELTER 0.01
Default model	184	220
Independence model	29	34

赫尔特(HOELTER)指标指出卡方值临界时的样本量。一般要求 HOELTER 指标至少为 200。如果 HOELTER 指标小于 75,模型的拟合程度不可靠。

13.2.9　模型拟合总结中的标准均根残差值

必须强调的是,不同的研究人员对用什么模型检验指标来报告模型拟合优度具有不同的选择与偏好。大多数研究人员选择卡方值、自由度(DF)、p 值、塔克-路易斯指标(TLI)、均方根渐近误差指数(RMSEA),以及均方根渐近误差指数(RMSEA)的 90% 上下置信区间。如果样本不存在不完整数据,研究人员也用标准均根残差值(Standard RMR)来反映拟合优度。为取得标准均根残差值(Standard RMR),可以在模型检验运行完成后,点击 **Plugins**···→**Standard RMR**,如图 13.2.1 所示。

点击后,对话窗将是空白的。再点击 **Calculate estimates**。标准均根残差(Standard RMR)的运算结果如图 13.2.2 所示。如图所示,标准均根残差=0.0513。

表 13.2.12 列出了模型拟合总结文件中主要检验指标的理想值。本案例参数拟合指标与表 13.2.12 的理想拟合指标的比较如表 13.2.13 所示。根据比较,本案例的模型参数拟合程度也许能够进一步优化。在下一节中,将讨论在对以上模型进一步修改的基础上,对修改前后的两个模型结果参数的详细比较。

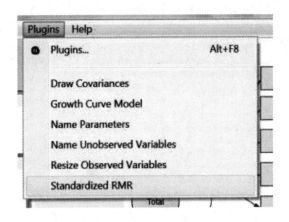

图 13.2.1　点击 Plugins···→Standard RMR

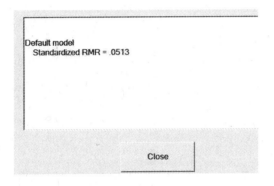

图 13.2.2　标准均根残差(Standard RMR)的运算结果

表 13.2.12　对模型拟合总结文件中主要检验指标的理想值

表　名	指　标	拟合理想值	备　注
最小卡方表(CMIN-表 13.2.2)	卡方值/自由度 CMIN/DF	<2~3	否则模型可能删去了过多的路径
均方根残差与拟合优度指数表(RMR,GFI-表 13.2.3)	均方根残差 RMR		越小越好(比较而言)
	拟合优度指标(GFI)	>0.900	
	PGFI	独立模型(Independence Model)的 PGFI>当前被测模型(Default Model)的 PGFI	
基本指数比较表(Baseline Comparisons-表 13.2.4)	正态化拟合指标(NFI)	>0.900	

续表

表　名	指　标	拟合理想值	备　注
最小卡方表（CMIN-表 13.2.2）	卡方值/自由度 CMIN/DF	<2~3	否则模型可能删去了过多的路径
	比较拟合指标（CFI）	>0.900	
均方根渐近误差指数表（RMSEA-表 13.2.8）	均方根渐近误差（RMSEA）	<0.06	<0.08 为拟合程度尚可
	统计显著性指标（PCLOSE）	>0.05	即检验结果不推翻"模型参数估计拟合"的零假设

表 13.2.13　本案例参数拟合指标与表 13.2.12 的理想拟合指标的比较

表　名	指　标	拟合理想值	本案例拟合值
最小卡方表（CMIN-表 5.2）	卡方值/自由度 CMIN/DF	<2~3	1.361。尚可。
均方根残差与拟合优度指数表（RMR,GFI-表 4.5）	均方根残差 RMR		越小越好
	拟合优度指标（GFI）	>0.900	.959
	调整拟合优度指标（AGFI）	>0.900	.925
	PGFI	独立模型（Independence Model）的 PGFI>当前被测模型（Default Model）的 PGFI	.530<0.533
基本指数比较表（Baseline Comparisons-表 5.4）	正态化拟合指标（NFI）	>0.900	.881。欠佳。
	比较拟合指标（CFI）	>0.900	.964
均方根渐近误差指数表（RMSEA-表 5.8）	均方根渐近误差（RMSEA）	<0.06	.048。尚可。
	统计显著性指标（PCLOSE）	>0.05	0.496（不推翻"模型参数估计拟合"的零假设）

13.3　对案例模型的修改与比较

如果模型的拟合程度不够理想，对模型进行修改的主要手段为：

①在残差变量之间增加相关链（即双向箭头）；

②将两个或多个变量预置为等值；

③在变量之间增加预测回归链（即单向箭头）。

在上一节案例的输出文件中,点选修正指数(**Modification Indices**)。表 13.3.1 列出了共变系数修正表"Modification Indices-Covariances"。

表 13.3.1 **共变系数修正表**
Covariances：(Group number 1-Default model)

	M.I.	Par Change
Err4<-->Err2	4.213	−31.305
Err3<-->Err4	4.963	34.703
Err1<-->Err2	6.167	32.123

表 13.3.1 的第三行中的修正指数"M.I."表示,如果在残差变量 Err1 与 Err2 之间增加相关链,卡方值至少会降低 6.167;该表第二行中的修正指数"M.I."表示如果在残差变量 Err3 与 Err4 之间增加相关链,卡方值至少会降低 4.963。由于模型改进的关键在于使模型卡方值的下降速率快于模型自由度的下降速率,我们因此决定在 Err1 与 Err2 之间和 Err3 与 Err4 之间建立共变(相关)关系。其路径分析图如图 13.3.1 所示。

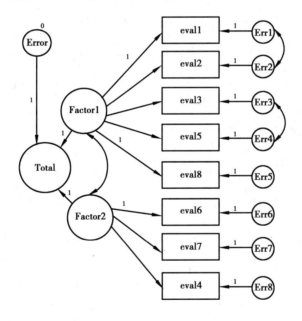

图 13.3.1 **修改后的结构模型**

修改后模型的模型注释(Notes for Model)中的模型结论(Results)如表 13.3.2 所示。

表 13.3.2 **修改后模型的模型结论**
Result（Default model）

Minimum was achieved
Chi-square = 14.163
Degrees of freedom = 18
Probability level = 0.718

结论表中的"Minimum was achieved"表明所有的方程与共变系数估算完成。比较修

改前后模型的卡方值(Chi-square),修改前为 27.210,修改后降低为 14.163。修改后模型的 p 值(*Probability level*)= 0.718。修改后模型的模型拟合零假设成立且有所优化。

修改后模型的最小卡方(CMIN)值如表 13.3.3 所示。

表 13.3.3   模型修改后的的最小卡方表
CMIN

Model	NPAR	CMIN	DF	P	CMIN/DF
Default model	18	14.163	18	.718	.787
Saturated model	36	.000	0		
Independence model	8	229.189	28	.000	8.185

由表 13.3.3 可知,修改后当前被测模型(Default Model)具有 18 个参数;饱和模型(Saturated Model)具有 36 个参数;独立模型(Independence Model)具有 8 个参数。修改后模型的卡方值为 14.163,修改前模型的卡方值为 27.210。修改后模型的自由度为 18;修改前模型的的自由度为 20;独立模型的自由度不变。修改后模型的卡方值/自由度(CMIN/DF)为 0.787;修改前模型的卡方值/ 自由度(CMIN/DF)为 1.361。独立模型的卡方值/自由度不变。修改后模型比修改前模型具有较好的卡方值/自由度之比。

修改后模型的均根残差与拟合优度指数(RMR,GFI)如表 13.3.4 所示。

表 13.3.4   修改后模型的均方根残差与拟合优度指数
RMR, GFI

Model	RMR	GFI	AGFI	PGFI
Default model	8.601	.979	.959	.490
Saturated model	.000	1.000		
Independence model	51.780	.681	.590	.530

表 13.3.4 中的均方根残差(RMR)是参数估计方差与实际观测方差的差值;均方根残差(RMR)值越小越好。由表 13.3.3 可知,修改后模型的均方根残差为 8.601,而修改前模型的均方根残差为 11.821。修改后模型的拟合优度指数 GFI(Goodnessof fit index)为 0.979,修改前模型的拟合优度指数 GFI(Goodness of fit index)为 0.959,修改后模型比修改前模型具有较好的拟合优度指标 GFI(Goodness of fit index)。比较 AGFI 指标,修改后模型的 AGFI 为 0.959,修改前模型的 AGFI 为 0.925,修改后模型比修改前模型具有较好的 AGFI 优度指标。

修改后模型的基本指数比较(Baseline Comparisons)值如表 13.3.5 所示。

比较模型修改前后的拟合基准比较(Baseline Comparisons)值,修改后被测模型 NFI = 0.938>0.9,修改前被测模型的 NFI = 0.881,说明修改后模型的拟合程度较佳。修改后被测模型的塔克-路易斯指标(TLI)为 1.03>0.9,修改前被测模型的塔克-路易斯指标(TLI)为 0.95,修改后模型的拟合程度较佳。修改后被测模型的比较拟合指标(CFI)= 1.00>0.9,也说明修改后被测模型的拟合程度较好。

表 13.3.5 修改后模型的基本指数比较表
Baseline Comparisons

Model	NFI Delta1	RFI rho1	IFI Delta2	TLI rho2	CFI
Default model	.938	.904	1.018	1.030	1.000
Saturated model	1.000		1.000		1.000
Independence model	.000	.000	.000	.000	.000

修改后模型的简化调整测量值(Parsimony-Adjusted Measures)如表 13.3.6 所示。

表 13.3.6 简化调整测量值
Parsimony-Adjusted Measures

Model	PRATIO	PNFI	PCFI
Default model	.643	.603	.643
Saturated model	.000	.000	.000
Independence model	1.000	.000	.000

简化−调整测量值(Parsimony-Adjusted Measures)中的路径删除比率值(PRATIO)代表了当前被测模型所删除的路径与可能删除的路径数的比率值。修改后被测模型的简化−调整测量值为 0.643,修改前被测模型的简化−调整测量值为 0.714,说明修改后模型的简化程度较佳。

修改后模型的非中心性参数(NCP)和 FMIN 值如表 13.3.7 与表 13.3.8 所示。

非中心性参数(NCP)对于零假设的不可靠程度进行评估。一般而言,非中心性参数(NCP)越小越好,越大则意味着零假设(模型拟合的解释)越不可靠。如上表所示,模型修改后的非中心性参数(NCP)远小于模型修改前的非中心性参数(NCP),修改后模型的零假设比修改前模型的零假设更为可靠。

表 13.3.7 非中心性参数
NCP

Model	NCP	LO 90	HI 90
Default model	.000	.000	8.287
Saturated model	.000	.000	.000
Independence model	201.189	156.615	253.242

表 13.3.8 最小乖离(FMIN)值
FMIN

Model	FMIN	F0	LO 90	HI 90
Default model	.089	.000	.000	.052
Saturated model	.000	.000	.000	.000
Independence model	1.441	1.265	.985	1.593

FMIN 与 CMIN 的意义类似,反映了样本共变系数与总体共变系数的差别。FMIN<

0.05说明模型的拟合程度较好。在本案例中,修改前模型的 FMIN = 0.171,修改后的 FMIN = 0.089,说明模型的拟合程度比模型修改前的 FMIN 优化了很多。

修改后模型的均方根渐近误差指数(RMSEA)如表 13.3.9 所示。

表 13.3.9　修改后模型的均方根渐近误差指数表
RMSEA

Model	RMSEA	LO 90	HI 90	PCLOSE
Default model	.000	.000	.054	.935
Independence model	.213	.188	.239	.000

如前所述,均方根渐近误差指数(RMSEA)小于 0.06 代表了较好的拟合程度,小于 0.08 为拟合程度尚可。模型修改后的均方根渐近误差指数(RMSEA)= 0.000,表示模型拟合程度颇佳。同时,p 值>0.05,说明修改后模型的检验结果不推翻"模型参数拟合"的零假设,即"模型参数拟合"的假设成立。修改后模型的期望复核指标(Expected Cross-Validation Index)如表 13.3.10 所示。

表 13.3.10　修改后模型的期望复核指标表
ECVI

Model	ECVI	LO 90	HI 90	MECVI
Default model	.315	.340	.392	.329
Saturated model	.453	.453	.453	.480
Independence model	1.542	1.262	1.869	1.548

ECVI 指标用来比较两个或多个模型的指标,ECVI 指标较小的模型比 ECVI 指标较大的模型拟合程度更好。由上面的比较可知,模型修改后的 ECVI 指标为 0.315,比模型修改前的 ECVI(0.372)要小。因此,修改后的模型比修改前的模型的拟合程度更佳。

修改后模型的赫尔特指标(HOELTER)如表 13.3.11 所示。

表 13.3.11　修改后模型的赫尔特指标(HOELTER)表
HOELTER

Model	HOELTER 0.05	HOELTER 0.01
Default model	325	391
Independence model	29	34

如上表所示,模型修改后的 HOELTER 远大于模型修改前的 HOELTER 值,修改后模型的卡方值临界样本量较佳。为取得标准均根残差值(Standard RMR),可以在模型检验运行完成后,点击 **Plugins…→Standard RMR**。修改后模型的标准均根残差值(Standard RMR)的运算结果为 Standard RMR = 0.0372,如图 13.3.2 所示。

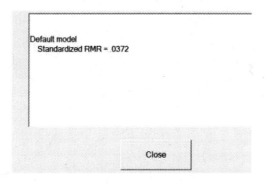

图 13.3.2 修改后模型的标准均根残差值 (Standard RMR)

修改后模型的标准均根残差值远小于修改前模型的标准均根残差值。综上所述,对模型修改前与模型修改后的输出数据指标的比较如表 13.3.12 所示。

表 13.3.12 对模型修改前与模型修改后的输出数据指标的比较

表 名	指 标	拟合理想值	修改前模型	修改后模型
CMIN	CMIN		27.210	14.163
	DF		20	18
	卡方值/自由度 CMIN/DF	<2~3	1.361	0.787
RMR,GFI	RMR		11.821	8.601
	拟合优度指标(GFI)	>0.900	0.959	0.979
	调整拟合优度指标(AGFI)	>0.900	0.925	0.959
	PGFI	独立模型的 PGFI>当前被测模型的 PGFI	0.530<0.533	0.530>0.490
Baseline Comparisons	正态化拟合指标(NFI)	>0.900	0.881	0.938
	塔克-路易斯指标(TLI)		0.950	1.03
	比较拟合指标(CFI)	>0.900	0.964	1.00
PARSIMONY-ADJUSTED MEASURES	路径删除比率值(PRATIO)		0.714	0.643
RMSEA	均方根渐近误差指数(RMSEA)	<0.06	0.048	0.000
	LO90		0.000	0.000
	HI90		0.089	0.054
	统计显著性指标(PCLOSE)	>0.05	0.496	0.935
AIC	AIC		59.21	50.163
	BCC		61.13	52.323
ECVI	ECVI		0.372	0.315

续表

表 名	指 标	拟合理想值	修改前模型	修改后模型
	LO90		0.327	0.340
	HI90		0.487	0.392
HOELTER INDEX			184 & 220	325 & 391

以下是对修改后模型的数据总结:

①最小卡方表。比较卡方值/自由度比率,修改后模型没有删去过多的路径。

②修改后模型的拟合优度指标比修改前模型的拟合优度指标要好得多。

③比较基本指数比较表,修改后模型的正态化拟合指标(NFI)、塔克-路易斯指数(TLI)、比较拟合指数(CFI)均优于修改前模型的指标。

④比较简化-调整测量值(Parsimony-Adjusted Measures),修改后模型的路径删除比率值(PRATIO)优于修改前模型的简化-调整测量值。

⑤比较均方根渐近误差指数(RMSEA),修改后模型的 p 值远大于(优于)修改前模型的 p 值。

⑥修改后模型的赤池信息准则(AIC)、期望复核指标(ECVI)、赫尔特指标(HOELTER)均优于修改前模型的。

根据以上综合比较,修改后模型的拟合程度远优于修改前模型的拟合程度。

附　录

附录1　统计研究方法选择总结

单自变量具有两个值的案例

下表详细列举了本书对于单自变量具有两个值研究案例的变量性质、研究方法和参考章节。

变量性质	应选用的统计研究方法	本书参考章节
单自变量的两大类值为"组间变量",因变量为正态分布	独立样本 T-检验方法 Independent T-tests	第2章第1节
单自变量的两大类值为"组内变量",因变量为正态分布	配对 T-检验法(Paired T-tests)	第2章第2节
单自变量的两大类值为"组间变量",因变量为有序变量	曼恩-惠特尼 U 检验 (Mann-Whitney U) 方法	第3章第1节
单自变量的两大类值为"组间变量",因变量为名义变量或两分变量	卡方分析法(Chi-square 或 χ^2)	第3章第2节
单自变量的两大类值为"组内变量",因变量为有序变量	威斯康星检验法(Wilcoxon)	第3章第3节
单自变量的两大类值为"组内变量",因变量为名义变量或两分变量	麦克尼马尔分析法 (Mcnemar)	第3章第4节

单自变量具有多个值的案例

下表详细列举了本书对于单自变量具有多个值研究案例的变量性质、研究方法和参考章节。

变量性质	应选用的统计研究方法	本书参考章节
单自变量的三个或三个以上类值均为"组间变量",因变量是正态分布的	单因素方差分析法（Oneway ANOVA）	第 4 章第 1 节
单自变量的三个或三个以上类值均为"组内变量",因变量是正态分布的	一般线性模型重复测量方差法（GLM Repeated Measures ANOVA）	第 4 章第 2 节
单自变量的三个或三个以上类值均为"组间变量",因变量是有序变量	克鲁斯卡尔-华利斯检验法（Kruskal-Wallis）	第 5 章第 1 节
单自变量的三个或三个以上类值均为"组内变量",因变量是有序变量（或具有显著非一致性）	弗里德曼检验法（Friedman Test）	第 5 章第 3 节
单自变量的三个或三个以上类值均为"组内变量",因变量是名义变量或两分变量	考克然-Q 检验法（Cochran-Q Test）	第 5 章第 4 节

多自变量的研究案例

下表详细列举了本书对于多自变量研究案例的变量性质、研究方法和参考章节。

变量性质	应选用的统计研究方法	本书参考章节
所有自变量均是"组间变量",因变量为单一变量且为正态分布	析因方差分析法（Factorial ANOVA）	第 6 章第 1 节
所有的自变量均是"组间变量",因变量为单一变量且为名义变量或两分变量	多维列联表通用模型（LOG LINEAR）方法	第 6 章第 3 节
所有的多个自变量均是"组内变量",因变量为正态分布	一般线性模型重复测量方差法（GLM Repeated Measures ANOVA）	第 4 章第 2 节（可同时参见第 6 章第 4 节）
研究中的多个自变量是"混合变量",即若干为"组间变量",若干为"组内变量",因变量为单一变量且为正态分布	包含析因方差分析的一般线性模型重复测量分析法（GLM Repeated Measures with Factorial ANOVA）	第 7 章第 5 节（同时参见本书第 8 章第 6 节:解析 SPSS 软件所生成的显著交互性续后分析的数据结果）
多自变量、多因变量有显著交互性比较研究	多变量析因方差分析法（Multi Factor MANOVA or Factorial MANOVA）	第 9 章第 4,5,6 节

相关分析法

下表详细列举了本书对于相关分析法研究案例的变量性质、研究方法和参考章节。

变量性质	应选用的统计研究方法	本书参考章节
两个变量均为正态分布	皮尔逊系数法（Pearson-r）或二元回归法（Bivariate Regression）	第 10 章第 1 节
两个变量均为有序变量	堪代尔-陶（Kendall-Tau）或斯皮尔曼-RHO 检验法（Spearman RHO）	第 10 章第 2 节
两个变量中的一个为正态分布，另一个为名义变量	艾塔法（ETA）	第 10 章第 3 节
两个变量均为名义变量或两分变量	PHI，或者克雷默尔-V 法（PHI 或 Cramer's V）	第 10 章第 4 节
多个自变量均为正态分布、或为正态分布与名义变量的混合、或均为名义变量或两分变量，而因变量为正态分布	多元回归法（Multiple Regression）	第 11 章第 1 节
多个自变量均为正态分布，因变量为名义变量或两分变量	判别分析法（Discriminant Analysis）	第 11 章第 2 节
多个自变量为正态分布与名义变量的混合、或均为名义变量或两分变量，而因变量为名义变量或两分变量	逻辑斯特回归法（Logistic Regression）	第 11 章第 3 节

附录2 本书涉及的统计方法术语中英文一览表

中 文	英 文
包含析因方差分析的一般线性模型重复测量分析法	GLM Repeated Measures with Factorial ANOVA
Cox 回归	Cox Regression
F 分布	F distribution
F 检验	F test
艾塔法	ETA
备择假设	Alternative hypothesis
比较简化-调整测量值	Parsimony-Adjustment Measures
参数检验	Parametric test
参数统计	Parametric statistics
残差	Residuals
赤池信息准则	Akaike information criterion（AIC）
抽样误差	Sampling error
单因素方差分析	Oneway ANOVA
单因素方差分析	One-way analysis of variance
等概率区间	Intervals of equal probability
等级相关	Rank correlation
典型相关	Canonical correlation
动态变量	Active Variables
独立样本 T 检验	Independent T Tests
对数正态分布	Logarithmic normal distribution
多变量析因方差分析	Multi Factor MANOVA or Factorial MANOVA
多维列联表通用模型	LOG-Linear
多元线性回归	Multiple linear regression
多重相关系数	Coefficient of multiple correlation
二变量相关	Bivariate Correlate
二次	Quadratic
二分变量	Dichotomous variable
二元回归法	Bivariate Regression
二元 Logistic 回归	Binary logistic regression
方差分析	ANOVA（analysis of variance）
方差齐性	Homogeneity of variance
非参数检验	Nonparametric test

非参数统计	Nonparametric statistics
分类变量	Categorical variable
分类变量	Classified variable
符号检验	Sign test
符号秩	Signed rank
复合表	Cross-tabulation table
复相关	Multiple correlation
格林豪斯-基萨尔 校正值	Green house-Geisser
公共方差	Common variance
公共回归系数	Common regression coefficient
广义线性模型	GENLOG（Generalized liner models）
赫尔特指标	Hoelter index
回归系数	Coefficient of regression
加权卡方检验	Weighted Chi-square test
加权直线回归	Weighted linear regression method
假设总体	Hypothetical universe
交叉表	Crosstabs
交互作用	Interaction
交互作用项	Interaction terms
结构方程模型	SEM（Structural equation modeling）
聚类分析	Cluster analysis
决定系数	Coefficient of determination
均方根渐近误差指数	Root mean square error approximation（RMSEA）
均根残差	Root mean square resldual（RMR）
均值排列	Mean Ranks
卡方检验/χ^2 检验	Chi-square test
堪代尔-陶检验	Kendall-tau test
考克然-Q 检验	Cochran-Q test
克雷默尔-V 法	Cramer's V
克鲁斯卡尔-华利斯检验/多样本的秩和检验/H 检验	Kruskal and Wallis test Kruskal-Wallis
列效应	Column effect
列因素	Column factor
零相关	Zero correlation
逻辑斯特分布	Logistic distribution
逻辑斯特回归法	Logistic Regression
麦克尼马尔分析法	Mcnemar
曼恩-惠特尼 U 检验	Mann Whitney U test

名义变量	Nominal Variable
拟合优度指数	Goodness of fit index（GFI）
判别分析	Discriminant analysis
判别系数	Discriminant coefficient
配对 T 检验/伴偶 T 检验	Paired T Tests
皮尔逊系数法	Pearson-r
平均置信区间长度	Average confidence interval length
期望复核指标	Expected cross validation index
齐性检验	Homogeneity test
球型正态分布	Spherical distribution
球状均匀一致性假设	Sphericity Assumption
曲线回归	Curvilinear regression
三次	Cubic
剩余平方和	Residual sum of square
时间序列	Time series
时序检验	Log rank test
双变量正态分布	Bivariate normal distribution
双侧检验	Two-tailed test
双向检验	Two sided test
双因素方差分析	Two-way analysis of variance
斯皮尔曼等级相关	Spearman rank correlation
斯皮尔曼-RHO 检验法	Spearman RHO test
统计推断	Statistical inference
威斯康星检验/配对符号秩和检验	Wilcoxon test
析因方差分析法	Factorial ANOVA
显著性检验	Significance test
线性回归	Linear Regression
相关系数	Correlation coefficient
效应尺度/效应尺度	effect size
校正系数	Correction coefficient
协方差	Covariance
行效应	Row effects
行因素	Row factor
修正指数	Modification Indices
续后分析法	Post Hoc Analysis
样本标准差	Sample standard deviation
样本回归系数	Sampleregression coefficient
样本矩	Sample moments

一般线性模型	GLM（General liner models）
因果关系	Cause-and-effect relationship
应变量/依变量/因变量	Dependent variable
有序变量	Ordinal variable
整群抽样	Cluster sampling
正态变量	Normal（Scale）Variable
秩和检验	Rank sum test
秩检验	Rank test
置信区间	Confidence interval
置信限	Confidence limit
主效应	Main effect
属性变量	Attribute Variable
自变量	Independent variable
自相关	Autocorrelation
自由度	Degree of freedom（df）
组间均方	Mean squares between groups
组内均方	Mean squares within group
最小二乘准则	Criteria of least squares

附录3 多维列联表通用模型（LOG-LINEAR）生成的结果的 统计数据

```
* * * * * * H I E R A R C H I C A L  L O G  L I N E A R* * * * * *
    DATA Information
        159 unweighted cases accepted.
            0 cases rejected because of out-of-range factor values.
            1 cases rejected because of missing data.
        159 weighted cases will be used in the analysis.


    FACTOR Information
      Factor      Level    Label
      Modality      2      Teaching Modalities
      School_T      3      The Category of School
      Professo      2      Whether the Professor will recom
- - - - - - - - - - - - - - - - - - - - - - - - - - - -
      ▽
```

```
* * * * * * H I E R A R C H I C A L  L O G  L I N E A R* * * * * *
    DESIGN 1 has generating class
        Modality* School_T* Professo
    Note: For saturated models .500 has been added to all observed cells.
    This value may be changed by using the CRITERIA=DELTA subcommand.

    The Iterative Proportional Fit algorithm converged at iteration 1.
    The maximum difference between observed and fitted marginal totals is .000
    and the convergence criterion is .250
- - - - - - - - - - - - - - - - - - - - - - - - - - - -

    Observed, Expected Frequencies and Residuals.
```

Factor	Code	OBS count	EXP count	Residual	Std Resid
Modality	Blended				
School_T	National				
Professo	Yes	18.5	18.5	.00	.00
Professo	No	8.5	8.5	.00	.00
School_T	Local Le				
Professo	Yes	17.5	17.5	.00	.00
Professo	No	11.5	11.5	.00	.00
School_T	Non-lead				
Professo	Yes	24.5	24.5	.00	.00
Professo	No	5.5	5.5	.00	.00
Modality	Traditio				
School_T	National				
Professo	Yes	16.5	16.5	.00	.00
Professo	No	9.5	9.5	.00	.00
School_T	Local Le				
Professo	Yes	17.5	17.5	.00	.00

```
        Professo     No          7.5       7.5       .00       .00
     School_T      Non-lead
        Professo     Yes        18.5      18.5       .00       .00
        Professo     No          9.5       9.5       .00       .00
- - - - - - - - - - - - - - - - - - - - - - - - - - - - -
        ▽
```

* * * * * * H I E R A R C H I C A L   L O G   L I N E A R* * * * * * *
Goodness-of-fit test statistics
     Likelihood ratio chi square =   .00000   DF = 0   P =.
               Pearson chi square =   .00000   DF = 0   P =.
- -

Tests that K-way and higher order effects are zero.

K	DF	L.R. Chisq	Prob	Pearson Chisq	Prob	Iteration
3	2	2.384	.3036	2.363	.3068	2
2	7	4.202	.7563	3.983	.7818	2
1	11	28.785	.0025	28.094	.0031	0

- -

Tests that K-way effects are zero.

K	DF	L.R. Chisq	Prob	Pearson Chisq	Prob	Iteration
1	4	24.584	.0001	24.112	.0001	0
2	5	1.818	.8738	1.620	.8989	0
3	2	2.384	.3036	2.363	.3068	0

▽

* * * * * *H I E R A R C H I C A L   L O G   L I N E A R* * * * * * *
Backward Elimination (p = .050) for DESIGN 1 with generating class
     Modality* School_T* Professo
     Likelihood ratio chi square =   .00000   DF = 0   P =.
- -

If Deleted Simple Effect is	DF	L.R. Chisq Change	Prob	Iter
Modality* School_T* Professo	2	2.384	.3036	2

Step 1
  The best model has generating class
     Modality* School_T
     Modality* Professo
     School_T* Professo

     Likelihood ratio chi square =   2.38407   DF = 2   P =   .304
- -

If Deleted Simple Effect is	DF	L.R. Chisq Change	Prob	Iter
Modality* School_T	2	.105	.9488	2
Modality* Professo	1	.309	.5784	2
School_T* Professo	2	1.432	.4886	2

Step 2
  The best model has generating class
     Modality* Professo
     School_T* Professo

```
     Likelihood ratio chi square =     2.48920    DF = 4    P =.647
- - - - - - - - - - - - - - - - - - - - - - - - - - - - -
       If Deleted Simple Effect is      DF   L.R. Chisq Change    Prob   Iter
       Modality* Professo              1                .294    .5874    2
       School_T* Professo              2              1.418    .4921    2
▽

* * * * * *H I E R A R C H I C A L   L O G   L I N E A R*  * * * * * *
Step 3
  The best model has generating class
      School_T* Professo
      Modality

   Likelihood ratio chi square =     2.78367    DF = 5    P =.733
- - - - - - - - - - - - - - - - - - - - - - - - - - - - -
       If Deleted Simple Effect is      DF   L.R. Chisq Change    Prob   Iter
       School_T* Professo              2              1.418    .4921    2
       Modality                        1                .308    .5787    2
Step 4
  The best model has generating class
    School_T* Professo
  Likelihood ratio chi square =     3.09195    DF = 6    P =.797
- - - - - - - - - - - - - - - - - - - - - - - - - - - - -
       If Deleted Simple Effect is      DF   L.R. Chisq Change    Prob   Iter
       School_T* Professo              2              1.418    .4921    2
Step 5
  The best model has generating class
    School_T
    Professo
  Likelihood ratio chi square =     4.50998    DF = 8    P =.808
- - - - - - - - - - - - - - - - - - - - - - - - - - - - -
       If Deleted Simple Effect is      DF   L.R. Chisq Change    Prob   Iter
       School_T                        2                .262    .8772    2
       Professo                        1              24.013    .0000    2
▽

* * * * * *H I E R A R C H I C A L   L O G   L I N E A R*  * * * * * *
Step 6
  The best model has generating class
      Professo
  Likelihood ratio chi square =     4.77213    DF = 10    P =.906
- - - - - - - - - - - - - - - - - - - - - - - - - - - - -
       If Deleted Simple Effect is      DF   L.R. Chisq Change    Prob   Iter
       Professo                        1              24.013    .0000    0
Step 7
  The best model has generating class
```

```
      Professo
  Likelihood ratio chi square =      4.77213   DF = 10   P =.906
- - - - - - - - - - - - - - - - - - - - - - - - - - - -
      ▽


* * * * * * H I E R A R C H I C A L   L O G   L I N E A R* * * * * *
The final model has generating class
      Professo

   The Iterative Proportional Fit algorithm converged at iteration 0.
   The maximum difference between observed and fitted marginal totals is
   .000 and the convergence criterion is   .250
- - - - - - - - - - - - - - - - - - - - - - - - - - - -
Observed, Expected Frequencies and Residuals.
```

Factor	Code	OBS count	EXP count	Residual	Std Resid
Modality	Blended				
School_T	National				
Professo	Yes	18.0	18.3	−.33	−.08
Professo	No	8.0	8.2	−.17	−.06
School_T	Local Le				
Professo	Yes	17.0	18.3	−1.33	−.31
Professo	No	11.0	8.2	2.83	.99
School_T	Non-lead				
Professo	Yes	24.0	18.3	5.67	1.32
Professo	No	5.0	8.2	−3.17	−1.11
Modality	Traditio				
School_T	National				
Professo	Yes	16.0	18.3	−2.33	−.54
Professo	No	9.0	8.2	.83	.29
School_T	Local Le				
Professo	Yes	17.0	18.3	−1.33	−.31
Professo	No	7.0	8.2	−1.17	−.41
School_T	Non-lead				
Professo	Yes	18.0	18.3	−.33	−.08
Professo	No	9.0	8.2	.83	.29

```
- - - - - - - - - - - - - - - - - - - - - - - - - - - -
Goodness-of-fit test statistics
   Likelihood ratio chi square =   4.77213   DF = 10   P =.906
            Pearson chi square =   4.80557   DF = 10   P =.904
- - - - - - - - - - - - - - - - - - - - - - - - - - - -
      ▽
```

Abbreviated Name	Extended Name
Professo	Professor_Rec
School_T	School_Type

附录4　AMOS软件快速入门

本附录通过一个实例,以手把手的方式帮助读者迅速掌握结构方程模型软件 AMOS 的基本输入、操作与运行方法。AMOS 软件提供了丰富的视窗界面。在 AMOS 的视窗界面中,可以点击快捷键勾画结构方程模型的路径分析图。在路径图勾画完成后,读者可以参考本书第 12 和第 13 章详细理解 AMOS 所生成的各项数据结果。本附录所用的部分数据如图 F4.1 所示(读者可以参考和使用本书提供的配套数据文件 ExpFAdata1.sav)。

	eval1	eval2	eval3	eval4	eval5	eval6	eval7	eval8
1	85.00	100.00	93.75	75.00	94.50	77.00	65.00	91.75
2	75.00	87.50	91.75	75.00	58.25	68.20	67.50	80.00
3	75.00	37.50	75.00	75.00	60.50	55.66	67.50	98.00
4	75.00	75.00	88.00	75.00	75.00	58.74	67.50	90.00
5	85.00	75.00	87.50	75.00	83.00	66.00	67.50	67.25
6	60.00	37.50	50.00	62.50	52.25	44.44	27.00	62.50
7	55.00	62.50	85.00	75.00	71.75	56.10	67.50	56.25
8	90.00	87.50	100.00	85.00	100.00	83.60	90.00	100.00
9	75.00	75.00	83.25	75.00	73.00	48.84	70.00	79.25
10	95.00	100.00	85.00	100.00	80.00	85.00	81.00	90.00
11	70.00	50.00	100.00	90.00	100.00	50.60	99.00	91.25

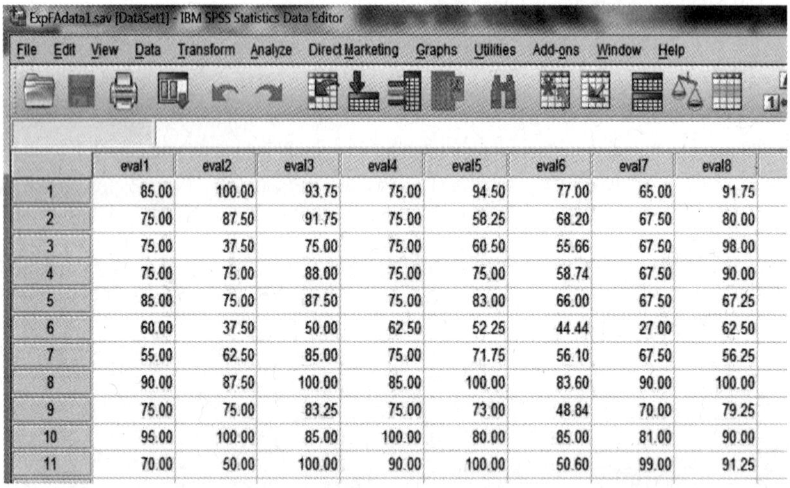

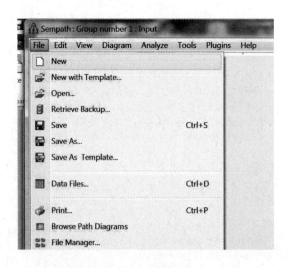

图 F4.1　本案例所用的部分数据

1.进入窗口界面,双击 **Amos Graphics**

2.点击 **File→New**(如图 F4.2 所示)。

图 F4.2　AmosGraphics:File→New

3.AMOS 界面的顶部为工具选择菜单,左边为工具图标选择区,列有长方形、圆形、单向箭头、双向箭头,以及各种操作与估算图标工具,如图 F4.3 所示。操作时既可以点击工具选择菜单中的点击键选择结构方程组件或操作工具,也可以在左边的工具图标点选结构方程组件或操作工具。

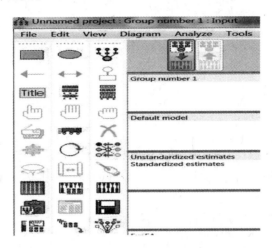

图 F4.3　AMOS 的工具选择菜单、工具图标选择区

4.AMOS 软 件 支 持 大 量 不 同 的 输 入 数 据 格 式,包 括 SPSS ＊.sav 数 据 文 件,EXCEL ＊.xls数据文件,dBase,FoxPro,Access,Lotus 文件,等等。本例采用 SPSS ＊.sav 为数据文件。

5.点击 **File→Data Files…File Name**(或点击图标,如图 F4.4 所示)。

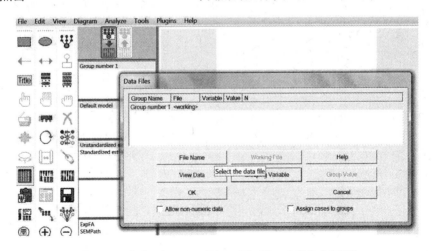

图 F4.4　点击 File→Data Files…File Name(或点击图标)

6.假定数据文件存储在文件夹 Removable Disk (I):Collection 2014 Version 文件夹内。选择文件:ExpFAdata1(如图 F4.5 所示)。

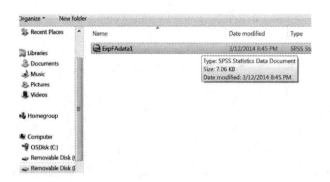

图 F4.5　选择文件: ExpFAdata1.sav→Open

7.在工具选择菜单中或在图示菜单中选择可测变量(Draw observed variables),或选择长方形,如图 F4.6 所示。

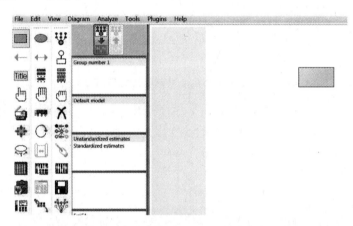

图 F4.6　选择可测变量(Draw observed variables**)或选择长方形**

8.将鼠标挪至所需要的画面位置,勾画 8 个可测变量的方框(也可以在勾画一个方框后,用"duplicate"复制其他方框,如图 F4.7 所示)。

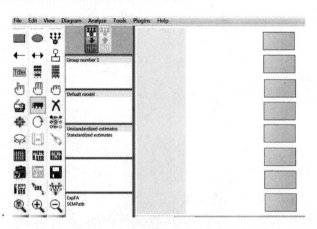

图 F4.7　勾画可测变量的方框(可用"duplicate"复制其他方框)

9.完成了所有的显变量方框后,用同样的方法点选不可测变量(**Draw unobserved**

variables），或选择圆形。将鼠标挪至所需要的画面位置，勾画所有的潜变量，如图 F4.8 所示。

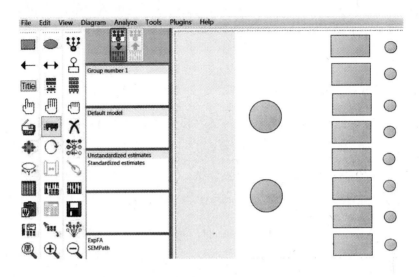

图 F4.8　勾画所有的潜变量

10.下一步是定义变量名称和变量符号。双击需要命名的变量框（长方形或圆形），在"**Object Properties**"框内，点击"**Text**"，然后依次为变量命名或赋予变量符号，如图 F4.9所示。

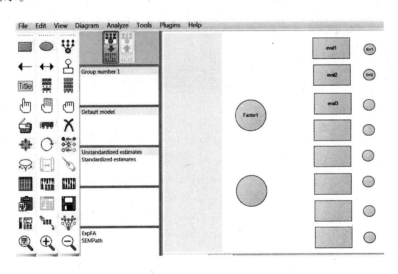

图 F4.9　依次为变量命名或赋予变量符号

11.用同样的步骤选择与勾画单向箭头与双向箭头，联接各个变量（可以多试几次，从而达到熟能生巧）。如图 F4.10 所示。

12.为确保变量的可辨识性，常常要将一些变量预置为常量。假设要设定 Factor 1 至 eval1 的路径系数为1，双击从 Factor 1 至 eval1 的单向箭头，在"Object Properties"的方框内，选择 **Parameters**，在 **Regression weight** 框内选择1。如图 F4.11 所示。

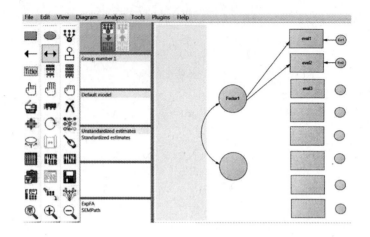

图 F4.10　选择与勾画单向箭头与双向箭头联接各个变量

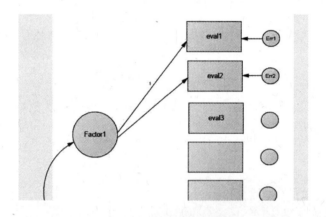

图 F4.11　将变量预设为常量

13.重复上述步骤,直至完成下图(图 F4.12),并将其存入:save as：ExpFA.amw。

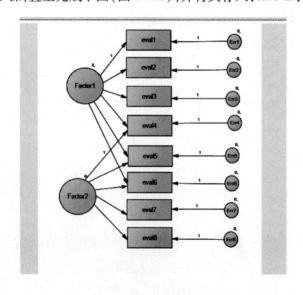

图 F4.12　完成路径图

14.与所有的计算机辅助设计（CAD）软件一样，读者可以对路径图进行大小、部 位、参数加以调整。以下为绘制与调整各个组件的部分图标工具：

✓ 　：调整大小

✓ 　：调整形状

✓ 　：选择组件（单个）

✓ 　：取消选择组件

✓ 　：旋转指标

一般说来，在重复练习的基础上，读者能够循序渐进，较快地掌握 AMOS 的构图技巧。在路径分析图勾画完成后，下一步是对路径图所代表的结构方程模型进行数据分析。读者可以详细阅读本书的第 12 章和第 13 章理解对模型数据结果的分析步骤。

参考文献[①]

Ary, D., Jacobs, L.C., Razavier, A., & Sorensen, C. (2006).*Introduction to Research in Education*, 7th edition.Belmont, CA: Thomson Wadsworth.

Blunch, N. (2010). *Introduction to structural equation modeling*: Using SPSS and AMOS. Los Angeles, CA: SAGE Publications, Inc.

Bray, J. H., & Maxwell, S. E. (1985). *Multivariate Analysis of Variance*. Los Angeles, CA: SAGE Publications, Inc.

Bryman, A., & Cramer, D. (2008).*Quantitative Data Analysis with SPSS* 14, 15, & 16: *A Guide for Social Scientists*.New York, NY: Routledge: an Informa Business.(GLM Repeated Measure ANOVA)

Cohen, J. (1988).*Statistical power analysis for the behavioral sciences*. (2nd ed.). Hellsdale, NJ: Lawrence Erlbaum Associates.

Cohen, J. (2003).*Applied Multiple Regression-Correlation Analysis for the Behavioral Sciences*.London, UK: Taylor & Frances, Inc.

Colman, A.M., & Pulford, B.(2006).*A Crash Course in SPSS for Windows*:*updated for Versions* 10, 11, 12, 13.Chichester, West Sussex, UK: Blackwell Publishing.(Mann Whitney U)

Cortina, J. M., & Nouri, H. (1999).*Effect Size for Anova Designs*.Los Angeles, CA: SAGE Publications, Inc.

Creswell, J. W. (1994).*Research design*: *Qualitative and quantitative approaches*. Thousand Oaks, CA: Sage Publications.

Cronbach, L.J., and Suppes, P. (Eds.), 1969. *Research for Tomorrow's Schools*: *Disciplined Inquiry for Education*. New York: The Macmillan Company.

Dunteman, G.H., & Ho, M.R. (2006).*An Introduction to Generalized Linear Models*, Los Angeles, CA: SAGE Publications, Inc.

Field, A. (2009).*Discovering Statistics Using SPSS*.Los Angeles, CA: SAGE Publications Ltd.(k-w, and All, GLM)

Ford, R., and Coulston, C.(2008), *Design for Electrical and Computer Engineers*, *Theory*, *Concepts*, *and*

Practice.McGraw Hill.

Gill, J., & Laughton, C.D. (2000).*Generalized Linear Models: A Unified Approach.*Los Angeles, CA: SAGE Publications, Inc.

Gliner, J. A., & Morgan, G. A. (2000).*Research methods in applied settings: An integrated approach to design and analysis.*Mahwah, N.J.: Lawrence Erlbaum Associates, Publishers.

Gliner, J. A., Morgan, G. A. (2006).*Research design and analysis in applied settings: An integrated approach.* Mahwah, NJ: Erlbaum.

Girden, E.R. (1992).*ANOVA: Repeated Measures.*Los Angeles, CA: SAGE Publications, Inc.

Green, S.B., & Salkind, N. J. (2007).*Using SPSS for Windows and Macintosh: Analyzing and Understanding Data.*Prentice Hall (KW, and All)

Huberty, C.J., & Olejnik, S. (2006).*Applied MANOVA and Discriminant Analysis: Wiley Series in Probability and Statistics.* Wiley-Interscience, A John Wiley & Sons, Inc. Publications. (Factorial ANOVA, Mix Analysis)

Ishii-Kuntz, M. (1994).*Ordinal Log-Linear Models.*Los Angeles, CA: SAGE Publications, Inc.

Jaccard, J., & Turrisi, R. (1998).*Interaction Effects in Factorial Analysis of Variance.*Los Angeles, CA: SAGE Publications, Inc.

Jaccard, J., & Turrisi, R. (2003). *Interaction Effects in Multiple Regression.* Los Angeles, CA: SAGE Publications, Inc.

Klecka, W. R. (1980).*Discriminant Analysis.*Los Angeles, CA: SAGE Publications, Inc.

Knoke, D., Burke, P., & Sullivan, J. L. (1980). *Log-Linear Models.* Los Angeles, CA: SAGE Publications, Ltd.

蓝石, Gloeckner, G., & Morgan, G. A. (2004).*A comparison of the academic performance of nonnative English-speaking and native English-speaking graduating seniors.* Research Paper published in the Proceedings, ASEE Third International Colloquium on Engineering Education, Tsinghua University, Beijing, China.

蓝石 (2006).*Quantitative Research Process: Methodology and Applications.* Research Seminar conducted at Shanghai Academy of Social Sciences, Shanghai, China, September 11-15, 2006.

蓝石、李钢 (Lan, S., and Lee, G., 2005). *A Comparison of Electrical Engineering curricula at Tsinghua University (Beijing) and at the University of Illinois (Urbana-Champaign).* Paper published in the Proceedings, American Society of Engineering Education IL/IN Regional Conference, DeKalb, Illinois, April 2005.

Leech, Barrett and Morgan (2004).*SPSS for intermediate statistics: Use and interpretation.* Mahwah, NJ: Lawrence Erlbaum Associates, Publishers.

Morgan, Leech, Gloeckner, & Barrett (2004).*SPSS for introductory statstics.* Mahwah, N.J.: Lawrence Erlbaum Associates, Publishers.

Ostrom, C. W., & Lewis-beck, M. S. (1990). *Time Series, Analysis: Regression Techniques* (Series-Quantitative Applications in the Social Sciences No. 9).Los Angeles, CA: SAGE Publications, Inc.

Satay, T. (1988).*Decision Making for Leaders: The Analytical Hierarchy Process For Decisions in a Complex World.* University of Pittsburgh.

Tuckman, B.W. (1999).*Conducting Educational Research*, 5th Edition.Orlando, FL: Harcourt Brace.

蓝石 (2010).*交互性多维变量的量化研究方法*.格致出版社:上海人民出版社。

蓝石、周海涛 (2009).*国际论文研究与撰写规范*.格致出版社:上海人民出版社。

李钢、蓝石等合编(2007).*公共政策内容分析方法:理论与应用*.重庆大学出版社。

杨柳(2009). 新经济形势下的最佳培训方式——混合式学习模式, 众行商学院 Retrieved August 8, 2009, from http://www.gecprogram.com/html/GEC_research/leading/200904/13-516.html.

如虎添翼——致本书读者
蓝石

什么是填空式?

社会科学论文的写作越来越要求用各种统计软件做成的研究报告,但是通常遇到的情况是:相当多的学者并没有专门学过统计学或软件操作,他们往往会陷入麻烦,或因觉得麻烦而放弃使用这些有用的软件。现在好了,你有了这本书,可以说是如虎添翼。本书旨在帮助不具数学或统计背景的研究人员成功地将统计软件结果按照国际通行的规范格式写成中文或英文的研究报告,并以近乎"填空式"的方式较快地完成出色的研究论文。

最新信息

本书是在作者近年应邀去芝加哥、北京、上海、重庆等地举办研究方法系列讲座,并在近年编写的几本有关研究方法的著作后,汲取听众和读者反馈的基础上编撰而成。其中有选择地参考了美国社会科学统计研究方法研究生课程畅销书和参考资料,集精华、弃糟粕,详细介绍了在不同的具体情况下如何正确选用最恰当的统计研究方法。

读者互动

读者可利用本书提供的配套数据对范例进行重新演算,以达到更好的学习效果。请联系以下邮箱或关注封底微博获取配套数据。

wjffsyh@foxmail.com

作者特别希望利用本书作为平台,促进作者与读者和读者之间的互动,并欢迎读者给本书提出建议和在研究应用中的精彩案例。作者希望这个互动平台能够集各路神通,使本书的续版成为由读者和作者共同完成的篇章。

有兴趣向本书提供意见的读者可用以下电子信邮箱与作者沟通:

Lanshi999@yahoo.com.cn (中文)

sstanlan@yahoo.com (英文)